文化交通之介

国立北平图书馆与美国学术界的互动
（1929—1949）

雷　强　著

国家图书馆出版社

图书在版编目（CIP）数据

文化交通之介：国立北平图书馆与美国学术界的互动
（1929—1949）/ 雷强著. — 北京：国家图书馆出版社，
2024.6

ISBN 978-7-5013-8069-5

Ⅰ.①文… Ⅱ.①雷… Ⅲ.①汉学—文化交流—研究—
中国、美国 Ⅳ.①K207.8

中国国家版本馆CIP数据核字（2024）第037848号

书　　名	文化交通之介：国立北平图书馆与美国学术界的互动（1929—1949）	
著　　者	雷　强　著	
责任编辑	王燕来　景　晶	
助理编辑	刘　昊	
装帧设计	爱图工作室	

出版发行 国家图书馆出版社（北京市西城区文津街7号　100034 ）
　　　　　　（原书目文献出版社　北京图书馆出版社）
　　　　　　010-66114536　63802249　nlcpress@nlc.cn（邮购）

网　　址	http://www.nlcpress.com	
经　　销	新华书店	
印　　装	北京雅图新世纪印刷科技有限公司	
版次印次	2024年6月第1版　2024年6月第1次印刷	

开　　本	710×1000　1/16	
印　　张	18	
字　　数	240千字	
书　　号	ISBN 978-7-5013-8069-5	
定　　价	98.00元	

序 言

　　1929 年 2 月美国学术团体理事会（American Council of Learned Societies）成立"促进中国研究委员会"（Committee on the Promotion of Chinese Studies），标志美国汉学进入快速发展的新时期。二战后美国取代法国成为西方汉学的领导者，其研究成果对当代中国本土学术的影响也日益巨大。

　　除了自身的因素之外，美国汉学的崛起得益于不少外部条件，其中特别重要的是国立北平图书馆的学术支持。1929 年 6 月，也就是"促进中国研究委员会"问世后不久，由国立京师图书馆和北平北海图书馆合并改组后的新的国立北平图书馆正式建立。此后 20 年，在袁同礼馆长的杰出领导下，这个近代中国具有重要地位的现代意义上的图书馆做了大量开创性的工作，如中文书籍标准化编目、协助美国各图书馆建立并丰富中文馆藏、发行英文期刊传递中国学界动态和成果、安排馆员访美、签订《中美文化关系备忘录》等，这一系列举措主动、及时地回应了美国汉学发展的多元诉求，同时也促进了国立北平图书馆自身的发展。

　　改革开放以来，中国学术界有关海外汉学的研究已经取得了丰硕成果，美国更是关注的重点，从裨治文（Elijah Bridgman）到史景迁（Jonathan D. Spence），从《中国总论》（The Middle Kingdom）到《剑桥中国史》（Cambridge History of China），从美国东方学会（American Oriental Society）到哈佛燕京学社（The Harvard-Yenching Institute），

各类研究著述林林总总，蔚为大观。但对于美国汉学崛起的动力，特别是其与国立北平图书馆的多重联系，一直不为学界所知，雷强的研究填补了这方面的空白。

20世纪美国汉学逐渐摆脱欧洲的影响，在继续关注中国古代文明的同时侧重近现代中国的研究，形成了自身鲜明的特色，以往学界将这一变化主要归结为人的因素，特别是费正清（John K. Fairbank）强有力的号召和影响。雷强的研究揭示，由于受到平馆编目的引导，30年代之后美国各大图书馆放弃了"厚古薄今"的采访方针，大量购买近现代中文书刊，为美国汉学的转型奠定了坚实的物质基础。图书文献作为外部资源如何作用于学术的内在理路，无论是国家还是个人层面都是一个重要问题，雷强的探索无疑具有方法论的意义。

最早知道雷强是通过我的老师孟华教授，她说："这是一个执着于学术、有前途的年轻人，在浮躁的当下不可多得。"就我所知，这在孟老师是非常难得的高度评价。雷强从南京大学硕士毕业后效力国家图书馆多年，对于馆史，特别是袁同礼的丰功伟绩，一直情有独钟。目前已经出版的国图馆史局限于该馆已公开的中文档案资料，对于外部联系关注不够，至于民国时期和美国汉学界的交往更是语焉不详。雷强的研究不仅还原了工作单位一段鲜为人知的往事，更是对国图先贤的致敬，除了袁同礼，本书中还有对顾子刚、王重民、钱存训等前辈的生动描述。

雷强虽然不是历史学科班出身，但对史学兴趣浓厚，对史料用力甚勤。除了国图自身的各类文献，他还广泛收集并充分利用了美国的洛克菲勒基金会（Rockefeller Foundation）、国会图书馆（Library of Congress）、美国图书馆协会（American Library Association）、恒慕义（Arthur W. Hummel）等公私档案中的一手英文资料，将研究建立在异常扎实的基础之上。史学从某种意义上来说就是史料学，这一特点不仅体现在本书中，也体现在雷强的其他著述中。无论是在学期间，还是毕业之后，我每当遇到文献问题，特别是牵涉到近现代中外关系的，就毫不犹豫向雷强请教，而他每次都会迅速地给出满意的解答。"教学相长"在我们之间绝不是一句空话。

唐人刘知幾认为史有三长：才、学、识，缺一不可。雷强在这三方面都已经具备了良好的训练和积累，相信他在今后一定能写出更多更好的作品。

顾 钧

2024 年 2 月 24 日

目 录

第一章 国立北平图书馆中文卡片目录的排印

第二章 国立北平图书馆与美国图书馆中文馆藏建设

第三章 《图书季刊》英文本与中国学术动态的西传及其反响

第四章 国立北平图书馆馆员赴美工作和学术研究

第五章　全面抗战期间国立北平图书馆恢复中美知识界互动的努力

绪　论

国立北平图书馆的前身之一是清宣统元年（1909）由学部奏请设立的京师图书馆，民国后仍沿用京师图书馆之名。1915 年，北洋政府教育部决定在方家胡同建立京师图书馆，并筹备改组。翌年 3 月 6 日，教育部通令："凡国内出版书籍，均应依据出版法，报部立案，而立案之图书，均应以一部送京师图书馆庋藏，以重典策，而光文治……"〔1〕遂初步具有国家图书馆的地位和作用。

1925 年 6 月，中华教育文化基金董事会第一次年会

1925 年 6 月 2 日至 4 日，中华教育文化基金董事会（China Foundation for the Promotion of Education and Culture，以下简称为"中基会"）在天津举行第一次年会，通过美国退还庚款分配款项原则，其中规定的两

---

〔1〕《饬京师图书馆教育部片奏请规定出版图书分送京师图书馆》，《教育公报》第 3 卷第 4 期，1916 年 4 月。

大用途之一即"促进有永久性质之文化事业，如图书馆之类"[1]。同年 9 月 28 日，中基会通过与北洋政府教育部合办国立京师图书馆契约等案，并于 10 月 22 日订立合办京师图书馆契约，依约成立国立京师图书馆委员会。但因政局动荡原议合办方式未能履行，遂决定中基会独自承办新馆。1926 年 3 月 1 日，北京图书馆（The Metropolitan Library）由此成立[2]，借北海公园庆霄楼、悦心殿等处为馆舍，后因北京易名，随之改称为北平北海图书馆，该馆是国立北平图书馆的另一源流。

国民革命军北伐成功后，合组前的国立北平图书馆

国民革命军北伐成功后，1928 年 7 月中华民国大学院改京师图书馆为国立北平图书馆，1929 年 6 月，中基会接受南京国民政府教育部提议，将国立北平图书馆与北平北海图书馆合并改组为新的国立北平图书馆（National Library of Peiping，以下简称为"平馆"），确立最高行政单位为图书馆委员会，每年的经常费和购书费由中基会承担。1929 年 8

---

[1] 《董事会报告》，《中华教育文化基金董事会第一次报告》，1926 年 3 月，第 3 页。
[2] 《沿革及组织》，《北京图书馆第一年度报告（民国十五年三月至十六年六月）》，1927 年 7 月，第 2 页。

蔡元培

1930 年，中基会拨付平馆一至三月份经常费之公函

月 29 日至 1940 年 3 月，由蔡元培出任馆长，聘袁同礼为副馆长并以代理馆长名义主持具体馆务。后因蔡元培病逝，遂以袁同礼为馆长，直至其 1949 年初前往美国[1]。在此期间，袁同礼和其执掌的平馆为中国图书馆现代化事业发挥了巨大的推动作用，其贡献在国内图书馆界是无与伦比的，如唐德刚所言"领导我们作图书管理学和目录学转型的是袁同礼、蒋复璁"[2]。

---

[1] 第二次世界大战日军偷袭珍珠港后，袁同礼被困在香港，直至 1942 年夏才辗转回到内陆，在此期间馆务由蒋梦麟代理，特此说明。

[2] 唐德刚：《袁同礼在中国近代史上的位置》，《传记文学》第 67 卷第 6 期，1995 年 12 月，第 30 页。

二

近代以来，中美作为两个大国交往日益密切，尤其随着清季通商口岸的逐步放开，美国在华利益不断扩大，对中国社会、文化、经济等方面深入了解和学术研究的诉求也随之大幅提高。因此，从某种意义上讲，美国汉学研究的发展是中美文化交流加深的一种重要表现。

1877 年 6 月，耶鲁大学（Yale University）设立了美国第一个汉学教授职位，标志着美国汉学研究由早期传教士为主进入到大学和学院层面，但直到 1929 年 2 月美国学术团体理事会（American Council of Learned Societies）成立"促进中国研究委员会"（Committee on the Promotion of Chinese Studies），美国汉学研究才真正进入快速发展的新时期。因此，已有的学术研究有"早期（1877 年前）、中期（1877—1928 年）、后期（1929 年后）"[1]三个阶段的划分，清晰地概括了美国汉学研究的发展轨迹。

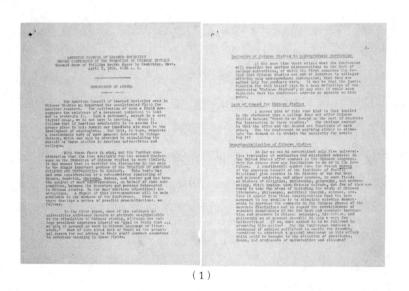

（1）

---

[1] 顾钧：《美国汉学的历史分期与研究现状》，《国外社会科学》2011 年第 2 期，第 105 页。

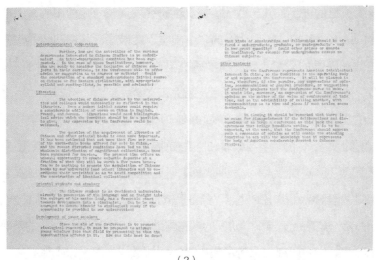

（2）

1929 年 4 月 3 日，美国学术团体理事会 "促进中国研究委员会" 第二次会议议程备忘录

　　1931 年 4 月，美国汉学家富路德（Luther C. Goodrich）在《中国社会及政治学报》（*Chinese Social and Political Science Review*）发表《美国的中国学研究》（"Chinese Studies in the United States"）一文，其中写道："相对于 1900 年，今天美国的中国学研究仍处于刚刚入门阶段，并没有太多的进展，有能力的教师屈指可数，能在顶级汉学杂志发表文章的学者更是寥寥无几。最近有一份关于西文汉学著作的统计，在 145 位作者中美国只有 23 人，而且其中一半并不懂中文。"[1] 相对于本土学者的有限成就，富路德对中美两国学术机构合作推动汉学研究的方式给予了很高的期望，尤其称赞哈佛大学（Harvard University）和燕京大学、华北协和华语学校和加州大学（University of Califonia）的合作模式[2]。

　　第二次世界大战结束后，美国汉学研究在短短十数年的时间里不仅

〔1〕 Goodrich, Luther C. "Chinese Studies in the United States." *Chinese Social and Political Science Review*, vol. 15, no. 1, April 1931, p. 75.

〔2〕 Goodrich, Luther C. "Chinese Studies in the United States." *Chinese Social and Political Science Review*, vol. 15, no. 1, April 1931, p. 76.

取得了长足的进步，其与欧洲传统汉学研究发展轨迹尤为不同，以费正清（John K. Fairbank）为代表的"中国学"突破了以法德两国为代表的传统欧洲汉学的樊篱，"将汉学研究重心由古代下移到近现代"[1]，更多关注近现代以来的中国政治、经济和文学。

法国著名汉学家伯希和（Paul Pelliot）曾提出："治'中国学'须有三方面的预备：1. 目录学与藏书。2. 实物的收集。3. 与中国学者的接近。"[2]虽然美国汉学（中国学）的发展历程、研究旨趣与法国代表的传统汉学不尽相同，但伯希和提出的几点"预备"同样适用于美国汉学研究的发展。然而，无论是剖析美国汉学研究的内在驱动还是寻找其发展轨迹的外部因素，已有的学术研究成果较多集中于来华传教士、汉学家个体研究，如美国学者与中国学者之间的私人交往，譬如费正清和蒋廷黻、卜德（Derk Bodde）和冯友兰、顾立雅（Herrlee G. Creel）和顾颉刚，且学术成果大多基于日记、篇前致谢文字[3]等私人记述，此类公开出版的中外文史料在近现代交通史视角下过于碎片化且有私人属性，很难从宏观的视角出发还原中美两国人文、社科领域在 20 世纪上半叶的交流互动。

---

〔1〕桑兵：《国学与汉学：近代中外学界交往录》，浙江人民出版社 1999 年版，第 15 页。

〔2〕胡适著，曹伯言整理：《胡适日记全集》第 4 册，台北联经出版事业股份有限公司 2004 年版，第 532 页。

〔3〕譬如，卜德在《英译中国哲学史》序言中就明确表示感谢平馆馆员，后者为其提供了中国学者的传记资料和参考书目。参见 Fung, Yu-lan, *A History of Chinese Philosophy: the period of the philosophers (from the beginnings to circa 100 B. C.)*, translated by Derk Bodde, Peiping: Henri Vetch, 1937, p. xiii.

三

1931 年 7 月，正式开馆后的国立北平图书馆新馆舍

  平馆作为中国近现代历史上第一家国立图书馆，在 1929 年至 1949 年间虽屡遭抗日战争、解放战争等重大历史事件的影响，但在中基会的资助下一直积极向美国图书馆界学习，开展各项现代图书馆业务，竭尽所能实现"通中外图书之邮，为文化交通之介"[1]的使命，并由此逐步完成现代化转型。平馆与美国学术界尤其是与汉学研究领域机构、学者间的互动，是其现代化转型的内在驱动力和重要表现方式之一。已有的相关学术成果往往局限于国家图书馆已公开的史料，如《北京图书馆馆史资料汇编》《中国国家图书馆馆史资料长编》等，缺乏外部视角，尤其是外方档案，因此对其现代化的内在动力和外在诉求未能有较为深入的探讨。

---

[1] 袁同礼：《国立北平图书馆之使命》，《中华图书馆协会会报》第 6 卷第 6 期，1931 年 6 月，第 3 页。

（1）

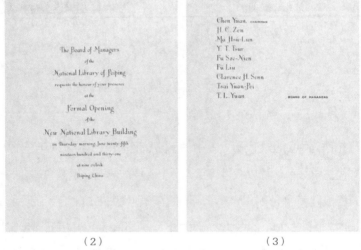

（2）　　　　　　　　　　　（3）

1931年9月2日，袁同礼以平馆执行馆长身份向美国国会图书馆补寄新馆舍开馆仪式之英文请帖

与此同时，平馆作为民国时期与美国知识界、文化界交往十分活跃的中国高等级文化机构，不断地为美国汉学研究机构和学者提供近现代中国的新文献、新材料、新成果，并将这些文献资料通过标准化编目、缩微胶卷复制等方式加以整理、优化，极大地提高了可利用性，激发了后者不断寻找新的问题，是推动美国汉学发展的重要外部动力之一，为美国汉学研究的发展作出了不可忽视的贡献。

第一章

国立北平图书馆中文卡片目录的排印

晚清以来，西学东渐，西文、日文书籍译本大量涌现，面对不断涌现的新学问，中国知识分子或被动或主动尝试解决译书分类的难题。譬如，张之洞的《书目答问》虽然采用经、史、子、集的四大部类，但子部已将天文算法分成中法、西法、兼用中西法三部分[1]；梁启超更是撰有《西学书目表》，学、政、教（杂）三大部类下又各分不同小类[2]。但这些尝试，大都是在中国固有的目录学传统下进行有限度的改良，并未试图突破藩篱[3]。

民国以降，中国社会加快了现代化的进程，政治、文化、经济、法律、外交、军事诸领域无不以西方为学习对象。五四新文化运动风起云涌，对民主和科学的向往，在学术和文化界催生出新思潮、新态度、新方法和新学问；即便是面对中国传统学术，也是"研究问题、输入学理、整理国故、再造文明"[4]。相应地，中国传统目录学更难与新出版的书籍、刊物相匹配，确立"科学的目录学"尤为急迫。换言之，科学（客观）的编目与以经史子集为代表的中国传统分类法之间存在着巨大的差别，后者不仅固化、主观，而且已经不适用于近代出版物、不能满足现代学术发展的客观需要。

平馆自 1929 年合组成立之后，以国立图书馆的身份积极学习欧美各先进图书馆，采取诸多举措。其中，印行的中文书目卡片作为中国现代图书馆编目工作中最为直接、最主要的表现形式，不仅从一个视角展现了中国目录学革新的历程，更作为载体极大地便利了国内外学术界的交流与互动。然而，在以往的学术研究中，平馆排印中文卡片目录因其工具属性，价值和作用往往被世人所忽略。本书将针对平馆编制、发行

---

〔1〕（清）张之洞：《书目答问》，商务印书馆 1929 年版，"书目答问总目"第 1 页。

〔2〕梁启超：《饮冰室合集·文集》第 1 卷，中华书局 1936 年版，第 123 页。

〔3〕例如，姚名达就认为张之洞"然以其平昔'中学为体，西学为用'之态度卜之，殆亦未能进一步而废'四部'也"。参见姚名达：《中国目录学史》，商务印书馆 1936 年版，第 147 页。

〔4〕胡适：《新思潮的意义》，《新青年》第 7 卷第 1 号，1919 年 12 月，第 5 页。

的中文书籍目录卡片的前后历程展开讨论，并试图还原平馆是如何在与美方图书馆界、学术界的互动中将此重担视为己责，如何在中文书籍的固有特点和美国国会图书馆分类法之间平衡各方诉求，最终又是如何影响美国各主要图书馆的中文馆藏编目实践的。

第一节　现代编目理念的缘起

一、袁同礼提出"科学的目录学"

1916 年夏，袁同礼从北京大学预科第一部（文科）毕业，因深受清华学校教务处主任王文显的赏识，被延聘到该校，具体职务为"英文兼图书助理"[1]。1917 年 8 月至 1919 年 8 月期间，该校图书处主任戴志骞赴美留学，馆务遂由袁同礼代为主持，除保证日常业务外，其精力主要用于监督图书馆新舍的营建和随之而来的图书迁移工作。

1918 年 3 月 15 日，李大钊偕北京大学图书馆事务员章士镇、邓秉钧、盛铎、商契衡四人前往清华学校参观。袁同礼作为图书部负责人热心接待，费时颇久，李大钊"感铭无已"，特撰写《参观清华学校杂记》，其中提到：

> 目录全用 Card 式。其 Card 用纸分二种：一为购自美国者，品质较为精美；一为在商务印字馆订制者，亦颇可用。书籍以英文书为主，中文书次之，德、法文书则寥寥无几。中文书目录亦拟用 Card 式，目下正在编订中。[2]

此时，清华学校"没有专门的编目人员，购书进来，只给出登录号（accession number），并进行简单分类，但没有分类号"[3]。而 4 月 16 日李大钊致信袁同礼，商借清华学校图书馆编目依据之参考书：

---

[1]《校闻》，《清华周刊》第 80 期，1916 年 9 月 27 日，第 15 页。

[2]《通信》，《北京大学日刊》第 95 号，1918 年 3 月 19 日，第 5 版。

[3] 薛芳渝、胡冉：《1916—1920：袁同礼在清华》，《袁同礼纪念文集》，国家图书馆出版社 2012 年版，第 93 页。

守和先生道鉴：

　　敬启者。敝馆编目伊始，拟广加参考以资遵循。兹就先生前次见示之书单中检出数种，如贵馆储有是书而目前可不需用者，乞暂假一阅，即付去手，阅毕奉还。耑此，即请公安。

李大钊敬启

四月十六日[1]

　　由此可见，清华学校的卡片式目录较北京大学图书馆当时的图书目录似更为先进。此时，李大钊刚刚出任北京大学图书馆主任，正在着手整顿馆务，参观清华学校图书部正是其重要举措之一，虽然后者馆舍正在营造之中，但设计方案和硬件采购均有可取之处[2]。然而，无论是作为留美预备学校的清华学校，还是历史更久的北京大学，北京各国立高等学府的图书编目工作均处于较为初级的阶段。这种窘境主要有两方面的原因：一是缺乏专职的编目人才，二是无合宜的分类法、统一的中文书刊编目条例可供参考。为了尝试解决该问题，使馆藏文献更好地发挥作用，1919 年秋回到清华学校的戴志骞即聘请狄玛夫人（Mrs. C. G. Dittmer）为"本校图书馆英文书籍目录编辑员"[3]。此后英文书籍"采用杜威分类法；中文图书则分新籍旧籍，旧籍依经、史、子、集、丛五部进行分类，新籍亦采用杜威分类法"[4]。

---

〔1〕雷强：《袁同礼年谱长编》，中华书局 2024 年版，第 40 页。

〔2〕《通信》，《北京大学日刊》第 95 号，1918 年 3 月 19 日，第 5 版。

〔3〕《校闻》，《清华周刊》第 173 期，1919 年 10 月 12 日，第 4—5 页。

〔4〕薛芳渝、胡冉：《1916—1920：袁同礼在清华》，《袁同礼纪念文集》，国家图书馆出版社 2012 年版，第 93 页。

1920 年 2 月 4 日，北京大学校评议会召开例会，其中一项议案为：清华学校图书馆代理主任（前本校预科毕业生）袁同礼，请本校每年补助美金 480 元，以三年为期。经过讨论，校评议会决定，由校方与袁同礼商定服务合同后发给补助费[1]。该议案由蔡元培、蒋梦麟、陶孟和等人共同推动，其目的有三：一是支持本校毕业生袁同礼留美学习图书馆专业知识的计划；二是委托其在美欧各地为北京大学采购图书、仪器[2]；三是为改造北京大学图书馆做好人才储备[3]。同年 9 月 18 日，袁同礼抵达旧金山。在致北京大学校长蔡元培的信中，他将自己在美留学的计划、安排略作表述：

1920 年，
赴美留学前的袁同礼先生

> 同礼在金山时曾到各大图书馆参观，以加利福尼亚大学之图书馆设备最为完备，洵为美国学校图书馆之模范。在金山小

---

〔1〕 王学珍、郭建荣主编：《北京大学史料》第 2 卷第 1 册，北京大学出版社 2000
年版，第 160 页。1922 年 10 月 3 日，蔡元培提议袁同礼在美研究延长一年，随后
被北大校评议会批准。参见蔡元培：《蔡元培全集》第 4 卷，浙江教育出版社 1997
年版，第 771 页。

〔2〕 袁同礼代北京大学购买、索取、交换图书、仪器的情况，可参见《通信》，《北
京大学日刊》第 791 号，1921 年 1 月 20 日，第 2—3 版；蔡元培：《蔡元培全集》
第 11 卷，浙江教育出版社 1997 年版，第 36—37 页。

〔3〕 在已有的研究中，一般认为袁同礼在 1923 年职掌北京大学图书馆。这一说法是
值得商榷的，因此时袁同礼尚在美国，冬季时赴英国，1924 年在欧洲大陆考察，直
到 1924 年 7 月下旬返回国内，其间不太可能遥制馆务。参见《沿革》，《国立北京
大学图书馆概况》，1936 年，第 4 页。此说法亦可参见北京大学图书馆官方网站，"历
史人物"一栏 https://www.lib.pku.edu.cn/portal/cn/bggk/bgjs/lishiyange。这与实际情
况不符，因在《北京大学日刊》第 1329 号《本校布告》中，图书馆委员会中并无袁
同礼，此时的主任为皮宗石。另，袁同礼从欧洲返回国内的时间，参见《欧美商轮
之来沪》，《申报》，1924 年 7 月 24 日，第 14 版。

住数日即来纽约，哥伦比亚大学已于九月二十二日开学，同礼现入本科第四年级，明夏即可在此毕业，明秋再入阿尔班拿之图书馆学校（Library School of the University of the State of New York, Albany, N. Y.），此校入学资格极严，非得有学士学位不能入也。[1]

AMONG the distinguished alumni Columbia honored with a University Medal on Commencement Day was Tung-Li Yuan, '22C, acting director of the National Library of Peiping, China. He has been in this country for the past few months doing work at various libraries and more recently has been in Washington at the Library of Congress. Yuan has had considerable training in his profession for he was graduated from the New York State School of Library Service at Albany in 1923 and then studied library work at University College, London. In 1923-24, Yuan was associated with the Institute of Historical Research in London and then became director of the University of Kwantung libraries. From 1925 to 1927 he was professor of bibliography and director of the libraries at the National University of Peiping and for the next two years he served as head of the Metropolitan Library in China. Since 1924 Yuan has been associate director of the Palace Museum Library and for the past five years he has been acting director of the National Library of Peiping.

Yuan is a member of the Bibliographical Society in London, the Oxford Bibliographical Society, American Library Association, is chairman of the Library Association of China and is president of the Peiping Library Association. In 1927 he married Miss Huei-Hsi Yuan. They have three children. Yuan's hobby is book-collecting and for recreation he turns to tennis.

Tung-Li Yuan

1934 年，哥伦比亚大学授予袁同礼先生杰出校友奖章时的报道

1921 年 5 月底，袁同礼前往华盛顿，开始在美国国会图书馆实习，至 9 月底结束[2]。这段经历对他至关重要，袁同礼认为"我在美国国

---

[1]《通信》，《北京大学日刊》第 748 号，1920 年 11 月 12 日，第 1—2 版。其中，"阿尔班拿之图书馆学校"即戴志骞留美时所入学的学校。

[2] 对此记述不仅体现在下文所引的《清华周刊》的信中，亦可参见 "Personal News." *The Chinese Students' Monthly*, vol.16 no. 8, June, 1921, pp. 627-628.

Orientalia: Acquisitions 187

One preface at the beginning of the work by Wang Tsung-mu, dated Chia Ching 39 (1560 A. D.), and three postfaces, dated Chia Ching 25 (1546 A. D.), that are included in the copy reprinted in the Ssu pu ts'ung k'an are lacking in the Library's copy, perhaps having been removed purposely in order to permit the sale of the copy to an uncritical purchaser as a Sung edition, the only remaining preface being by Huang Tz'u-shan, a Sung scholar.

In spite of these deficiencies the Library's copy is of very great value since being an early impression in perfect condition. Apparently this edition is a very good reprint, made in 1560 by the Civil Governor of Kiangsu, of an old edition printed 14 years previously in 1546 by Ying Yun-yu, then magistrate of Lin Ch'uan, Wang An-shih's birthplace in Kiangsu province.

Much credit is due Mr. T. L. Yuan for identifying this edition after the Ming prefaces had been removed. Mr. Yuan, a graduate of the Government University of Peking, and for the past three years a student in the Albany State Library School and at Columbia University, has spent the last three summers assisting very ably in the cataloguing of the Chinese books in the Library. He expects to devote his life to library work in China, and has promised his cooperation in still further building up the Chinese collection after he returns to China on the completion of a year spent in library research in Europe.

Doubtless a careful study of the works and deeds of Wang An-shih will soon be made by a competent scholar. When that is done, this splendid Ming edition of his prose works is certain to be of great value.

The great event of the year for the Chinese collection of the Library was the acquisition in the spring of 1923 of 29 volumes of the famous Yung Lo ta tien, the world's largest and in many ways most valuable book. With the four volumes already in the Chinese collection, the Library now has 33 volumes of the work, containing 70 books. So far as is now known, the Library has the second largest set of volumes of this unique work. Only one Chinese library is reputed to contain more, that of the Ministry of Education at Peking with 60 volumes. No set at all commensurate

Yung Lo ta tien, the world's greatest library monument.

1923 年《美国国会图书馆年度报告》中对袁同礼先生数年间暑期在该馆服务表示感谢

会图书馆里四个月所得的经验，比之在清华服务四年还强"[1]。虽然中国文明历史悠久、文章典籍源远流长，但在国会图书馆的实践经历，使得袁同礼清楚地意识到中国图书馆事业的现状无法满足现代学术发展需要，他首次较为明确地提出了这一问题：

今年夏天我对于中国目录学稍稍研究了一下，同时也研究一点中国图书馆底历史。此门学问范围很广。……对于中国书籍，

---

[1]《特载》,《清华周刊》第 228 期，1921 年 12 月 2 日，第 23 页。该信写于 1921 年 9 月 29 日，原由英文撰写，刊登时被翻译成中文，特此说明。事实上，自 1921 年至 1923 年，袁同礼每年暑假都会前往国会图书馆协编写中文目录，该馆在 1923 年年报中特撰写一段文字表示感谢。Library of Congress. *Report of the Librarian of Congress, for the fiscal year ending June 30, 1923*, Washington: Government Printing Office, 1923, p. 187.

我们很有可以整理的地方。中国现正需要一个图书管理，学问也好并且能应用科学的方法。[1]

在这封写给清华学校同学的信中，袁同礼并未对"科学的办法"予以阐述，然而这个话题反复出现在他写给国内师长们的信中。如11月15日，袁同礼致信陶孟和，再次提到"科学的目录学"：

我国科学的目录学不发达，故作高深研究者深感痛苦。其劣者便暗中抄袭，而养成 Intellectual dishonesty，实学术界之耻。私意拟于返国后联合同志将中国目录学加以整理，他日苟得结果，可省学子精力无限，亦整理固有学术之先驱也。惟整理方法不得不取法欧美，而搜集西文目录学之书籍实不容缓。[2]

此段表述颇有"五四"之后年青人的蓬勃气息，读完"顿使人勇气十倍"[3]，但这一"论断"绝非出于袁同礼对中国传统目录、文献学的妄自菲薄。事实上，袁同礼有较好的旧学功底，幼时即跟随傅增湘、李盛铎学习文献学、校雠学[4]，初次拜谒刘承幹便给其留下了极佳的印象，后者特意在日记中写下"曾出洋游学，中文甚好，专研汉学及目录版本之学"[5]。

1922年9月3日，袁同礼致信蔡元培，谈对清代内阁档案整理的想

---

[1] 《特载》，《清华周刊》第228期，1921年12月2日，第23页。

[2] 《通信》，《北京大学日刊》第1139号，1922年12月25日，第2版。

[3] 1919年8月26日，傅斯年致袁同礼信，其中一段谈及"五四"的功过。原文为："自从五四运动以后，中国的新动机大见发露，顿使人勇气十倍。不过看看过去的各般动机，都是结个不熟的果子，便落了。所以我所盼望的，还是思想界厚蓄实力，不轻发泄。清华学生的 sociability 实在是改造中国的一种好原素，若再往精深透彻上做上几步便可为学界之冠。"参见雷强：《袁同礼年谱长编》，中华书局2024年版，第74页。

[4] 傅安明：《悼念袁守和先生》，《思忆录：袁守和先生纪念册》，台北商务印书馆1968年版，中文部分第21页。

[5] 刘承幹：《求恕斋日记》（稿本），1931年1月8日。

袁同礼、李小缘等人在纽约州立图书馆学校学习
时的主题编目课程成绩单

法。该信以美国对档案的管理办法及具体措施为本，兼顾中国汉字特点，并举例说明各项步骤的注意细节。信中"编目""索引"两节，较为集中体现了袁同礼对中国现代图书馆编目事业的理解和初步规划，即"科学的目录学"应以何种手段、并通过何种载体形式呈现。本书将其中重要部分抄录如下：

（三）编目　编目手续，可略分下列数项：

甲、编目登记，宜用3×5寸之纸片。我国编目录，往往用红格本，笨拙极矣。亟须采纸片式之目录（Card catalogue），俾先后部次随时便于更动。

乙、标定格式　目录片上，仅能择要登记。惟一张不能容时，亦可用二张或三张。故格式宜先标定，以期一律。格式大致可参照美国图书馆协会编定之条例（A. L. A. Catalogue rules）。稍予变通。

丙、登记毕，并择要摘由 Calendaring。

丁、目录片编竣，以部类相从，再印成"书式"目录，目录片便于检阅，应一律保存，制木箱以储之。

（四）索引 索引为我国学问界之一大问题。倘若能将浩瀚古籍，一一附以索引，学子之精力，可省不少。即图书目录片之排列及各项文件之收存等等，莫不依据于此。整理清代内阁档案，原为便于编史或他项研究起见。既不能依据事实分类，则索引之用尤巨。目录片之登记，及摘由中最扼要之字，皆须编入索引。又须采互注之法，以便稽检。[1]

以上细节的探讨，大致可以概括为几点：编目应以卡片式目录为标准形式、文献各项信息以美国图书馆协会编目条例为著录依据、以主题（部类）分类保存、卡片目录便于检阅而"书式"目录也不能废止、编目为索引（研究）的前提要素。这些观点，在当时的中国相关学术领域颇具前瞻性，尤其可贵的是袁同礼不仅提出"纸片式之目录"作为现代编目的载体，更强调了"美国图书馆协会编定之条例"，后者是避免将"编目"混为"分类"的客观依据。依据现有史料，北京大学并未采纳袁同礼的意见，十四年后顾颉刚主导禹贡学会整理清季光绪、宣统两朝档案，则以袁同礼的建议为指导方针[2]。

二、争取美国国会图书馆赠送卡片目录

1921年6月14日，时任北京大学校长的蔡元培参观美国国会图书馆，罗家伦作为留学生代表陪同前往，并以"美国特约通信"为题撰写报道：

---

[1]《通信》，《北京大学日刊》第1090号，1922年10月25日，第1—2版。其中"Calendaring"应指按文献时间排序，特此说明。

[2] 顾颉刚：《禹贡学会的清季档案》，《文献论丛》，国立北平故宫博物院1936年版，"论述一"第77页。

20 世纪初的美国国会图书馆

  其馆长卜弟门已先预备招待，引之参观一切，当时面允蔡氏赠送该馆全部卡片一份与北京大学，不加限制。按此种卡片，极为重要。凡国会图书馆所藏之书，每种均有此项卡片，上注书名、著作者姓名、出版地点年月、页数，共有几种版子，并内容大略之分析。其分类均出于专家之手尤为精确。……此种书的卡片，为治学问万不可少之物，为西洋学者最要之工具。此片在东方，仅日本东京帝国大学有一份，且多初版未经覆校之本。其数闻约四百万张上下，价值美金五万元左右。此事实现，不但为北大新图书馆生色，且为东方所仅有者矣。[1]

  该段文字中虽未提及袁同礼，但此时他确在国会图书馆实习，而赠送卡片目录与北京大学的提议更是其一手落实并督办的。8 月 13 日，国

―――――――――――

〔1〕志希：《美国特约通信（二续）》，《申报》，1921 年 8 月 14 日，增刊第 3 版。

会图书馆卡片目录部主任希士丁（Charles H. Hastings）致信袁同礼，讨论赠送的细节问题[1]。随后，袁同礼以北京大学图书馆代表身份与国会图书馆相关人员往复协商，并将进展情况时时函告蔡元培、顾孟余等人[2]。1923年秋，美国国会图书馆卡片目录开始[3]逐批寄送北京，实际赠送的约一百万张，"每片上印明书名、著作者、出版地及出版机关、刊行年月以及书之分类标题等等"[4]。事实上，该份捐赠并未止于20世纪20年代，太平洋战争爆发前各年度《美国国会图书馆年度报告》（*Report of the Librarian of Congress*）均记载了北京大学是其发行的卡片目录的寄存图书馆（depository libraries）之一[5]。换言之，国会图书馆在此次大规模捐赠后，新出的目录卡片也都随时寄赠北京大学。

掌中方寸的目录卡片究竟有何作用？本书认为袁同礼留学期间见识了美国出版业的繁盛、国会图书馆编目的权威性和适用性、图书馆界馆际交换的便捷、学术沟通的顺畅，这些领域环环相扣、相互促进，它们均以标准化的书目为核心纽带，其具体表现形式正是国会图书馆发行的目录卡片。

---

[1]《函件》，《北京大学日刊》第864号，1921年10月13日，第2版。

[2] 致蔡元培信，参见《函件》，《北京大学日刊》第864号，1921年10月13日，第2版；《通信》，《北京大学日刊》第1074号，1922年9月23日，第2—3版。致顾孟余信，参见《通信》，《北京大学日刊》第1218号，1923年4月20日，第2版；《通信》，《北京大学日刊》第1390号，1924年1月19日，第2版。

[3]《通信》，《北京大学日刊》第1390号，1924年1月19日，第2版。

[4]《国立北京大学图书馆蒙美国政府赠送书目片全份》，《图书馆学季刊》第1卷第1期，1926年3月，第148页。

[5] 1927年至1941年的《美国国会图书馆年度报告》"编目部"（Card Division）下属的"寄存图书馆"名录均记录了北京大学。

第二节 国立北平图书馆编目的早期尝试

1929年8月，教育部、中基会合组的国立北平图书馆委员会成立，8月31日，委员会奉教育部令前往国立北平图书馆（前京师图书馆）和北平北海图书馆进行接收，并于当日完成两馆合组[1]。此前两处分馆的编目情况，在《国立北平图书馆馆务报告》中有简要概括：

> 中文书之编目：自本馆改组，书籍增多，目录之编制益加迫切。前京师图书馆虽原有目录十余册，但编目方法均系旧式，且于陆续添购之书未能随时编入，颇不合用，实有从速改用卡片式目录之必要。而前北海图书馆所编之中文分类卡片目录尚在着手时期，亦需赓续进行。且以年来之经验，颇发现有待修改之处。……将来之新目录概以卡片式为主，拟编成分类目录、著者目录、书名目录及排架目录各一份。编订雠校固处处费时，抄缮誊录亦在在需人，故于两馆旧有编目人员外，特聘刘国钧博士主持其事。又聘谢君国桢协助一切，以期早日观成。[2]

刘国钧留学威斯康辛大学（University of Wisconsin），获哲学博士学位，并在该校图书馆学专科学习，时任平馆编纂部主任，主持平馆的编目事宜，尤其是中文编目工作。在此前职掌金陵大学图书馆、河南图书馆的基础上，刘国钧结合在平馆的工作经验，撰写了《中文图书编

〔1〕北京图书馆业务研究委员会编：《北京图书馆馆史资料汇编（1909—1949）》，书目文献出版社1992年版，第303页。
〔2〕国立北平图书馆：《国立北平图书馆馆务报告（民国十八年七月至十九年六月）》，国立北平图书馆1930年版，第22—23页。

目条例草案》[1]。该草案从内容、形式两方面对中文编目予以建议和规范，前者包括通则、书名、卷数、著者、版本、稽核事项、附注、标题、参照、别出、互见、注释笺证校勘之书、附刻合刻合订、丛书、官书及机关团体发行之书、翻译之书、期刊、附则；后者包括基本格式、各片样式举例、索引。此篇文章不仅直接回应了中华图书馆协会编目委员会对编目条例的征集[2]，更是直接影响了此后平馆的中文编目工作。

1930 年 11 月 13 日，袁同礼致信胡适，请其协助平馆争取美国私人资金的资助。信中提到：

> 北平图书馆自改组以来，进行极为顺利。现正赶编中文书目，希望明夏新建筑落成时可以出书，但不识能如愿否。哈佛大学 J. H. Woods 教授日前在平谈及 Hall Estate 愿补助中国文化事业，因念馆中所藏海内孤本甚多，而《四库全书》未见刻本之书亦有从速影印之必要，此项事业如有的款即可着手，并非难办之事。但在最近期内决非文化基金董事会所能举办，故与渠曾题到补助出版办法。敝意注重影印罕见之书，渠则主张印目录卡片，观其口气似亟愿成全好事者，盖以款在手中不得不设法用去也。[3]

信文中的"J. H. Woods"即伍兹教授（James H. Woods），他是哈佛大学亚洲研究的奠基人，精通希腊、印度哲学，20 世纪 20 年代曾邀请赵元任赴哈佛任教；"Hall Estate"则指美国铝业大亨霍尔（Charles M.

---

[1] 刘国钧：《中文图书编目条例草案》，《图书馆学季刊》第 3 卷第 4 期，1929 年 12 月，第 473—508 页。

[2] 《中华图书馆协会编目委员会征集编目条例》，《图书馆学季刊》第 2 卷第 1 期，1927 年 12 月，第 169—170 页。

[3] 耿云志主编：《胡适遗稿及秘藏书信》第 31 册，黄山书社 1994 年版，第 618—619 页。

Hall）的遗产[1]。倘若申请到这笔资助，袁同礼和伍兹教授就其用途则持截然不同的意见，前者视影印孤本为当务之急，后者则以印行目录卡片为最佳选择。两人的想法均有其合理性，彼此的差异反映出各自所处的立场和视角不尽相同。从某种意义上讲，伍兹教授已经预见到美国学术界对获取中文文献目录卡片的迫切需求，并认为平馆作为中国现有的唯一国立图书馆有承担该重担的能力和义务。然而，合组后的平馆虽然正在"赶编中文书目"，有"不独可资阅者之便利，或且树全国图书馆之楷模焉"[2]的设想，但此时并未明确表示有意肩负起印行中文图书目录卡片的职责。

1931 年夏，即将返美的哈佛燕京学社汉和图书馆馆长裘开明向该社伍兹教授和燕京大学博晨光教授（Lucius C. Porter）建议，由私立燕京大学图书馆与平馆合作印制目录卡片。裘开明认为，平馆的馆藏是北平地区其他图书馆无法超越的，如果能够与之合作印行中文图书目录卡片，不仅可以利用平馆馆藏和专业馆员，更能让中国绝大部分图书馆受益[3]。翌年春，平馆正式向哈佛燕京

裘开明

学社提出申请资助印刷中文目录卡片的备忘录和目录样片。虽然该份文件现已无从获取，但从《裘开明年谱》中的数处记述[4]可以部分还原。

---

〔1〕 其遗嘱声明一部分遗产要用于研究中国文化，由一所美国大学和一所中国大学联合组成一个机构来执行该项计划。随后，司徒雷登成功说服哈佛大学与燕京大学合作，在 1929 年成立哈佛燕京学社，并设立燕京学社北平办事处。

〔2〕 国立北平图书馆：《国立北平图书馆馆务报告（民国十八年七月至十九年六月）》，国立北平图书馆 1930 年版，第 22 页。

〔3〕 程焕文编：《裘开明年谱》，广西师范大学出版社 2008 年版，第 72—73 页。

〔4〕 程焕文编：《裘开明年谱》，广西师范大学出版社 2008 年版，第 80—81、347 页。

书目卡片拟采用"复合卡"[1]体系，每一种书由四种卡片[2]组合而成，另有两个印刷细节；

1. 用红黑两种颜色印刷，前者标识作者姓名，后者用于著录其他信息；

2. 每年印制一万种书，印制二十套，预计四年完成。

除此之外，有一极其重要的细节需要特别注意——该份计划是针对平馆所藏的古籍善本，并不涉及普通书籍[3]。

裘开明对该计划赞赏有加，但从经济、编目条例等方面针对各项提出了修改意见，具体如下：

1. 采用"单元卡"（著者）体系，即每种书只有一张主片；

2. 仅用一种颜色印刷；

3. 现有格式对作者信息标注的太简略，因此无法确定该书（时代），应按照其《中国图书编目法》予以补充。

为了保证该卡片对于哈佛燕京学社的适用性、著录信息更加详细，裘开明强烈建议燕京大学图书馆积极参与到与平馆的此项合作中。虽然，裘开明对该备忘录予以适当的修改，并且伍兹、洪业等中外相关人士都对此持积极的态度，但因哈佛燕京学社下年度收入锐减，在 1932 年 4

---

[1] 《裘开明年谱》第 80 页第 5 行的翻译"采用'单元卡'体系"应有误，通读上下文之后，应是裘开明建议采用"单元卡体系原则"（第 7 行），袁同礼备忘录采用的是一种"复合卡"体系的方式，一种书由四种卡片构成，特此说明。

[2] 《裘开明年谱》中并未明确译出是哪四种，但应为分类目录、著者目录、书名目录及排架目录，这四种卡片为合组后平馆的编目目标。参见国立北平图书馆：《国立北平图书馆馆务报告（民国十八年七月至十九年六月）》，国立北平图书馆 1930 年版，第 23 页。

[3] 程焕文编：《裘开明年谱》，广西师范大学出版社 2008 年版，第 81 页。

月 11 日董事会会议上决定暂时无力[1]支持该项提案。6 月 4 日，洪业致信袁同礼，将此结果正式通知平馆[2]。

　　这次与哈佛燕京学社的合作尝试，虽然无果而终，但此次波折值得进一步客观分析。首先，伍兹教授的观点表明美国汉学研究界清醒地意识到自身亟待弥补的短板，无论是中文古籍善本还是当代书籍，采购、排架、阅览、参考咨询、学术研究均以准确、可利用的目录卡片为基础，因其直接反映书籍著录的各种信息。如伯希和指出"治'中国学'须有三方面的预备：1.目录学与藏书"[3]，而中国学术传统对目录学更有"学中第一紧要事，必从此问途，方能得其门而入"[4]的共识。其次，裘开明作为哈佛燕京学社汉和图书馆的馆长，于 1930 年冬至 1931 年夏在北平考察时与袁同礼朝夕相处[5]，对平馆的藏书情况和馆员素质有非常直接、清楚的认识，他认为哈佛燕京学社（燕京大学）与平馆展开一系列的合作，无疑是中美双方优势互补的最佳选择；再者，伍兹、裘开明等人与平馆的沟通，无疑让后者认识到美国学术界对中国学术界的一种迫切诉求，平馆作为当时中国唯一颇具规模的国立图书馆，在学术现代化、国际化的现实要求下理应承担此项艰巨任务，为中文书籍目录的标准化作出贡献。

---

[1] 《裘开明年谱》中该计划的金额是 72448 美金，本书怀疑该数字的准确性，但因无法查阅原始英文档案，故暂且依据此说。而完成这一计划所需费用，亦颇值得思量。据《中华教育文化基金董事会报告》《国立北平图书馆馆务报告》可知，前者每年固定拨付两大宗款项，分别为"经常费"和"购书费"，用于支付日常开销如薪金和购买中西文书籍报刊，另有建筑款或临时拨款等；后者则有年度会计（收支）报告。从两份"报告"中可以看出，平馆经费虽然稳定，但并无过多结余，的确无力承担刊发中文书籍目录卡片。

[2] 程焕文编：《裘开明年谱》，广西师范大学出版社 2008 年版，第 86 页。

[3] 1926 年 10 月 26 日，伯希和在法兰克福作"中国戏剧"的演讲。参见胡适著，曹伯言整理：《胡适日记全集》第 4 册，台北联经出版事业股份有限公司 2004 年版，第 532 页。

[4] 王鸣盛：《十七史商榷》，凤凰出版社 2008 年版，第 1 页。

[5] 此段时间，裘开明借宿在袁同礼家。参见程焕文编：《裘开明年谱》，广西师范大学出版社 2008 年版，第 49、70 页。

然而，平馆中文古籍善本的目录卡片是否具有普遍适用性，本书则持怀疑态度。平馆发行目录卡片绝非单纯的分类、编目行为，从某种意义上讲也是一种商业行为，必须考虑目录卡片是否具有普遍适用性。换言之，在无绝对有力的经济支持下编辑、出版成本与可能收入的差距不能过于悬殊，否则难以为继。一方面，此时国内图书馆除平馆、江苏省立国学图书馆、北京大学图书馆、国立中央图书馆筹备处、山东省立图书馆外，其他图书馆大都为普通公共图书馆，成套购买古籍善本目录片的可能性极低。另外一方面，中文古籍印刷历史源远流长，版本至为繁复，外国学者、图书馆馆员极少能驾驭。包括哈佛燕京学社汉和图书馆在内的美国各大主要图书馆的东方中文古籍馆藏目录均由中国学者或华裔馆员撰写，美国本土的学者和图书馆馆员在相当长的时间里无法肩负编写馆藏中文图书目录的重任，是否具备辨识馆藏古籍与平馆所藏古籍异同的能力则更让人怀疑，如果发行古籍善本目录片，在欧美各国极有可能面临有卡片却无法核对出对应古籍的窘境，亦会减少潜在的购买者。

其次，发行中文古籍善本目录卡片有可能从旁刺激书贾将古籍善本兜售于国外，推高书价，不利于平馆采访，这绝非平馆和国内各图书馆所愿。事实上，平馆对古籍外流一直持负面的态度，在中华图书馆协会第一届年会中，即与中央大学区图书馆联署提案——《国民政府明令全国各海关禁止古书出口案》。[1]随后，南京国民政府颁布控制古籍珍本出口的法令，天津等地的海关也有相当程度的执行，譬如多次扣押并没收了私立燕京大学为哈佛燕京学社购买的古籍。[2]而平馆更是多次协助政府机构审查出口古旧图书，以免善本流失。譬如，1929年秋，平馆委派善本部主任徐森玉前往塘沽会同天津海关核查所

[1]《中华图书馆协会第一次年会纪事》，《中华图书馆协会会报》第4卷第4期，1929年2月，第7页。
[2] 程焕文编：《裘开明年谱》，广西师范大学出版社2008年版，第69、75页。

扣古籍[1]。

最后，20世纪30年代平馆编纂并刊印了一系列馆藏文献目录，譬如1933年10月《国立北平图书馆善本书目》、1933年《国立北平图书馆方志目录》、1936年6月《国立北平图书馆方志目录二编》、1937年4月《国立北平图书馆善本书目乙编续目》。这些书本式目录的出版发行，为国内外学术界较为全面、清楚了解平馆馆藏古籍提供了较为可靠的依据，也随之降低了编印古籍善本卡片目录的可能性。

基于以上种种考虑，本书认为与哈佛燕京学社的合作尝试虽并未落实，但却为随后平馆编印卡片目录事业明确了方向——以现代中文出版书籍为对象。相对于古籍善本，选择现代中文书籍不仅相对易于操作，编目质量更有保证，并能最大限度提高卡片目录的适用性，即无论是中外研究型图书馆或者公共图书馆都有购买该种卡片的诉求。

---

[1] 《图书馆界》，《中华图书馆协会会报》第5卷第1—2期，1929年10月，第40—41页。

第三节　国立北平图书馆卡片目录的发行

一、洛克菲勒基金会的襄助

平馆与美国洛克菲勒基金会最初的交集，并非由自身提交申请，而是出于故宫博物院的一次维护工程。1926 年夏，钢和泰男爵（Alexander von Stael-Holstein）出任清室善后委员会顾问，此后数年间不仅多次以故宫藏传佛教遗物为研究对象，更致力于在国际学术界宣传故宫博物院。正是由于钢和泰的善意，1929 年 6 月 4 日洛克菲勒基金会捐助 5000 美金维修慈宁宫花园。翌年，时任故宫博物院图书馆副馆长的袁同礼参与了该工程的验收，并与古物馆副馆长马衡一同致信钢和泰，请其向洛克菲勒先生表示感谢[1]。同年 10 月 10 日，任鸿隽、陈衡哲夫妇设宴款待抵达北平的洛克菲勒夫妇，胡适、陶孟和、赵元任、袁同礼等人作陪[2]。

在洛克菲勒基金会档案中，最早与平馆直接相关的史料是 1933 年 9 月 21 日由基金会副会长耿士楷（Selskar M. Gunn）写给人文部主任史蒂文斯（David H. Stevens）的信件。从信中可以得知耿士楷正在上海，十月份将会有一次北平之行，听闻基金会将有 50000 美金的款项用于中国、日本两国研究；而袁同礼刚刚拜访了他，并尝试性地提出洛克菲勒基金资助中国图书馆员去美留学的建议[3]。事实上，袁同礼将刚刚在南京

---

[1] 该信写于 1930 年 3 月 7 日，参见邹新明编：《美国哈佛大学哈佛燕京图书馆藏钢和泰未刊往来书信集》下册，广西师范大学出版社 2016 年版，第 535 页。

[2] 胡适著，曹伯言整理：《胡适日记全集》第 6 册，台北联经出版事业股份有限公司 2004 年版，第 308 页。

[3] Rockefeller, Foundation. "Rockefeller Foundation Records, Projects, Rg 1.1." Series 601: China; Subseries 601.R: China-Humanities and Arts. Vol. Box 47. Folder 388. pp. 9-10.

落幕的中华图书馆协会第一次年会情况、平馆在国内图书馆界的地位及其发展方向向耿士楷简略陈述，这让后者十分感兴趣，以至于在信中直接询问史蒂文斯资助图书馆专业留学生是否属于该部范畴。此后，平馆与洛克菲勒基金会之间的通信来往日益增多。1934 年春袁同礼赴美考察，曾于 3 月 26 日、4 月 13 日前往洛克菲勒基金会纽约总部与史蒂文斯面谈，由该基金会会务纪要可知，这两次访问的核心议题分别是赞助选派平馆馆员、武昌文华图专学生赴美深造和支持中俄外交史料的出版[1]，并未涉及襄助平馆中文编目事业。

1935 年 10 月 5 日，袁同礼致信耿士楷，表示平馆中文书目卡片即将完成编写并将对公发行，希望得到洛克菲勒基金会的资助[2]。为了保证顺利完成，由吴光清[3]负责的编目组已经开始小规模地印制 1935 年 1 月以来的中文新书卡片。此外，针对该计划袁同礼推荐了三位评议人，以供洛克菲勒基金会问询，他们分别是国会图书馆的恒慕义（Arthur W. Hummel）、哈佛大学汉和图书馆的裘开明、美国学术团体理事会（American Council of Learned Societies）的格雷夫斯（Mortimer Graves）。随信，袁同礼附上了题为"关于印制并发行中文书籍目录卡片计划"（Memorandum re the Project for the Printing and Distribution of Catalog Cards for Chinese Books）的备忘录，全文起始处即开宗明义地表示"国会图书馆印制发行的目录卡片是现代图书馆发展的显著特色之一"（The printing and distribution of catalog cards by the Library of Congress is one of the unique features in modern library development）。袁同礼认为，国会图书馆书目

---

〔1〕 Rockefeller, Foundation. "Rockefeller Foundation Records, Projects, Rg 1.1." Series 601: China; Subseries 601.R: China-Humanities and Arts. Vol. Box 47. Folder 388. pp. 30, 32.

〔2〕 Rockefeller, Foundation. "Rockefeller Foundation Records, Projects, Rg 1.1." Series 601: China; Subseries 601.R: China-Humanities and Arts. Vol. Box 47. Folder 388. pp. 59-60.

〔3〕 袁同礼特别注明吴光清（K. C. Wu）毕业于哥伦比亚大学、密歇根图书馆学校（Michigan Library Schools），拥有十分丰富的编目经验。Rockefeller, Foundation. "Rockefeller Foundation Records, Projects, Rg 1.1." Series 601: China; Subseries 601.R: China-Humanities and Arts. Vol. Box 47. Folder 388. p. 60.

恒慕义

卡片的适用性及易获取性对于联合编目及国际书目两大国际性任务贡献颇多，而平馆作为中国目前唯一一家现代化大型图书馆，有志于承担类似的工作——即编印中文图书的目录卡片。在备忘录的后半部分，他列举了平馆印行目录卡片的九大益处：

1. 国内外图书馆均能得益于编目的标准化和统一性；

2. 国外图书馆都将可以获取平馆提供的专业编目服务；

3. 卡片将包含书目的所有信息项且非常经济；

4. 可以避免书目（片）抄写；

5. 卡片可以方便国内外个人和机构采访并最终形成全国总书目；

6. 卡片方便交换书目信息进而推动中国与世界的文化交流；

7. 促进全世界的汉学研究；

8. 卡片亦可按主题发售；

9. 中国人工成本低投资少见效快。[1]

如果以今人眼光，冷静审视以上各点，不难发现以上九点偶有交叉

---

[1] Rockefeller, Foundation. "Rockefeller Foundation Records, Projects, Rg 1.1." Series 601: China; Subseries 601.R: China-Humanities and Arts. Vol. Box 47. Folder 388. pp. 63-65.

重复之处，但袁同礼结论性的论断毋庸置疑，即"实现这一计划将是中国图书馆现代化的重要一步"〔1〕。

10月31日，耿士楷将袁同礼的来信和备忘录转寄纽约总部，他表示自己虽然不是图书馆学专家，无法给出专业的评判，但就该计划和备忘录本身而言，绝对是个好项目〔2〕。12月6日，史蒂文斯复信袁同礼，表示收悉信件，至于资助一事则会与恒慕义沟通〔3〕。事实上，11月29日在纽约洛克菲勒基金会总部召开了一次会议，加州（伯克利）、哥伦比亚（Columbia University）、哈佛、耶鲁四所大学图书馆东亚部和国会图书馆的代表受邀参加。会议的主旨是讨论美国各研究图书馆中日文文献编目格式问题，与平馆并无直接关联，但袁同礼提交的印行卡片目录备忘录却在本次会议上被认真讨论。虽然参会各方意见现已无法查证，但可以从恒慕义的两份信函中得出大致推断：一是作为国会图书馆的代表他鼎力支持袁同礼的计划；二是其他高校图书馆认为如果平馆能够按照其计划稳步推进，则可以解决美方同仁长期以来无法克服的一个大问题〔4〕。1936年2月4日，恒慕义再次致信史蒂文斯，表示国会图书馆将积极支持平馆的该项计划，建议基金会给予大力资助，并表示会立即订购三套平馆印制的书目卡片〔5〕。

---

〔1〕 Rockefeller, Foundation. "Rockefeller Foundation Records, Projects, Rg 1.1." Series 601: China; Subseries 601.R: China-Humanities and Arts. Vol. Box 47. Folder 388. p. 65.

〔2〕 Rockefeller, Foundation. "Rockefeller Foundation Records, Projects, Rg 1.1." Series 601: China; Subseries 601.R: China-Humanities and Arts. Vol. Box 47. Folder 388. p. 58.

〔3〕 Rockefeller, Foundation. "Rockefeller Foundation Records, Projects, Rg 1.1." Series 601: China; Subseries 601.R: China-Humanities and Arts. Vol. Box 47. Folder 388. p. 66.

〔4〕 1935年12月12日恒慕义致信袁同礼，告知11月29日纽约会议的情况，表示除了国会图书馆美国图书馆界很难有人了解中文目录卡片的重要性，并建议平馆根据国会图书馆的主题分类（Subject heading），在卡片上端或者背面加以标注，这样会对西方学者十分方便。虽然裘开明代表哈佛大学与会，但其态度却无从查实。Rockefeller, Foundation. "Rockefeller Foundation Records, Projects, Rg 1.1." Series 601: China; Subseries 601.R: China-Humanities and Arts. Vol. Box 47. Folder 388. p. 74.

〔5〕 Rockefeller, Foundation. "Rockefeller Foundation Records, Projects, Rg 1.1." Series 601: China; Subseries 601.R: China-Humanities and Arts. Vol. Box 47. Folder 388. p. 73.

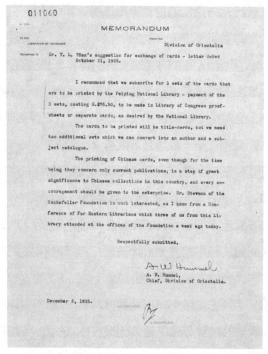

1935 年 12 月 6 日，恒慕义在给国会图书馆馆长的内部
公函中建议该馆订购三套平馆印行的中文书籍卡片目录

　　相对于美国高校图书馆犹豫的态度，平馆则是积极完善书目卡片的
细节，以期满足西方学者要求。1936 年 2 月 5 日，袁同礼致信史蒂文斯，
表示平馆编印的目录卡片已经根据国会图书馆主题词分类，自本年 1 月
1 日起，印制的卡片业已寄送哈佛、加州（伯克利）、哥伦比亚、芝加哥、
密歇根各大学、国会图书馆以及欧洲各大图书馆，并请耿士楷带一套回
纽约给洛克菲勒基金会审查[1]。

　　1936 年 5 月 15 日，洛克菲勒基金会人文部批准了代号为 RF36072
的资助，该项目有效期自 1936 年 7 月 1 日至 1939 年 6 月 30 日，总计
25000 美金，其中 18000 美金用于平馆目录卡片的编印和发行，每年

---

〔1〕 Rockefeller, Foundation. "Rockefeller Foundation Records, Projects, Rg 1.1." Series 601:
China; Subseries 601.R: China-Humanities and Arts. Vol. Box 47. Folder 388. p. 75.

6000 美金，对象是 1931 年至 1938 年出版的中文出版物。洛克菲勒基金会认为该笔资助可以促进平馆成为中国图书馆事业发展的核心，并以此统筹全国计划，而美国国会图书馆和美国图书馆协会将作为顾问指导该项计划[1]。

此后，平馆正式邀请李小缘、裘开明和恒慕义三人为顾问委员，协助编印目录卡片，以期满足美国及世界各地学者的需求[2]。11 月中下旬，美国学术团体理事会的格雷夫斯访问北平，他代表美国学术界与平馆就中文书籍编目交换意见。从洛克菲勒基金会档案中可知，在收到平馆寄送的书目卡片后，基金会人文部曾与专业人士就其质量和适用性有过小范围的讨论，国会图书馆恒慕义表示十分满意，并希望洛克菲勒基金会可以允许平馆更为灵活地使用资助款[3]。

二、基于刘国钧《中国图书分类法》的卡片目录

1936 年 7 月，本年度《国立北平图书馆馆务报告》就印行卡片目录的进展略作介绍：

> 本馆为便利各图书馆编目、采购及节省时间起见，仿照美国国会图书馆前例编印卡片目录，暂从民国二十三年以后出版者入手，将来再推及于旧书。其编印程序参照美国办法，稍加变更，俾能适合国情。至每片著录大体根据刘国钧之中文图书

〔1〕Rockefeller, Foundation. "Rockefeller Foundation Records, Projects, Rg 1.1." Series 601: China; Subseries 601.R: China-Humanities and Arts. Vol. Box 47. Folder 388. p. 2.

〔2〕Rockefeller, Foundation. "Rockefeller Foundation Records, Projects, Rg 1.1." Series 601: China; Subseries 601.R: China-Humanities and Arts. Vol. Box 47. Folder 388. p. 102.

〔3〕Rockefeller, Foundation. "Rockefeller Foundation Records, Projects, Rg 1.1." Series 601: China; Subseries 601.R: China-Humanities and Arts. Vol. Box 47. Folder 388. p. 103.

编目条例及分类法，以五千种为一组，自廿五年一月起每周印行一次，截至本年六月底止，共排印一千八百种。自印行以来，国内整组订购者三十处，零购及交换者十余处；国外整组订购者八处，交换者五处，其详细订购办法均载入"排印卡片说明及使用法"，兹不赘述。[1]

此时，平馆编目部中文编目组主任为吴光清，组员有杨永修、袁涌进、张秀民、徐崇冈、贾芳、王树伟、赵兴国、朱福荣八人，助理王芷章、索恩琨二人，另有书记十人[2]，是平馆所有业务科组中人员数量最多者，足见其工作量和受重视程度。由该年度《国立北平图书馆馆务报告》可知，平馆排印中文卡片目录以1934年1月1日后出版的书籍为最初对象，其排印时间则以1936年1月为起始点，这些描述与上文所引美方档案中的记录大体吻合。

1935年10月15日，平馆排印卡片目录并请各馆预订之启事

在已有的学术成果中，很少有学者注意到《国立北平图书馆馆务报

〔1〕国立北平图书馆：《国立北平图书馆馆务报告（民国二十四年七月至二十五年六月）》，国立北平图书馆1936年版，第8页。

〔2〕国立北平图书馆：《国立北平图书馆馆务报告（民国二十四年七月至二十五年六月）》，国立北平图书馆1936年版，附录三第4页。

告》提及的"排印卡片说明及使用法"[1]。该件全名为"国立北平图书馆排印卡片目录说明及使用法"，分"卡片之性质""目片使用法""卡片订购办法"三节[2]，是平馆印行卡片目录的重要中文广告之一。相对于《国立北平图书馆馆务报告》中的介绍，该"排印卡片说明及使用法"因附有样片四张，让今人可以更为直观、明确地了解卡片目录，譬如每一种书的卡片均包括书名、著者（译者）、出版年、出版者、

中文卡片预约券

国立北平图书馆排印卡片目录说明

---

[1] 以 CNKI 为检索对象，仅有一篇文章提及"排印卡片说明及使用法"，参见全根先、陈荔京：《民国时期国家图书馆目录学论著编年》，《国家图书馆学刊》2013 年第 3 期，第 109 页。

[2] 《国立北平图书馆排印卡片目录说明及使用法》，《中华图书馆协会会报》第 11 卷第 3 期，1935 年 12 月，第 45—48 页。该使用法于 1936 年 11 月印制成为小册页，并注明"增订再版"，特此说明。

印刷方式、分类号、购片号码等信息项。在该使用法的诸多细节中有两处需要特别注意。首先，"卡片之性质"第三款注明"每书只印以书名为主之主要卡片一种"，美国国会图书馆发行的卡片目录是以著者为主要卡，平馆卡片在此与之迥异，本书认为这种差异即平馆馆务报告中所谓的"国情"之一。其原因极有可能出于两个方面的考虑：一是中文姓名的重合度要远高于英文作者，即中文同名同姓的著（译）者并不罕见；二是中文书籍著（译）者笔名的复杂程度也远远超过英文书籍的相应情况。倘若以著（译）者姓名为主要卡，则有可能误导卡片使用者，尤其是国外。其次，极有可能是考虑到经济成本和易用性，每种书只排印一张卡片，购买者可以根据自己的使用需求订购若干份同一卡片，并在其上端空白处加印信息，譬如著者、标题及副款目[1]。这种方案极有可能是接受裘开明等人之前的意见，以更为灵活、经济的方式将"系统卡"（分类目录、著者目录、书名目录及排架目录）简化为一种"单元卡"。

1936 年 2 月 5 日，袁同礼在写给史蒂文斯的信中表示"（平馆）目录卡片已经根据国会图书馆主题词分类"，然而这一表述并不符合现实情况。平馆刊行的中文书籍目录卡片分类依据刘国钧《中国图书分类法》增订版，该分类法仿照杜威十进分类法，主要依学科分成九部，每部下再依学术性质细分，且"惟不拘于十进，是则与杜威稍不同耳"[2]。现将美国国会图书馆分类法、北京图书馆两次草拟的分类法和平馆排印卡片所采用的分类法分列于下表之中，其中字母、数字代号皆从原貌：

---

[1] 原文为："惟每片上端，留有地位，备购买者自行填写著者，标题及副款目。（标题最好用红墨水填注）。"其中"副款目"（Secondary entry）即分类下的次一级分类名称。

[2] 刘国钧编：《中国图书分类法》，南京金陵大学图书馆 1936 年版，pp. vii-viii.

部	美国国会图书馆分类[1]	部	北京图书馆第一年分类[2]	北京图书馆第二年分类[3]	部	国立北平图书馆排印卡片目录分类
A	总类	1	总类	书目	000	总部
B	哲学、宗教	2	哲学	丛书	100	哲学部
C	历史（附属科学）	3	宗教	类书	200	宗教部
D	历史（美洲除外）	4	史学	经籍	300	自然科学部
E	美洲史（总论和美国）	5	地学	文字	400	应用科学部
F	美洲史（美国各地方和其他美洲国家）	6	社会	史乘	500	社会科学部
G	地理、考古、人类学	7	统计	地理	600-700	史地部[4]
H	社会学	8	经济	传记	800	语文部
J	政治学	9	政治	政书	900	美术部
K	法律	10	法律	通制		
L	教育	11	教育	古器物		
M	音乐	12	游技	伦理		
N	美术	13	艺术	宗教		
P	语言文学	14	字音	术数		
Q	自然科学	15	文字	天算		
R	医学	16	科学	医方		
S	农林学	17	数学	农艺		
T	工程学	18	天文	兵书		
U	陆军学	19	物理	艺术		
V	海军学	20	化学	论著		

---

[1] 严文郁：《美国国会图书馆及其分类法》，《图书馆学季刊》第3卷第4期，1929年12月，第520—521页。

[2] 《分类及编目》，《北京图书馆第一年度报告（民国十五年三月至十六年六月）》，北京图书馆1927年版，第15页。

[3] 《分类及编目》，《北京图书馆第二年度报告（民国十六年七月至十七年六月）》，北京图书馆1928年版，第17页。

[4] 其中"6"开头的为（史地）总论和中国史地，"7"开头的为世界史地，特此说明。

续表

部	美国国会图书馆分类	部	北京图书馆第一年分类	北京图书馆第二年分类	部	国立北平图书馆排印卡片目录分类
Z	图书馆学及目录学	21	地质	诗文词曲		
		22	古生物			
		23	生物			
		24	农学			
		25	医药			
		26	家政			
		27	风俗			
		28	交通			
		29	商业			
		30	工业			
		31	军事			
		32	目录学图书馆学			

  由上表不难看出，无论是相对于美国国会图书馆分类法还是北京图书馆浅尝辄止的分类方法，平馆最终选择的刘国钧分类法在大部类划分上都要简单许多。本书认为这种转变固然有刘国钧本人以"适宜性"为原则的图书馆学本土化理念[1]，而平馆也有借此在编目过程中保证相当程度的弹性空间，以期得以最大程度地推广卡片目录的考虑。

  除主题词分类与对美方宣称的不同外，平馆发行的卡片目录并非如前文所述以"1935年1月以后的中文新书"（或"民国二十三年以后出版者"）为限定对象，而是将1931年以来的相当数量书籍一并编印卡片，如《国立北平图书馆排印卡片目录（25-2001至25-3000）》

---

〔1〕就刘国钧分类法及其"适宜性"的理念的探讨，可参见刘应芳：《论刘国钧以"适宜性"为导向的图书馆学本土化探索》，《高校图书馆工作》2017年第6期，第16—19页。

就记录了1931年张东荪撰《哲学》（购片号25-2515）、1932年梁得编《音乐辞典》（购片号25-2795）、1933年洪深撰《五奎桥》（购片号25-2358）等数百种非1934年之后的书籍[1]。这种现象反映出平馆在编印卡片目录的实际操作阶段，其真正的目标是以民国成立后的出版物为主要范围，非局限在此前表述的时间线，而由该点向前、向后逐步推及。

1936年底，平馆印行了一本名为 *Chinese Catalogue Cards and How to Order and Use Them* [2]的小册页，向外国学术界、图书馆界介绍中

Chinese Catalogue Cards and How to Order and Use Them

文书籍卡片目录的内容和广泛的适用性[3]。此册正文共分四部分，分别为卡片的范围（Scope covered by the cards）、卡片之性质（Characteristics

---

[1] 国立北平图书馆中文编目组编：《国立北平图书馆排印卡片目录（25-2001至25-3000）》，国立北平图书馆中文编目组1936年11月版，第10、70、61页。

[2] 该册页并未标注发行时间，但序言（prefatory note）写于1936年11月。

[3] 此外，为了推广该套卡片目录，袁同礼还撰写了一篇题为《中文书籍卡片目录》的短讯，介绍该套卡片的目的（将提交给洛克菲勒基金会备忘录中的九点益处缩减为七点），卡片的内容和收录范围，并谦逊地表示该套卡片是中国图书馆界的首次尝试，绝无完美的可能性，因此希望多多给予批评指正。参见 Yuan, Tung-li. "Cards for Chinese Books." *The Library Journal*. vol. 61, no. 3, Feb 1936, p. 84.

of the cards）、目片使用法（How to use the cards）、卡片订购办法（How to order the cards）。其中卡片之性质、目片使用法与"国立北平图书馆排印卡片目录说明及使用法"的相应部分大体一致，不再赘述，仅就卡片的范围和卡片订购办法两节要点略述如下：

> 卡片的范围。将以 1912 年 1 月以后出版的中文图书为主要对象，换言之，该套卡片目录不断完善后可等同于中华民国的国家书目。但早于 1912 年的中文图书的卡片也将会编印。该项计划初期，每年将会发行六千张卡片（即一套），随后将会逐年递增。而针对民国以来或刻印或翻印的古籍丛书，如《四部丛刊》《四库珍本》等，平馆将在合适的时机下印行分析卡片（analytic cards）。[1]

订购方法。有整套订购、卡片号零购、分类主题购买三种方式。一套售价 30 美金，多购则有额外的折扣优惠[2]；卡片号零购、分类主题购买两种方式，每片 0.8 美分。

除此之外，该册还附上四张原大的卡片，分别为《不是集》（书名卡）、《苏联新女性》（分类卡）、《蜀道》（作者卡）、《国富论》（译者卡）。事实上，后三种卡片是根据使用者的各自需要，在第一种卡（书名卡）左上空白处加以额外描述后所得。这种处理方式，不仅化解了此前与哈佛燕京学社合作时每本书印制四种卡片的繁琐，极大地节省了经济成本，更赋予购片者相当大的操作空间，可根据使用中的现实需求予以增益。

---

[1] 分析卡片确曾印行，参见《圕界服务：国立北平图书馆发售各种丛书分析卡片》，《中华图书馆协会会报》第 12 卷第 6 期，1937 年 6 月，第 52—53 页。而何为"分析（卡）片"，简言之即"依一书中篇章附录之名目，著者，注者……或其内容，所制之目录片"，具体可参见裘开明：《中国图书编目法》，商务印书馆 1934 年版，第 48—53 页。

[2] 譬如，购买两套，共计 54 美金，三套 76.50 美金。National Library of Peiping, *Chinese Catalogue Cards and How to Order and Use Them*, Peiping, 1936, p. 10.

《不是集》

　　至 1937 年 6 月，在各种渠道的宣传和推广下，平馆排印卡片目录不仅出满第一组[1]，第二组也"印就者约二千张……国外整组订购者九处，交换者七处"[2]。相对于此前一年的记述，均略有增加。

三、"七七事变"爆发后的情况

　　"七七事变"爆发后，由于缺乏纸张且邮寄极为不便，平馆编印目录卡片工作旋即被迫暂停[3]。9 月 28 日，袁同礼自长沙致信史蒂文斯，将这一情况告知洛克菲勒基金会，并请求将资助款相应部分的余款存放

〔1〕 第一组实际应为 5875 张，非此前笼统所称的 6000 张，参见国立北平图书馆中文编目组编：《国立北平图书馆排印卡片目录（25-4001 至 25-5875）》，国立北平图书馆中文编目组 1937 年 3 月版，封面。

〔2〕 国立北平图书馆：《国立北平图书馆馆务报告（民国二十五年七月至二十六年六月）》，国立北平图书馆 1937 年版，第 7 页。

〔3〕 参见 1938 年 4 月 29 日，袁同礼致王访渔等人的信函，其中提到："卡片目录既于七月杪停止印行，袁涌进等七人之薪水（每月四百九十元外加福利储金）应由本馆担任。请即在经常费内扣还，即日汇港，以便与其他之款退还该会。"北京图书馆业务研究委员会编：《北京图书馆馆史资料汇编（1909—1949）》，书目文献出版社 1992 年版，第 589 页。

至花旗银行（National City Bank）的账户，待时局稳定再相机行事[1]。

1938年1月21日，袁同礼自昆明致信史蒂文斯，出于战争原因请求将原定于1939年6月30日截止的赞助视时局予以适当延长[2]。但这一申请提出时间过早，尚未到截止日前三个月的讨论期，故并未得到批准。11月25日，袁同礼致信史蒂文斯，表示平馆昆明办事处自从11月1日开始恢复中文新书编目，并准备印刷类似于美国图书馆协会发行的分类书目（Book-list），其初衷并非是接续书目卡片，而是替代早已停刊的《图书季刊》[3]。然而，昆明本地的纸张和印刷工艺都无法达到应有的标准，这一尝试只作为过渡期的权宜之计，随着《图书季刊》在昆明和上海的复刊，该书单随即停止发行[4]。

由于平馆在上海、香港、昆明等地的工作、人员日趋稳定，相对通畅的联络得以确立，昆明不仅可以从北平大同书店购买所需出版物，甚至可以收到由北平辗转寄送而来的目录卡片。从洛克菲勒基金会档案中可以得知，1939年4月北平恢复印刷目录卡片[5]，此点亦可由《中华图书馆协会会报》的公告中得以佐证，"……现该馆因应各馆需要起见，已于五月一日恢复发行。原有订户，继续邮寄，新订户愿采购者，可迳函该馆昆明办事处云"[6]。至于此时卡片订购情况，现在几乎无从查证，但仍可从其他史料中觅得大致情形。1939年11月3日，袁同礼致函王访渔、顾子刚两位留平主事人员，指示卡片工作：

---

〔1〕 Rockefeller, Foundation. "Rockefeller Foundation Records, Projects, Rg 1.1." Series 601: China; Subseries 601.R: China-Humanities and Arts. Vol. Box 47. Folder 389. pp. 38-39.

〔2〕 Rockefeller, Foundation. "Rockefeller Foundation Records, Projects, Rg 1.1." Series 601: China; Subseries 601.R: China-Humanities and Arts. Vol. Box 47. Folder 389. pp. 49-50.

〔3〕 Rockefeller, Foundation. "Rockefeller Foundation Records, Projects, Rg 1.1." Series 601: China; Subseries 601.R: China-Humanities and Arts. Vol. Box 47. Folder 389. p. 90.

〔4〕 《图书季刊》中文本于1939年3月在昆明复刊，英文本1940年3月在上海复刊。

〔5〕 Rockefeller, Foundation. "Rockefeller Foundation Records, Projects, Rg 1.1." Series 601: China; Subseries 601.R: China-Humanities and Arts. Vol. Box 47. Folder 389. p. 125.

〔6〕 《国立北平图书馆最近消息》，《中华图书馆协会会报》第14卷第1期，1939年7月，第23页。

子访、子刚先生大鉴：

关于寄来之卡片，编印精良，至为欣慰。惟刻下纸价日涨，每组卡片拟定为六十元或七十元，外加邮费□[1]元，零售则定为每张一分五厘。如何之处，即希查明示复，以便发出通启。又，寄国内、国外之卡片发至若干号时，即希函请寄款（第三组）并盼查明示及。据目下情形观之，亟须力谋大量增加订户，方能挹注。[2]

基于以上档案资料似可得出如下结论：即平馆昆明分部负责编目，北平留守人员负责印刷并邮寄，昆明分馆只做辅助寄送，尤其针对北平无法通邮之地；这种分工协作的形式持续到 1940 年初，销售情况虽不乐观，但应属于正常、可以接受的范畴，且国内外订购机关大都可以保持联系。裘开明曾表示，自 1936 年至珍珠港事件爆发时止，平馆一共出版了 10600 种目录卡片[3]。如果这个数字准确，则意味着自 1937 年 7 月到 1941 年 12 月，平馆一共印行了 2700 余种图书的卡片。本书认为在此四年中，发行书目卡片的数量急剧下降并非全由平馆自身的困境，而是由多方面的因素合力造成，譬如全国纸张生产和印刷的举步维艰、书籍发行与流通的不畅等。

1939 年 3 月 17 日，洛克菲勒基金会批准了对 RF36072 的修正案，其核心内容是延长资助期限至 1942 年 6 月 30 日，尚未支出的 17500 美金可用于发展图书馆服务、购买书刊等目的，不再受限于最初的计划安排，但每年不得多于 8000 美金，这一修正案无异于及时雨。随着抗日战争

〔1〕 该信（抄件）此处特意空格，似有意请留平人员根据实际情况填写邮费标准，非无法辨识，特此说明。

〔2〕 北京图书馆业务研究委员会编：《北京图书馆馆史资料汇编（1909—1949）》，书目文献出版社 1992 年版，第 694 页。

〔3〕 程焕文编：《裘开明年谱》，广西师范大学出版社 2008 年版，第 347 页。

进入相持阶段，东南沿海地区逐步被日军占领，海关收入大部分为日军占领下的敌伪政府所扣留，国民政府自 1940 年起将庚子赔款的债务（为关税担保的）大部停付，这一变故极大地影响了以中基会拨款为主要来源的平馆。馆务陡然间急转直下，只得不断向教育部申请临时性援助。1940 年 1 月 18 日，平馆呈教育部本年工作计划书，其中提到：

> 本年一月庚款停付后，本馆西文购书费首蒙严重之打击。上半年由中基会拨到美金二千元，乃将订购之西文杂志择要选订。七月以后改付国币且按月拨付，又值国币狂跌之际，每月须至黑市购买外汇，与上半年预算相校，仅合其四分之一。……目前物价高贵，尤以昆明为甚，职员生活甚感艰困，拟请大部在二十九年度内酌予补助，以资救济。[1]

然而随着国民政府经济形势日益严峻，教育部经费异常支绌，之前拟定筹建"国立昆明图书馆"的计划亦中道而废，拨发下的款项多作临时救济，贴补馆员生计，勉强维持馆务正常开支。

一方面国民政府早已对外汇予以管制，几乎所有财政资源都优先购买战争物资，涉及教育事业的外汇皆须向教育部申报，再转呈行政院批示，无论是中基会还是教育部拨发的国币，因持续贬值早已无力购买外文期刊。另一方面，平馆随临时大学迁往昆明时起，即肩负了与大学、研究机构密切协作，发展西南地区图书事业的责任。在这一危急局面下，洛克菲勒基金会的 17500 美金在随后的数年间不仅极大地补充平馆采购外文书刊的经费，更是直接为西南联大、中央研究院等学术机构服务，确保了抗战中大后方各高校、研究院学术研究不至中落。困顿与无助的夹击之下，平馆并未再使用洛克菲勒基金会资助款印行中文书目卡片。随

---

〔1〕北京图书馆业务研究委员会编：《北京图书馆馆史资料汇编（1909—1949）》，书目文献出版社 1992 年版，第 706—707 页。

之而来的太平洋战争更是直接切断了北平、香港、昆明等地的联络，无论是指令传达还是邮寄卡片都已变得异常困难，平馆印行中文书籍卡片目录的事业至此终结。

小 结

1936 年 7 月，中华图书馆协会、中国博物馆协会在青岛举办联合年会，李小缘作为总委员会委员之一，受嘱托撰写回顾性发言稿——《中国图书馆事业十年来之进步》。文中，他将平馆印行中文图书目录卡片视作一重大进步：

> 编目难题，则已由发行者为之解决，吾人购得，即实际情形，稍加更动，即可配置使用。诚事半而功倍，节省他馆编目之经费，人工，体例一致，不易矛盾，印字准确可靠，字体清晰美观，购买手续简易，有百利而无一弊。吾望全国各地图书馆之能充分利用之也。其助图书馆专门技术之便利，诚非言语所可形容。[1]

虽然该表述颇多溢美之词，但也较为客观地概括了书目卡片印行的优点和作用。在此之前，《中华图书馆协会会报》也刊登了一篇《国立北平图书馆排印中文卡片目录导言》的信函，作者王树伟从八方面总结了该套目录片的益处：

1. 仿照欧美先举，创东方目录的向导；

2. 较之人工手抄片，经济、便捷；

3. 较 Ditto 誊写器等复写方式，清晰、耐用；

4. 国内图书馆无力聘请专才编目亦可负担起该套目录；

5. 国内图书馆无论是否地处偏远、消息闭塞，均可利用卡片采购所需图书；

---

〔1〕李小缘：《中国图书馆事业十年来之进步》，《图书馆学季刊》第 10 卷第 4 期，1936 年 12 月，第 523 页。

6. 促进各大书局依法呈缴图书，并以卡片推动其书籍销售；

7. 可用此套目录卡片与国外各图书馆印行者交换，节省平馆开支；

8. 推动欧美汉学发展。[1]

以上种种绝非浮夸之言，平馆排印目录片的事业自 1936 年开始，便逐渐走上正轨，发展之迅速，远非 1936、1937 年度《馆务报告》中整套购买（交换）数量所能准确反映。1937 年 6 月 30 日出版的《中华图书馆协会会报》刊登了《国立北平图书馆发售目录片启事》，虽然卡片目录只印行了一年半的时间，平馆却已决定扩大服务范围，将目录片分为五大类，分别为（一）民国出版者、（二）民国以前出版者、（三）中外各大图书馆委托编印者、（四）丛书分析片、（五）专门问题片[2]。其中，第三类和第五类是此前任何中外文介绍、广告中未曾涉及的，计划编印这两类卡片或因中外图书馆提出的特殊需求，或因历年来平馆参考咨询工作所编就的专门目录和索引引起国内外学术界的广泛关注。

总体而言，本书认为平馆的中文书籍卡片目录对美国汉学研究起到了以下的作用：

首先，平馆印行卡片目录直接回应了美国学术界迫切需求。1929 年，美国学术团体理事会成立促进中国学研究委员会，其秘书格雷夫斯即撰写报告，将编纂中西文著作中关于中国的参考书、目录和索引视为最紧迫的工作[3]。但在 20 世纪 30 年代初期，该问题一直悬而未决，事实上美国国会图书馆、各高校图书馆都没有人力、财力承担该项事业。为了解决这一难题，1935 年 11 月 29 日，洛克菲勒基金会召集国会图书馆、哈佛、耶鲁、哥伦比亚和加州大学的代表共同商讨中日文文献编目方法；翌年，美国学术团体理事会特设一个小型委员会，其主要职责之一即推动美国图书馆界或制定或采用更好的中日文文献编目方法，负责人是哥

---

〔1〕《读者通讯》，《中华图书馆协会会报》第 11 卷第 5 期，1936 年 4 月，第 48 页。

〔2〕《广告》，《中华图书馆协会会报》第 12 卷第 6 期，1937 年 6 月，封底内页。

〔3〕 Graves, Mortimer. "Promotion of Chinese Studies." *American Council of Learned Societies Bulletin*, no. 10, 1929, p. 9.

伦比亚大学教授贾德纳（Charles S. Gardner）[1]。这两方的尝试，均可以视作美国学术界为解决中文图书编目问题采取的实质性举措，然而这一困境无法通过美国学术界、图书馆界自身的能力来解决，其最主要的问题即各馆馆员不仅数量上不敷编目任务，其识别中文书刊的能力更无法胜任此类工作，洛克菲勒基金会资助平馆印行卡片目录的行为是美国学术界的内在需求。

其次，平馆卡片目录虽然存在诸多缺陷，并被迫终止，但却被美国各主要图书馆接受并实质性地影响了美国各高校图书馆馆藏中文图书编目的发展。美国有哪些图书馆或购买或交换平馆卡片目录，并无切实的档案资料可以查明，但如上文所述，国会图书馆、哈佛燕京学社汉和图书馆、加州（伯克利）、哥伦比亚、芝加哥、密歇根大学六家机构获取了该套目录片，它们的反馈情况又是如何？以现有的史料可知，恒慕义希望平馆能够根据国会图书馆的主题分类名，在卡片上端或背面加以标识，可以方便美国学者使用[2]。虽然裘开明对平馆的卡片著录信息的方式颇有微词，但哈佛燕京学社汉和图书馆申请洛克菲勒基金会资助时特意做出如下说明：

> 国立北平图书馆和哈佛燕京学社出版的目录卡片几乎没有重复。国立北平图书馆编制目录卡片的范围是 1912 年 1 月以后出版的书籍，而哈佛燕京学社编印的目录卡片主要是 1912

---

[1] 程焕文编：《裘开明年谱》，广西师范大学出版社 2008 年版，第 347 页。

[2] 恒慕义明确表示，平馆最先印行的卡片不必特意在此花费巨大精力，但如果能够在之后不断完善，无疑会极大地方便美国图书馆。参见 Rockefeller, Foundation. "Rockefeller Foundation Records, Projects, Rg 1.1." Series 601: China; Subseries 601.R: China-Humanities and Arts. Vol. Box 47. Folder 388. p. 74. 事实上，这一建议涉及平馆将所采用的刘国钧分类法和美国国会图书馆图书分类法之间不仅在大部类上而且在其下的各个小类上建立对应关系，这无疑是个巨大的工作量，即对一本书以两种不同的分类法各编目一次。恒慕义明悉不能苛求平馆早期印行卡片就有如此完美的对应关系，他只是从使用者角度提出了更高的期待。

年以前出版的图书。另外一个不同之处在于，哈佛燕京目录卡片按照韦氏拼音将作者姓名和书名罗马化，并且在作者款目中含有作者生卒年的西历年份；而国立北平图书馆目录卡片没有这些信息，作者姓名和书名的读音没有指示，作者项著录非常简单，只有姓名和生活朝代，没有生卒年。[1]

　　本书认为著录信息未能罗马化是平馆有意如此，因为该目录卡片的主要使用者为中国各地方的公、私立图书馆，换言之它无须在显著位置标注过多的英文信息，而印制一套完全符合外国学术界要求的卡片的经济成本过高，较为可行的解决办法是采用一个相对宽泛、附有弹性的分类法和编目条例，为中外使用方在卡片上增添信息留出足够的空间。哈佛燕京学社汉和图书馆在一些场合反复强调[2]与平馆已印制卡片目录所针对的时间范围并无交集，也从一个侧面印证了该馆对平馆目录卡片（样片）的整体认可态度。

　　1939 年 7 月 3 日，时在哥伦比亚大学图书馆工作的李芳馥致信裘开明，寄上该馆馆藏中文文献目录卡片的样片，请给予修改建议。7 月 6 日，裘开明的反馈出人意料，其观点如下：

　　1. 不满哥伦比亚大学图书馆采用了刘国钧分类法；
　　2. 强烈反对平馆采用两种不同的分类法[3]；

---

[1] 程焕文编：《裘开明年谱》，广西师范大学出版社 2008 年版，第 349 页。

[2] 1935 年 12 月 23 日，裘开明致信洛克菲勒基金会人文部主管史蒂文斯，其中谈到："在 12 月 21 日与你的谈话中，我曾提到出版《汉和图书分类法》和印刷中国基本古籍中文目录卡片的计划。……但是这个计划与袁同礼的计划不冲突，因为袁同礼的计划主要是印刷当代出版物的目录卡片。"参见程焕文编：《裘开明年谱》，广西师范大学出版社 2008 年版，第 147 页。

[3] 在此，《裘开明年谱》并未将原信翻译得十分明确，笔者申请到哈佛燕京图书馆裘开明档案中的原件。结合上下文，本书认为裘开明的意思是平馆就中文新书（即民国出版物）以刘国钧分类法为准绳编目，而对馆藏中文善本古籍则按照四库旧法编目，这一做法是极不合适的。Harvard-Yenching Library Archives: Letter of Alfred K'aiming Ch'iu to Augustine F. Li, July 6, 1939.

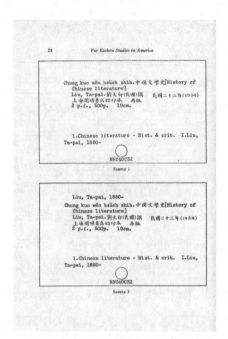

哥伦比亚大学图书馆馆藏中文文献目录卡片

3. 刘国钧分类法不值得推荐，它的整体结构存在逻辑缺陷；

4. 汉和图书馆以四库分类法做基础，加以适当的扩充和改造，更适合美国图书馆。[1]

因为李芳馥作为平馆交换馆员来哥伦比亚大学协助编目，所以裘开明认为采用刘国钧分类法是前者主持推动的，这一做法极不明智。收到裘开明意见后，李芳馥旋即复信，澄清哥伦比亚大学不再使用汉和图书馆分类法[2]而改用刘国钧分类法是自己来校之前的决定[3]。翌年，李芳馥撰写了一篇题为《中文书籍编目的一种尝试》（"An Experiment in Cataloging Chinese Books"）的文章，介绍哥伦比亚大学图书馆中文馆藏编目的进展[4]。由此文可知，该校不仅明确表明承袭了平馆以书名为主要卡，而非国会图书馆以作者名为主要卡的方式；其所举的卡片实例，无论是《中国文学史》（1934年）还是《敦艮吉斋文钞》（清光绪刻本）等古籍都与

---

〔1〕程焕文编：《裘开明年谱》，广西师范大学出版社2008年版，第223页。

〔2〕虽然由裘开明主持的《汉和图书分类法》在1943年才正式出版，但1938年、1939年哈佛燕京学社分别出版了《美国哈佛大学哈佛燕京学社汉和图书馆汉籍分类目录：经学类》《美国哈佛大学哈佛燕京学社汉和图书馆汉籍分类目录：哲学宗教类》，因此该分类法在此时的美国高校图书馆界确有一定的影响力。

〔3〕Harvard-Yenching Library Archives: Letter of Augustine F. Li to Alfred K'aiming Ch'iu, July 10, 1939.

〔4〕Li, Augustine F. "An Experiment in Cataloging Chinese Books." *Notes on Far Eastern Studies in America*, no. 7, June, 1940, pp. 9-19.

Chinese Catalogue Cards and How to Order and Use Them 中的样片极为相似，这无疑反映了平馆卡片目录在美国图书馆界的接受程度和影响。

此外，康奈尔大学（Cornell University）也购买了平馆编印的卡片，与哥伦比亚大学借鉴并独自编目不同，人力、财力相对紧缺的该校图书馆华生特藏部（Wason Collection on China and the Chinese）则是在最大程度上直接使用了平馆卡片。1947 年 2 月 7 日华生特藏部主任加斯基尔女士（Gussie Gaskill）致信袁同礼，表示平馆此前发行的书目卡片非常有用，询问平馆是否恢复印刷卡片目录且库存情况如何，希望购买更多卡片[1]。这

1942 年 2 月 7 日，康奈尔大学图书馆华生特藏部主任致信袁同礼

一态度无疑也代表了某些美国高校图书馆在客观条件不允许自主编目的情况下，对平馆排印的中文卡片目录持积极、认可的观点，而这些卡片

〔1〕 Cornell University, Wason Collection Records,1918-1988, Box 1-Folders labeled: T.K. Koo 1932-1946.

为它们各馆的中文馆藏建设给予了不可忽略的贡献。

最后，平馆发行的目录卡片，在一定程度上拓展了美国汉学研究对象的范围。如裘开明所言，20世纪30年代以前"对于美国的中文图书馆，它们一般都收集古书，很少收集新出版的图书"[1]。这一选择有其客观需求，简言之，美国各高校、学术机构、图书馆和博物馆都在利用大笔资金补充中文馆藏，采购的对象仍然受以法国汉学为代表的传统研究的思路影响——即获取尽可能多的中文古籍和蒙藏文边疆史地文献。此时，以费正清为代表的中国学研究尚未占据主导地位，但在抗战中后期，美国汉学研究的兴趣有了明显变化，平馆就民国出版的中文书籍发行的目录卡片从一个侧面促进了美国汉学研究视域的拓展，这一点将在以下章节予以详细讨论。

---

[1] Harvard-Yenching Library Archives: Letter of Alfred K'aiming Ch'iu to Augustine F. Li, July 6, 1939.

第二章

国立北平图书馆与美国图书馆中文馆藏建设

为了促进美国汉学研究的健康发展，美国学术团体理事会在 20 世纪 30 年代展开了对美国学术界、图书馆和博物馆界东方馆藏文献、艺术品的普查工作[1]，并对美国各主要高校馆藏中文文献数量做过初步统计[2]。具体信息如下：

大学	现有馆藏（卷）	计划购买（卷）	总计	预算（美金）
哥伦比亚	45000	40000	85000	20000
芝加哥	5000	60000	65000	30000
加利福尼亚	35000	40000	75000	20000
耶鲁	8000	15000	23000	5000
康奈尔	8000	15000	23000	5000
密歇根	2500？	15000	17500	5000
普林斯顿	1000？	10000	11000	3000
宾夕法尼亚	1000	10000	11000	3000
科罗拉多	2500	10000	12500	3000
华盛顿	？	10000	10000	3000
斯坦福	？	10000	10000	3000
	108000？	235000	343000	100000

虽然该份表格的数据并不十分准确，但却可以得出一个基本结论：无论已有规模的大小，美国各主要高校都有改善中文馆藏文献的诉求，

---

〔1〕 代表作品为贾德纳编著的两本小书，*Gardner, Charles S. A Union List of Selected Western Books on China in American Libraries*, Washington: American Council of Learned Societies, 1932; Gardner, Charles S. *Chinese Studies in America: a survey of resources and facilities*, Washington: American Council of Learned Societies, 1935.

〔2〕 Library of Congress. "American Council of Learned Societies Records." General Office File I: Film exchange-Peking National Library. Box I:38. no. 5:3c. p. 34. 其中问号为照录，特此说明。而该份表格之后即为学术团体理事会撰写的计划书——A Biblofilm Exchange between the Library of Congress and the National Library of Peiping China，该份计划提到一个细节，预计以美国发行的科学类文献交换平馆馆藏古籍文献。

这种需求并非对某一种或某一类书，而是建立系统且有特色的中文馆藏。

20 世纪 30 年代起至 50 年代初，美国汉学研究取得了快速、长足的发展，这一成就是以美国各大学、研究机构以及相关图书馆馆藏中文文献数量、质量的飞跃为基础。本章将讨论美国学术界代表性机构（如国会图书馆、美国学术团体理事会）和平馆在文献获取方面合作的几种形式。无论是纸本图书的购买，还是通过摄书机印照、自动显微照像机拍摄，平馆都竭尽所能地帮助美国学术界获取亟需的文献资源，这无疑在客观条件上为美国汉学研究奠定了坚实的基础。

第一节　文献交换的早期尝试

20世纪初，摄书机（Photostat）[1]由美国人格里高利（Oscar T. Gregory）发明，并于1912年投入商用市场，因其简易的操作、可靠的复制及合理的费用，立刻获得美国法院、图书馆、工业设计公司等公私机构的青睐。国会图书馆在其1912年年度报告[2]中就记述了采购摄书机[3]；同年12月纽约公共图书馆（New York Public Library）也添置了此设备，翌年该馆共接到了511笔摄照订单，1919年则受理了4150笔申请，极大地促进了该馆参考咨询工作[4]。鉴于摄书机的便利性，美国著名图书馆学家

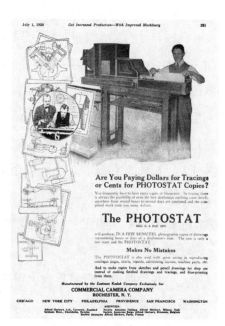

The Photostat 的广告

---

〔1〕 就Photostat译名，沈祖荣译作"玻璃照相机"，参见沈祖荣：《参加国际图书馆第一次大会及欧洲图书馆概况调查报告》，《中华图书馆协会会报》第5卷第3期，1929年12月31日，第9页；于震寰译作"照书机"，参见于震寰编：《善本图书编目法》，《图书馆学季刊》第7卷第4期，1933年12月，第584页；杜定友译作"复影机"，参见杜定友编：《杜氏图书分类法》中册，上海：中国图书馆服务社1935年版，第18页。本书均以"摄书机"指代，特此说明。

〔2〕 国会图书馆与平馆的年度报告均以财年度为时间段，即前一年7月1日至该年6月30日间，非自然年，特此说明。

〔3〕 Library of Congress. *Report of the Librarian of Congress, for the fiscal year ending June 30*, Washington: Government Printing Office, 1912, p.114.

〔4〕 McCombs, Charles F. *The Photostat in Reference Work*, New York: New York Public Library, 1920, p. 3.

科尔（George W. Cole）盛赞"该设备以较为廉价的方式为一本著作提供了比对不同版本的可能，这对于书目学和学术研究而言是一场彻底的变革"[1]。

一、摄书机的购置

1929 年 4 月，《北平北海图书馆英文季刊》（*The Metropolitan Library Record*）第 1 卷第 3 期封底页刊登了一则英文广告，告知社会各界该馆购置并安装了一台摄书机。在这份广告中，有两组信息最为重要：一是印照文献的两种尺幅，分别为 9 × 14（英寸）和 6.5 × 8.5（英寸）；二是该项服务的收费标准，其中针对外国图书馆收费标准为大尺幅 20 美分，小尺幅为 15 美分，10 张以上免邮寄送。稍后发行的《中华图书馆协会会报》第 4 卷第 6 期在"图书馆界"的"国内"部分也刊登了一则消息，题为《北海图书馆摄印善本寄存板片》，原文如下：

> 北平北海图书馆现由美国购到摄书机（Photostat）一架，最宜摄照力难收藏之珍本，尤宜于绘图书籍，虽黑白适相反，而笔画清晰不啻原书，每日可摄数十面，迅速正确，迥非传抄可比。不过书籍过旧或纸墨不良，则所摄成者，亦每视原书之程度，而显其弱点。该馆兹为贡献文化计，如有以书委托影照者，极愿代办，其办法如左：
>
> （一）影纸原宽十一英寸半，高六英寸半至十四英寸，最大不能逾此。

---

[1] Cole, George Watson. "The Photostat in Bibliographical and Research Work-a Symposium." *The Papers of the Bibliographical Society of America*, vol. 15, no. 1, 1921, pp. 1-16.

（二）照六英寸至八英寸半者，每张三角五分；九英寸至十四英寸者，每张五角。

（三）普通书用六英寸半之影纸，一纸可照书二面；大版书宜用八英寸半之影纸，一纸内可照书二面。选用何项影纸由敝馆酌量总期较省用费，其有必欲尺寸、俱照原书者须自声明，仍以最大影纸之尺寸为极限。

（四）图书馆为自藏而委托代影者以一部为限，特为减价六英寸半每张二角二分，七英寸至八英寸半每张二角五分，九英寸至十四英寸每张三角。[1]

比较这两段文字，虽然后者就摄书机的优点、操作细节描述得更为清晰，但前者也有值得注意之处——即明确了外国订单的价目，换言之北海图书馆已预见到国外图书馆极有可能通过印照其书刊来补充各自的中文馆藏。

相对于美国范围内的广泛使用，摄书机在 20 年代的中国仍是一件新鲜事物。除上海商务印书馆拥有一台[2]外，北海图书馆应是中国北方最早购置该套设备者。商用相机公司（The Commercial Camera Co.）发行的宣传册中标注了摄书机有两种型号，极有可能是出于成本考虑，北平北海图书馆购置的是小型款[3]。

〔1〕《北海图书馆摄印善本寄存板片》，《中华图书馆协会会报》第 4 卷第 6 期，1929 年 6 月 30 日，第 12—13 页。

〔2〕"Huge Chinese Publish House, Commercial Press, Outgrowth of Small Plant Started in 1897." *The China Press*, Sep 2, 1928, p. 2. 另，商务印书馆购入该设备的时间似不晚于 1926 年，在《商务印书馆志略》中提及："近又增置影写机，用印图画，益见精速。亦为本公司所独有。"参见商务印书馆：《商务印书馆志略》，商务印书馆 1926 年版，第 15 页。

〔3〕Cornell University Library, Wason Collection Records, 1918-1988, Box 1, Folder Koo, T. K. Letters, p. 205.

二、服务的发展与瓶颈

1929 年，合组后的国立北平图书馆如何使用摄书机，如何为欧美图书馆提供文献复制服务，是一个非常值得深入探讨的话题，但根据现有史料，该项业务的发展程度和影响仍很难完全廓清。

首先，在平馆各年度馆务报告以及相关的中基会报告[1]中均无固定章节介绍该项业务的近况，相关信息只是偶尔出现在收入支出列表。现依照先后顺序整理如下：

民国十九年度，在"支出项下"记有"印照图书用材料费，279.91"，但"收入项下"没有列出相应的收益；[2]

民国二十年度，在"支出项下"记有"印照图书用材料费，19.53"，但"收入项下"没有列出相应的收益；[3]

1931 年 12 月，《中华教育文化基金董事会第六次报告》刊行，在平馆"阅览与咨询"一节，记有"此外为读者代编之书目共三十种，而国内外咨询之件，或利用该馆摄书机者，日益繁多。"[4]

民国二十一年度，在"收入项下"记有"印照图书收款，1,425.61"，但"支出项下"没有列出相应的费用；[5]

---

[1] 合组成立的平馆属于中基会与国民政府教育部合办事业，且经常费、购书费均由中基会拨付，所以该会年报亦对平馆馆务有相当记载。

[2] 国立北平图书馆：《国立北平图书馆馆务报告（民国十九年七月至二十年六月）》，国立北平图书馆 1931 年版，第 42 页。

[3] 国立北平图书馆：《国立北平图书馆馆务报告（民国二十年七月至二十一年六月）》，国立北平图书馆 1932 年版，第 38 页。

[4] 中华教育文化基金董事会：《中华教育文化基金董事会第六次报告》，中华教育文化基金董事会 1931 年版，第 30 页。

[5] 国立北平图书馆：《国立北平图书馆馆务报告（民国二十一年七月至二十二年六月）》，国立北平图书馆 1933 年版，"事业费现金收支对照表"页。

民国二十二年度，在"收入项下"记有"印照图书费收入，928.21"，但"支出项下"没有列出相应的费用。[1]

综合以上的材料不难发现，1932 年 7 月至 1934 年 6 月间平馆"印照图书"（即摄书机）服务已呈现出相当规模，累计提供了数千拍的书刊影像。但此后各年度馆务报告中，无论是收入还是支出等处均未出现"印照图书"或有关摄书机的任何记录，这一现象令人费解。因为该类型摄书机在美国一直使用到 20 世纪 50 年代末 60 年代初[2]，直至施乐公司（Xerox）研发的自动复印机 Xerox 914 问世才退出历史舞台。

其次，有别于"摄书机"销声匿迹，中国学术研究中的传统手段——"借抄"反而时常出现在与平馆相关的公共机构、私人记录之中。1934 年 1 月中旬，时任国民党中央宣传委员会主任委员的邵元冲因自己所藏《明会典》不全，委托平馆抄辑，2 月 28 日，平馆将所嘱十余卷送来，邵元冲在日记中记下"抄工尚精"[3]。1936 年 9 月 15 日，江苏省立国学图书馆馆长柳诒徵致信袁同礼，商洽两馆互相"借抄"之事。原文如下：

> 守和馆长道鉴：
>
> 　　日前都门畅聆教益，至深快慰。借抄《永乐大典》事，即请由贵馆备具借函，一俟函到，当即照办。兹拟借抄贵藏《宸翰录》等书，业荷面允，即请转知照亭先生检取，挂号付邮，

---

[1] 国立北平图书馆：《国立北平图书馆馆务报告（民国二十二年七月至二十三年六月）》，国立北平图书馆 1934 年版，"经常费现金收支对照表"页。

[2] 1960 年 9 月 13 日，袁同礼致信叶良才，附有《中国留美同学博士论文目录 1905—1960》底稿的一份 photostat 版本，请其转交给胡适。《袁同礼致叶良才函》（1960 年 9 月 13 日），台北胡适纪念馆藏，HS-NK05-062-008。

[3] 邵元冲著，王仰清、许映湖整理：《邵元冲日记》，上海人民出版社 2018 年版，第 1074、1138 页。

第二章　国立北平图书馆与美国图书馆中文馆藏建设

无任感祷。专肃，敬候旅绥。

柳诒徵拜启

九月十五日〔1〕

随后，10 月 20 日国学图书馆周会议决准予平馆借抄《永乐大典》；10 月 31 日，国学图书馆收到平馆馆员李耀南自上海寄出的杨文襄〔2〕书三种四册，并交传抄部缮录副本；1937 年 5 月 25 日，平馆寄还国学图书馆五册《永乐大典》〔3〕。由袁、柳两人的通信和后续操作可得出一种推断，国学图书馆选择借抄而非申请平馆以摄书机印照《宸翰录》等书是受日益紧张的华北局势影响。1935 年冬，国民政府教育部电令平馆将贵重书籍装箱南运，暂存上海中国科学社等处〔4〕，换言之"力难收藏之珍本"与平馆的摄书机恐已不在一处〔5〕。

另外，摄书机所用耗材的成本也值得考虑。1930 年 12 月，平馆发行的《新增西文书目》第 1 卷第 6 期封底处也刊登了摄书机的广告，起始处就开诚布公地表示"由于不利的汇率和影纸进口税的高涨，摄书机两种尺幅的收费标准均被迫调高"〔6〕，相对于此前《中华图书馆协会会报》第 4 卷第 6 期的价目，两种尺幅的收费标准每页各增加一角。如

---

〔1〕 国学图书馆：《国学图书馆第十年刊》，江苏省立国学图书馆 1937 年版，案牍部分第 31 页。

〔2〕 杨一清（1454—1530），字应宁，号邃庵，谥文襄，明中期著名的政治家，《宸翰录》即其编著的一部诗集。

〔3〕 国学图书馆：《国学图书馆第十年刊》，江苏省立国学图书馆 1937 年版，纪事部分第 7、8、24 页。

〔4〕 李致忠主编：《中国国家图书馆百年纪事》，国家图书馆出版社 2009 年版，第 23 页。

〔5〕 平馆购置的摄书机应一直存放在北平，并未随善本南迁。可参见 1945 年 8 月 24 日，袁同礼（伦敦）致信叆汝儆（重庆），其中提到"并函询顾子刚本馆旧存之照书机 Photostat 需用何种材料，请开一单寄渝以便在美购置"。参见《袁同礼致叆汝儆函》（1945 年 8 月 24 日），国家图书馆藏，1945-※057-综合 5-025002。

〔6〕 原文为："On account of the unfavorable exchange rate and high import duties on supplies, our charge for photostat prints have been revised."

此，摄书机的印照成本因素恐须再三考虑。倘若所需某种书的一部或全部，用摄书机印照的费用极有可能超过购买此书的费用[1]，这对于资金支绌的国内公私图书馆而言，实在是所费不赀，不如留意旧书肆购买同版本的纸质书刊或与其他图书馆商借后交由下属传抄员工录副更为经济。1930 年 1 月 3 日，张元济致信傅增湘，其中亦提及"敝处照相系用一种纸片。不用玻璃。日本之玻璃片贵不可言。此纸片之功用与玻璃等。如六开书式工料约日金四十钱。如大则逐渐增进"[2]。信中所提"纸片"应为摄书机所用耗材——感光纸，如北平北海图书馆介绍"每日可摄数十面"，其费用应在四十元以上，着实不低，恐只有国内大型出版社和美国图书馆界[3]才能承受整本摄影的费用。

三、美方交换记录

中国国家图书馆的馆藏档案、美国杨百翰大学（Brigham Young University）藏恒慕义档案均未以摄书机为卷（册）的关键词，且翻阅可能相关的卷宗[4]后仍毫无收获，这无疑极大地降低了讨论平馆摄书机

〔1〕 就 20 世纪 30 年代古籍的价格，可参考朱希祖：《朱希祖日记》中册，中华书局 2012 年版，第 456—457、463 页。清朝刊印的古籍大都只几元，美人看重的方志，普通者甚至低于一元。虽然其朱希祖记录的是南京书店售卖古籍的价格，但仍可作为参考，因摄书机印照服务的需求方通常为非北平的公私机构。

〔2〕 张元济、傅增湘：《张元济傅增湘论书尺牍》，商务印书馆 1983 年版，第 217 页。

〔3〕 以国会图书馆为例，其年报中均有"拨款和支出"汇总表（Appropriations and Expenditures），各年度均有 Photostat 的明确记录，通常在数千美金的规模。如 1930 年该部分的支付为 4703.73 美金，其中通过参考咨询服务提供印照本收回 3257.26 美金，Library of Congress. *Report of the Librarian of Congress, for the fiscal year ending June 30*, Washington: Government Printing Office, 1930, p. 334.

〔4〕 笔者申请了 Arthur William Hummel Family and Professional Papers, 1905-1975, Series III: Correspondence，根据 Finding Aid（http://files.lib.byu.edu/ead/XML/MSS3841.xml）显示，该部分应包括 the correspondence between various universities and Dr. Hummel, Letters from and regarding the Library of Congress and Dr. Hummel，但没有任何相关记录。

为美国图书馆、学术界提供中文文献复制服务的可能性。然而在档案外，《国会图书馆年度报告》留存了由平馆获取（或两馆互赠）摄书机印照文献的四则记录[1]，现依其顺序摘录如下：

> 1930 年，平馆印照《天工开物》明末清初书林杨素卿刊本，国会图书馆原有馆藏为 1927 年武进涉园据日本明和八年刊本；[2]
>
> 1933 年，平馆印照了一份有别于《本草纲目》的书籍，为美国学界就玉米传入中国时间提供了新材料，推翻了施永高博士（Walter T. Swingle）等人的已有认识；[3]
>
> 1936 年，国会图书馆将新获得的三册《永乐大典》印照副本赠送给平馆；[4]
>
> 1937 年，平馆印照法国国家图书馆（Bibliothèque Nationale）藏敦煌汉文写经四种赠与国会图书馆。[5]

其中，《天工开物》是平馆从日本内阁文库摄照，并主动为国会图书馆加印了一部；1933 年年报中虽未说明文献名称，只提及将从平馆获

---

[1] 除此之外，还有一条相关记录，姚名达向国会图书馆提供了一份梁启超《古书真伪及其年代》抄稿的印照本，本书认为该件应由商务印书馆印照，因年报中提到姚名达任商务印书馆编辑，参见 Library of Congress. *Report of the Librarian of Congress, for the fiscal year ending June 30, 1932*, Washington: Government Printing Office, 1932, p. 194.

[2] Library of Congress. *Report of the Librarian of Congress, for the fiscal year ending June 30, 1930*, Washington: Government Printing Office, 1930, p. 364.

[3] Library of Congress. *Report of the Librarian of Congress, for the fiscal year ending June 30, 1933*, Washington: Government Printing Office, 1933, p. 119.

[4] Library of Congress. *Report of the Librarian of Congress, for the fiscal year ending June 30, 1936*, Washington: Government Printing Office, 1936, p. 168.

[5] Library of Congress. *Report of the Librarian of Congress, for the fiscal year ending June 30, 1937*, Washington: Government Printing Office, 1937, p. 194.

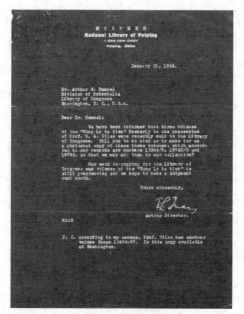

1936 年 1 月 21 日，袁同礼致信恒慕义，请求国会图书馆为平馆影照该馆新购入的三册《永乐大典》，值得注意的是该信亦被摄书机影照

得一份比《本草纲目》更早的相关文献[1]；而国会图书馆不仅将新入藏的三册《永乐大典》印照赠送平馆，此前获得的 37 册均曾为平馆印照；平馆赠送伯希和编法国国家图书馆藏敦煌写经四种，分别为《残药方书》（2565）、《药方及佛说停厨经》（2703）、《道家著作残简》（2755）、《残医方书》（3930）[2]。

　　虽然以上四则摄书机记录并不能展现 20 世纪 30 年代平馆与美国国会图书馆间开展馆际合作，尤其是中文文献共享业务的全貌，但由《国会图书馆年度报告》的记述，不难做出如下推断——以摄书机为方式的文献共享有其局限性，即此时平馆与美国国会图书馆的互动多以某一兴

---

[1] 极有可能是《留青日札》，明田艺蘅撰，万历元年（1573）左右刊刻，其中提及"御麦出于西番，旧名番麦"，较《本草纲目》的万历六年（1578）早了五年。

[2] 每件后的数字均为王重民所作"伯希和劫经录"的编号，参考商务印书馆编：《敦煌遗书总目索引》，商务印书馆 1983 年版，第 267、270、272、298 页。

趣点为核心展开。譬如，以袁同礼为代表的中国学界对世界范围内《永乐大典》收藏情况的关注，以及王重民、向达在法、英两国访查敦煌遗书等文献的收获，换言之，两馆间尚未形成有计划、成系统的文献共享。本书认为最主要的原因是美国学界、图书馆界对平馆馆藏文献尤其是善本书籍、手稿的认识尚处于一种较为模糊的阶段，并且在同一时期对美国本土各机构的中文类馆藏也缺乏足够的认识[1]，导致无法确定自身缺藏哪些文献、需要印照哪一个版本的书籍，只能够依赖于平馆的新发现或其他中国学术机构、学者所发表的某篇文章获得启发，进而与平馆沟通获取相应的印照本。

20世纪30年代，平馆编纂并刊印了一系列馆藏文献目录，譬如《国立北平图书馆善本书目》（1933年10月）、《国立北平图书馆方志目录》（1933年），《国立北平图书馆方志目录二编》（1936年6月），《国立北平图书馆善本书目乙编续目》（1937年4月）。这四种书目的问世为国内外学术界较为全面、清楚了解平馆馆藏古籍提供了依据，更为美国学术界获取所需稀缺文献提供了可能。但囿于平馆重要善本南运、善本书目编纂相对的滞后性等客观原因，摄书机在此期间并未发挥出举足轻重的作用，也未对美国汉学研究起到实际推动作用。

---

〔1〕《美国圕之中国古书》，《中华图书馆协会会报》第10卷第4期，1935年2月28日，第44页。另外，美国图书馆界就各自馆藏中文文献的编目，较为成熟、堪用的成果直到在20世纪40年代才得以问世，譬如朱士嘉编：《国会图书馆藏中国方志目录》，Washington: U. S. Government Printing Office, 1942年；裘开明等编：《汉和图书馆分类法》，Washington: American Council of Learned Societies，1943年。

第二节　大同书店

　　1931 年 10 月 9 日，平馆委员会第二次会议议决购书委员会的组成，分中文、西文二组：中文组委员有陈垣、陈寅恪、傅斯年、胡适、顾颉刚、徐森玉、赵万里（兼书记）；西文组委员有丁文江、胡先骕、陈寅恪、傅斯年、孙洪芬、王守竞、顾子刚（兼书记）[1]。购书委员会的主要职责是决定平馆年度购书方针和计划、审核分组分类购书费概算等，而稍早成立的大同书店则作为平馆的派出机构，其最初使命是为了平馆无须通过中介机构（书商）即可直接购买西文书籍[2]。

1945 年，欢迎袁同礼馆长从南方回馆合影，第一排左三为顾子刚先生

〔1〕北京图书馆业务委员会编：《北京图书馆馆史资料汇编（1909—1949）》，书目文献出版社 1992 年版，第 334—335 页。

〔2〕顾犇：《国家图书馆外文图书采访工作的回顾与展望》，《国家图书馆学刊》2004 年 4 期，第 33 页。

一、成立时间和业务类型

学术界已有的研究成果，如《顾子刚生平及捐献古籍文献事迹考》《国家图书馆外文图书采访工作的回顾与展望》[1] 均将大同书店的成立时间定为 1931 年 8 月，但都没有注明相关的史料出处。国家图书馆馆藏档案有一份题为《顾子刚的北京大同书店的绩业书》的卷宗，该件实为 1941 年 7 月 25 日顾子刚致中华教育基金董事会孙洪芬英文信摘译，其首段即明确了该书店于 1931 年 8 月成立[2]。不仅如此，平馆已公开的档案史料中亦可找到间接线索： 1934 年 11 月 27 日，平馆委员会

顾子刚的北京大同书店的绩业书（首页）

[1] 赵爱学、林世田：《顾子刚生平及捐献古籍文献事迹考》，《国家图书馆学刊》第 21 卷第 3 期，2012 年 6 月，第 95 页。

[2] 《顾子刚的北京大同书店的绩业书》，国家图书馆藏，1925-&248-027-1-4-005。该件题名中的"绩业"应为"结业"，因档案管理人员误识导致错记，特此说明。

召开第 16 次馆务会议，时袁同礼出国考察，由孙洪芬代理副馆长职责，本次会议的一项议案即报告大同书店开业两年十个月（至该年 6 月 30 日）的财务审查结果[1]，这恰与 1931 年 8 月的时间相吻合。

根据顾子刚本人的记述，大同书店是由其个人名义向北京市社会局登记注册的，其最初地址为小石作四号里屋。关于大同书店的人员组成，留存的史料可谓罕见，至 1937 年，除顾子刚外，另有四名职员、一个工友一个信差，其中可知全名者为戴仙洲、于冠英、姜世长[2]。1938 年冬，顾子刚在平馆西侧的养蜂夹道十二号租房一间，对外宣称专门为美国图书馆购旧书。因此时业务繁忙，又增加柳永安、孟桂良、郑玉麟、王文成、刘宝善等人[3]。

为了不损害平馆的名誉，在顾子刚主持下大同书店并非平馆采访部的一个别称，而是作为真正的邮购书店，不设门市，最初服务对象有平馆、清华大学、私立燕京大学[4]，以购买西文书刊为主业，其最初流动资金主要来自于顾子刚向其兄长顾子仁的借款。《顾子刚的北京大同书店的绩业书》不仅记录了创办时间，更是明确讲述了其目的和顾子刚的职责：

> 北京大同书店创设于一九三一年八月，主要是为了给图书馆花较低的价格补充西文书籍与期刊的目的。傅斯年先生对此事最感兴趣，而且主要是由于他的坚持北京大同书店才得创设，从那时起财政与管理完全由我负责。[5]

---

〔1〕北京图书馆业务委员会编：《北京图书馆馆史资料汇编（1909—1949）》，书目文献出版社 1992 年版，第 349 页。

〔2〕《顾子刚的关于大同书店产权问题的几点补充》，国家图书馆藏，1925-&248-027-1-4-001。该件题名并非本书错录，特此说明。

〔3〕《有关大同书店的报告》，国家图书馆藏，1925-&248-027-1-4-002。

〔4〕《顾子刚室的关于大同书店产权问题的几点补充》，国家图书馆藏，1925-&248-027-1-4-001。

〔5〕《顾子刚的北京大同书店的绩业书》，国家图书馆藏，1925-&248-027-1-4-005。

"九一八"事变爆发后，顾子刚意识到必须增加中文书籍的销售，尤其是将它们销售到国外。这种调整，一方面是迫于客观压力，因为各委托方的初衷是通过大同书店购买物美价廉的西文书刊，所预支款项多为美金，而大同书店获得的微薄利润皆须以准备金的方式重新投入到新的购买环节中，中文书刊的代售可以弥补书店日常费用；另一方面，顾子刚想通过中文书刊做些"文化宣传"的工作[1]。因此，大同书店的经营方式已从单向的购买西文书刊，增加了向国内外代售北平地区学术机构出版物，形成双向的知识交流。

与此同时，为了提高大同书店的知名度，平馆也主动采取了一些相应措施，譬如在《中华图书馆协会会报》登载广告，前后共计12次，依次为第9卷2期、3期，11卷3期、4期、5期、6期，12卷1期、2期、3期、4期、5期、6期。《图书季刊》英文本（*Quarterly Bulletin of Chinese Bibliography*）自第1卷第2期起至第3卷第4期，每期封底内页处均为大同书店登载广告，共计11次。事实上，从这23次广告可以窥见大同书店业务形态的扩展趋势。至1937年6月，大同书店已经明确标注专门代售北平各主要学术机关、江苏省立国学图书馆、岭南大学图书馆出版书刊，此

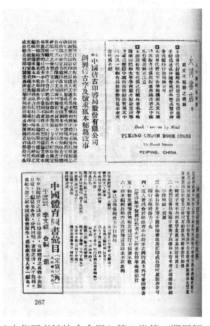

《中华图书馆协会会报》第9卷第2期尾部之广告

---

[1]《顾子刚致秘馆长的信》，国家图书馆藏，1962-&244-027-1-3-002，该件题名中的"秘"应为"稽"，因档案管理人员误识导致错记，特此说明。

前还曾标注代售文殿阁《国学文库》、影印西文汉学经典及北京哈佛燕京学社、华西哈佛社等机构的出版物（11 卷 5 期）。此外，譬如 12 卷 3 期中的广告中标注了"征求"一栏，求出让《中国经济月报》（*Chinese Economic Journal and Bulletin*）1936 年 1 至 3 期，虽未注明委托方，但证明大同书店除了代售业务外作为受托方开设了采访特定文献的服务。

受限于时局和个人健康问题，顾子刚主持大同书店的业务类型也会发生调整。譬如，1937 年 6 月后，停止为国外机构采访中文书刊，并介绍后者直接与商务印书馆、生活书店联系购买新书，旧书则径直与来薰阁、修绠堂联络[1]。后因平馆业务停顿、《图书季刊》暂停出版，无事可做的顾子刚决定自 1938 年起扩大经营[2]。1941 年春，因时局愈来愈紧张，通讯、运输、汇款皆无法保证，顾子刚决定中止经营，从结余款中拿出一部分遣散员工。1946 年，顾子刚向北平市社会局申请复业，后者认为书店只是因为时局被迫暂停，所以无需申请，直接恢复经营即可。此后，大同书店的主要服务对象为国外大学图书馆和学术机构，偶尔为北京大学图书馆买西文书刊，似并未再为平馆购买西文书刊[3]。

在邮购书刊之外，大同书店前期还曾涉足出版事业，这也是今人常常忽略之处。该店出版过一种书籍——*Manchuria in History, a summary*。该书出版于 1932 年春，底本依据傅斯年、徐中舒、方壮猷等人编纂的《东北史纲（初稿）》，李济为英文"节略作者"。比较而言，英文本的内容要远远超出《东北史纲（初稿）》第一卷——"古代之东北"的范畴，可称作东北地区的一部通史。全书分为五部分，分别为 Introduction、Proto-historic Phase、The First Chinese Administration（Circa 1134 B. C.-352

---

[1]《顾子刚的关于大同书店产权问题的几点补充》，国家图书馆藏，1925-&248-027-1-4-001。

[2]《顾子刚的关于大同书店产权问题的几点补充》，国家图书馆藏，1925-&248-027-1-4-001。

[3]《顾子刚的关于大同书店产权问题的几点补充》，国家图书馆藏，1925-&248-027-1-4-001。

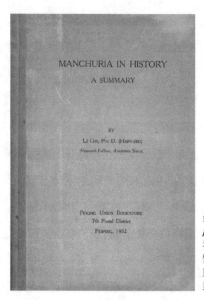

笔者所藏 *Manchuria in History, a summary*. 该书被平馆赠与美国某图书馆，原书为平装，后被重新装订为硬壳，但封面、封底基本保留原貌

A. D.）、The Uprising of the Native Tribes and the Interim Periods（352-1372 A. D.）、Back to the Empire-A Reunion，共计43页，另有4页插图、1幅朝代表格、3幅东北地区地图（汉武帝、唐代、明朝，皆为蓝红双色印制）。学界对傅斯年等人编撰该书的直接目的已有共识，即"九一八"事变后驳斥日本"满蒙在历史上非支那领土"的谬论、争取李顿调查团及国际舆论的支持。而其英文本选择大同书店作为出版方，绝非仓促行事。此时，大同书店在顾子刚的主导下，业已开展了对欧美出售中文书刊的服务，建立起相当规模的交流、销售渠道。从效果上讲，该英文本的确取得了十分积极的影响，国内《大陆报》（*The China Press*）、《教务杂志》（*The Chinese Recorder*）、《密勒氏评论报》（*The China Weekly Review*）等外文报刊先后登载了正面的书评文章[1]。

---

[1] "Recent Pamphlets Received." *The China Weekly Review*, Apr 23 1932, p. 266; "All Arguments Come Back to this Point." *The China Press*, Apr 26 1932, p. 16; "Review 3-no Title." *The Chinese Recorder*, Jul 1 1932, p. 448.

二、美方购买记录

1932 年 9 月，裘开明在《太平洋历史评论》（*Pacific Historical Review*）上发表了一篇学术文章《清朝的汉文档案》（"Chinese Historical Documents of the Ch'ing Dynasty 1644-1911"），该文结尾处特意注明：大同书店已经被故宫博物院等其他中国（北平）学术机构指定代售，文中所有涉及的历史文献和书籍都可以通过其购买[1]。换言之，大同书店作为获取中国学术成果的重要渠道已经得到美国图书馆专业人士的认可。事实上，在此之前美国各大学已经开始主动联系大同书店，譬如康奈尔大学图书馆加斯基尔女士在本年春夏之间联系顾子刚，希望购入一套奉天版的《清史稿》[2]。

1940 年美国艺术史家卡普（Karl Kup）来华考察，在北京盘桓期间他分别从义理寿（I. V. Gillis）、大同书店、E. A. Punnett & Co. 三处购买了相当数量的古籍。其中，10 月 9 日他在大同书店拣选了十二种古籍，并于翌日付款。这十二种古籍的具体信息如下：

> 任渭长四种　列仙酒牌一卷　于越先贤传二卷　高士传三卷　剑侠传一卷　清任熊绘　清咸丰四年至光绪五年刻本
> 　秦淮八艳图咏　清张景祁撰　清光绪十八年越华讲馆刻本[3]

---

〔1〕Ch'iu, A. K'aiming. "Chinese Historical Documents of the Ch'ing Dynasty, 1644-1911." *Pacific Historical Review*, vol. 1, no. 3, 1932, p. 336.

〔2〕程焕文编：《裘开明年谱》，广西师范大学出版社 2008 年版，第 85 页。其中，"奉天版的《清史稿》"应为 1928 年在东北发行的"关外一次本"。事实上，Gussie Gaskill 曾在 1929 至 1930 年访问北京，她与平馆的袁同礼、顾子刚均建立了较好的关系。参见 Beal, Edwin G. Jr. "Gussie E. Gaskill and the Wason Collection of Cornell University," *Journal of East Asian Libraries*, vol. 1985: no. 77, p. 4.

〔3〕本书的准确版本信息应为：（清）张景祁：《秦淮八艳图咏》，清光绪十八年（1892）越华讲院刻本。

鸿雪因缘图记　清麟庆撰　清道光二十七年刻本

红楼梦图咏　清改琦绘　清光绪五年刻本

佛说秘密三昧大教王经卷二　宋施护等译　元大德五年刻碛砂藏本

吴郡名贤图传赞二十卷　清顾沅辑　清道光九年刻本

盘山志十六卷　清蒋溥等纂　清乾隆二十年内府刻本

玉茗堂还魂记二卷　明汤显祖撰　清乾隆五十年冰丝馆刻本

杨家府演义八卷　明秦淮墨客校正　明万历三十四年刻本

觉世经图说　清咸丰元年春晖书屋刻本

大佛顶心陀罗尼经　明初刻本

性命圭旨　明万历四十三年刻本[1]

　　因为买方兴趣，所购者多为图谱，由大同书店统一寄送，书费、邮费、保险费用共计857.50元[2]，现收录在纽约公共图书馆斯宾塞特藏（Spencer Collection）。其中一细节颇值得注意，卡普从 E. A. Punnett & Co. 处也购买了一册《红楼梦图咏》，与大同书店者完全一致，但两家的售价分别为45元和8.50元，而事实上 E. A. Punnett & Co. 这本书也是从大同书店购买的[3]，但转手之后书价竟陡增至五倍以上，这不禁让人联想起1946年3月21日裘开明写信向苏联 Basil M. Alexéiev 教授推荐大同书店，其中提到："购买那些书以及中文图书的最佳地点是北平协和书店（Union Book Store）。该书店一直为国会图书馆、哥伦比亚大学图书馆和哈佛采购大量图书，经理 T. K. Koo

---

[1] Edgren, Sören. "I. V. Gillis and the Spencer Collection." *The Gest Library Journal*, vol. 6, no.2, 1993, pp. 27-28.

[2] 中国联合准备银行发行的货币，时美金与其的汇率大约为1比5，以下两处皆同。

[3] Edgren, Sören. "I. V. Gillis and the Spencer Collection." *The Gest Library Journal*, vol. 6, no.2, 1993, p. 21.

先生是个完全可以信赖的人。"〔1〕

客观而言，卡普的购买记录只是大同书店为美国各大学图书馆、公共图书馆提供中文服务的一个小片段。卢沟桥事变爆发后，大同书店主要为美国国会图书馆、哥伦比亚大学和芝加哥大学三家美国图书馆购买中文书刊。针对这三家机构已有的馆藏特色，顾子刚制定了各自的采访策略：

> 7.7 以前大同搞新书，很少动旧书，因一则我不懂旧书，二则不愿与商人争（他们寄发目录到西方，好些书店与西方有联系）。1938 后，Columbia, Chicago 等大学得到洛克菲勒基金会的指定用来买中文书的捐款各二万美金，国会图书馆也有较多的款买中文书，而那时我在北平图书馆除了办理与上海和昆明的联系外，也没有什么事可做，就想控制这几笔大宗购书费。我先与各馆商定做他们的代表，这样他们就不再派人亲来买书——Chicago 的 Creel 1939 年来平后没有为该校买书，仍由我办。
>
> 个别控制办法有：Columbia 每月买五百美金，Chicago 买 350。为了少买书，我又替他们安排了分工：文集 Columbia 不买明版，只 LC 买，道光以后的 Columbia 多买些，因它注重近代史，LC 少买些；Chicago 主要买些考据家的文集，因它注重古代文化，以考据派的经学为购买对象。方志 Columbia 不买道光以前的，LC 不买 Harvard 已有的旧版本（我从燕京抄来了 Harvard 的方志目录），Chicago 则只买些与古代史有关的地区的新版志书。〔2〕

---

〔1〕 程焕文编：《裘开明年谱》，广西师范大学出版社 2008 年版，第 328 页。"北平协和书店"一语照录，特此说明。哈佛大学本来是通过燕京大学购买中文书刊，但对其购买书刊的质量和服务并不满意，应自 1933 年夏开始也通过大同书店订购中文书刊，参见程焕文编：《裘开明年谱》，广西师范大学出版社 2008 年版，第 96 页。

〔2〕 《顾子刚致秘馆长的信》，国家图书馆藏，1962-&244-027-1-3-002。

据 1938 年度《洛克菲勒基金会报告》可知，该会的确给予哥伦比亚大学（RF38030）、芝加哥大学（RF38031）各 25000 美金用于购买书籍和东亚语言教材，给予国会图书馆（RF35091）4500 美金用于成立远东研究中心[1]。

20 世纪 30 年代起，哥伦比亚大学的学生注册人数大幅增加，利用中文书刊的人数随之陡增。1936 年秋，王际真辞去大都会博物馆东方部的兼职助理一职，在该校图书馆兼职协助管理中文馆藏[2]。同年，贾德纳撰写了一份哥伦比亚大学馆藏中文文献现状的报告，并将其呈缴给美国学术团体理事会，后者正在制订改善美国图书馆中文馆藏的计划[3]。贾德纳认为："哥伦比亚已拥有充足的中文文献——这绝对是一个错误印象。事实上，无论是出于何种研究，中文馆藏都在三个方面存在明显的缺陷：地方志、作家个人文集、区域文选。"[4]除此之外，相对于华盛顿和剑桥（波士顿），哥伦比亚大学不仅要满足本校教师、学生的需求，还得面对整个纽约地区的参考咨询工作[5]。因此，该校中文馆藏亟待系统性的改善。1938 年 3 月 18 日，洛克菲勒基金会批准了该项计划，资助期为 1938 年 4 月 1 日至 1942 年 12 月 31 日。

1938 年 6 月底，该项计划实际开始前哥伦比亚大学的中文馆藏是 4735 种（57056 卷），如果单从数量上看，似乎印证了贾德纳报告中所言的"错误印象"。截至 1942 年 4 月 8 日，该校通过大同书店，将其相应的文献增加到 14050 种（134633 卷），成功跻身美国拥有十万卷

---

[1] Rockefeller Foundation, *The Rockefeller Foundation Annual Report*, New York, 1938, pp. 57, 435.

[2] Chi-Chen, Wang. "Milestones of Progress: the Chinese collection at Columbia University." *Notes on Far Eastern Studies in America*, no. 11, 1942, p. 6.

[3] Chi-Chen, Wang. "Milestones of Progress: the Chinese collection at Columbia University." *Notes on Far Eastern Studies in America*, no. 11, 1942, p. 6.

[4] Chi-Chen, Wang. "Milestones of Progress: the Chinese collection at Columbia University." *Notes on Far Eastern Studies in America*, no. 11, 1942, p. 6.

[5] Chi-Chen, Wang. "Milestones of Progress: the Chinese collection at Columbia University." *Notes on Far Eastern Studies in America*, no. 11, 1942, p. 7.

中文馆藏的图书馆之列，其他四家分别为国会图书馆、哈佛大学、芝加哥大学、葛斯德图书馆（普林斯顿大学）。作为该项目的亲历者，王际真特别撰写了一篇文章，题为《里程碑式的进步——哥伦比亚大学馆藏中文文献》（"Milestones of Progress: the Chinese collection at Columbia University"）[1]，介绍了该项计划的实施过程及其成果。

哥伦比亚大学为落实洛克菲勒基金会资助制定了两个基本目标：首先，需要针对贾德纳报告指出的问题，努力建立一个全面、系统的中文馆藏；其次，注意收集清代历史、制度的书籍和当代中国出版物。因此，该校并不以宋元善本、大藏经等为购买对象[2]。为了实现以上目标，哥伦比亚大学委托平馆馆员、《图书季刊》英文本的编辑顾子刚[3]具体负责该项目的落实。最初，莱尔德（Catherine Laird）[4]和王际真十分谨慎，只订购他们认为必须购买的书刊，但随着收到订单包裹、大同书店提供的订购书籍目录卡片[5]，并考虑极端有利的汇率，哥伦比亚大学决定将空白的订购单直接寄给顾子刚，由其任意挑选、订购书刊[6]。该项计划因太平洋战争爆发被迫终止，哥伦比亚大学非常幸运，只有一批书籍在海运途中遗失。

---

〔1〕 Chi-Chen, Wang. "Milestones of Progress: the Chinese collection at Columbia University." *Notes on Far Eastern Studies in America*, no. 11, 1942, pp.1-12.

〔2〕 Chi-Chen, Wang. "Milestones of Progress: the Chinese collection at Columbia University." *Notes on Far Eastern Studies in America*, no. 11, 1942, p. 7.

〔3〕 在本项计划开展前，顾子刚负责经营的大同书店就是哥伦比亚大学购买中文书刊的主要途径。Chi-Chen, Wang. "Milestones of Progress: the Chinese collection at Columbia University." *Notes on Far Eastern Studies in America*, no. 11, 1942, p. 7.

〔4〕 1935年，哥伦比亚大学图书馆指派该女士负责中文馆藏，Chi-Chen, Wang. "Milestones of Progress: the Chinese collection at Columbia University." *Notes on Far Eastern Studies in America*, no. 11, 1942, p. 6.

〔5〕 内容包括：书名、作者、Shelf Card，以及类似《中国地方志综录》中的书目信息。Chi-Chen, Wang. "Milestones of Progress: the Chinese collection at Columbia University." *Notes on Far Eastern Studies in America*, no. 11, 1942, p. 8.

〔6〕 Chi-Chen, Wang. "Milestones of Progress: the Chinese collection at Columbia University." *Notes on Far Eastern Studies in America*, no. 11, 1942, p. 7.

王际真从八个方面总结了哥伦比亚大学图书馆中文馆藏特色[1]。具体信息如下：

1. 善本：如邓世龙《国朝典故》、汤运泰注《南唐书》（1822 年刊本）、李铭汉撰《续通鉴纪事本末》（1903—1906 年刊本）[2]；

2. 政府出版物和律令：如《京报》《谕折汇存》《政府公报》；

3. 传记：如《大清缙绅全书》；

4. 清季文人诗集；

5. 近代期刊：如《绣像小说》《月月小说》；

6. 新文学；

7. 近代西书：江南制造总局出版物；

8. 绝版小册页。

以上八个主题的特色馆藏不仅实现了该校最初所制定的方针——以"清代历史、制度的书籍和当代中国出版物"为核心，更印证了顾子刚亲述的"采访策略"。而且，所举示例中的连续出版物或丛书，几乎全部为整套，这在王际真看来着实不易。

此外，王际真还特意从方志和地方文选两方面肯定了大同书店的贡献[3]。前者，哥伦比亚大学由之前的 225 种猛增至 1397 种，1935 年朱士嘉编著的《中国地方志综录》直接忽略了该校，而现在其数量在中、日、美公私机构中一跃至第九位，在美国几乎仅次于国会图书馆，这无疑为该校开展中国近代史、区域研究提供了绝对的文献支撑。地方文选该校此前只有 20 种，现收藏 200 余种。王际真认为倘若没有顾子刚的"坚韧""机智"，洛克菲勒基金会对该校的 RF38030 资助计划根本无从下手，

---

[1] Chi-Chen, Wang. "Milestones of Progress: the Chinese collection at Columbia University." *Notes on Far Eastern Studies in America*, no. 11, 1942, pp. 10-12.

[2] 此处，王际真所举的几种书在现在看来并非稀见的善本，但在其看来"致用"远比"尚古"更重要。

[3] Chi-Chen, Wang. "Milestones of Progress: the Chinese collection at Columbia University." *Notes on Far Eastern Studies in America*, no. 11, 1942, pp. 8-9.

更不可能获得如此大的成功[1]。

与之相对应,芝加哥大学也高度评价顾子刚的服务。顾立雅就曾总结道:"哥伦比亚注重明清两代的文献和家谱,国会图书馆则集中于清代地方志和私人藏书,顾子刚都能够根据特定的需求予以满足。"[2]正是由于珍视该购书渠道,1939年顾立雅只身前往北京,面会顾子刚,并通过大同书店一掷千金购入近70000卷图书[3],这可以算作芝加哥大学东亚图书馆历史上最大规模的单次购买。20世纪40年代末,钱存训开始执掌该馆,着手对馆藏地理类书籍进行编目,他感慨"中国地方志出人意料的丰富",而这些志书绝大部分由大同书店经手采购[4]。

如果只基于以上片段史料,恐怕很难就顾子刚对美国图书馆中文馆藏的贡献做一客观、全面的评价。譬如,除了以上提及的国会图书馆、哥伦比亚大学、芝加哥大学外,康奈尔大学[5]也在同时期委托大同书店购买中文文献。1938年至1941年间,康奈尔大学图书馆加斯

康奈尔大学图书馆所存该校1933年购买《图书馆学季刊》的中文收据,该件纳入T. K. Koo卷下,应为大同书店协助购入

---

〔1〕 Chi-Chen, Wang. "Milestones of Progress: the Chinese collection at Columbia University." *Notes on Far Eastern Studies in America*, no. 11, 1942, p. 9.

〔2〕 Thackery, D. Thomas. "The Far Eastern Library of the University of Chicago, 1936-1978." University of Chicago, 1983. Print. p. 9.

〔3〕 Thackery, D. Thomas. "The Far Eastern Library of the University of Chicago, 1936-1978." University of Chicago, 1983. Print. p. 10.

〔4〕 Thackery, D. Thomas. "The Far Eastern Library of the University of Chicago, 1936-1978." University of Chicago, 1983. Print. p. 9.

〔5〕 Tsien, Tsuen-Hsuin. "Trends in Collection Building for East Asian Studies in American Libraries." *College & Research Libraries*, vol. 40, no. 5, 1979, p. 409; Zhou, Peter X. *Collecting Asia: East Asian Libraries in North America, 1868-2008*. Ann Arbor, Mich: Association for Asian Studies, Inc, 2010. p. 157.

基尔女士委托顾子刚购买了 15000 卷中文图书，将该校华生特藏扩充了一倍有余[1]。

时至今日，欧美图书馆采购中文书籍的相关人员均早已逝去，而利用这些宝贵书籍的各界学者则多半不识它们的由来。20 世纪 50 至 60 年代，何炳棣为研究明、清两朝帝制中国的人口问题、社会结构问题，曾遍访美国诸重要图书馆，对各馆中文馆藏均颇有见地，他曾心存感激地写道：

> 30 年代美金一元折合国币五元，正是国会、哈佛、哥大、芝大等馆大批系统地收购政制、方志、文集、家谱以至盐法志等图书的理想时期。美国诸馆几乎都是委托北平方面最诚实精专的采购经理人顾子刚先生。顾子刚对三四十年代美国中文藏书飞跃式的扩充是功不可泯的。[2]

何炳棣"功不可泯"的评价绝非妄言，钱存训亦在其综述文章《美国图书馆东亚研究的馆藏文献发展历程》（"Trends in Collection Building for East Asian Studies in American Libraries"）中，将平馆下属的、由顾子刚经营的大同书店视作美国图书馆东亚馆藏系统化发展的重要推手[3]。

除了美国国会图书馆、各高校图书馆外，大同书店还曾为其他地区的研究机构服务。如 1948 年底，顾子刚曾试图寄送两批书籍至瑞典斯德哥尔摩远东博物院图书馆（Library, Ostasiatiska Samlingarna, Stockholm）和荷属印度尼西亚巴达维亚（今雅加达）汉学院（Sinologisch Instituut, Batavia, N. E. I.），前者购买《庄子义证》《畿辅丛书》等书籍，

---

[1] Beal, Edwin G. Jr. "Gussie E. Gaskill and the Wason Collection of Cornell University," *Journal of East Asian Libraries*, vol. 1985: no. 77, p. 4.

[2] 何炳棣：《读史阅世六十年》，中华书局 2012 年版，第 260 页。

[3] Tsien, Tsuen-Hsuin. "Trends in Collection Building for East Asian Studies in American Libraries." *College & Research Libraries*, vol. 40, no. 5, 1979, p. 409.

共计 12 箱价值 725.70 美元；后者则是购买《丛书集成》等书籍 11 箱价值 580 美元，但因战云密布，直至翌年夏天仍未能顺利出境[1]。

　　1949 年后，大同书店对外销售中国书刊的业务并未立刻终止。在现存的档案纪录中可以查询到，1949 年 12 月 11 日至 1951 年 8 月 6 日，顾子刚购入书籍 1148 部，1950 年 5 月至 1951 年 9 月大同书店向外出口了 81 箱古书，约一万六千斤，其中颇多涉及地域方志研究者，如《中国疆域沿革略》《东北地方沿革及其民族》《华岳志》《大清一统志》《长安志》《曲阜县志》，另有一些图谱类，如《宝蕴楼彝器图》《支那古铜精华》，绝大部分运往美国[2]。可查到的外方购买纪录，最晚者应为 1950 年底至 1951 年初，哥伦比亚大学东亚图书馆通过顾子刚购买了少数期刊[3]。

〔1〕《顾子刚出口书籍已结汇未出口即请登给备案》，天津市档案馆藏，401206800-X0091-Y-000213-001。该件题名中的"登给"应为"誉洽"，因档案管理人员误识导致错记，特此说明。
〔2〕《有关大同书店的文件》，国家图书馆藏，1925-&248-027-1-4-006。
〔3〕程焕文编：《袁开明年谱》，广西师范大学出版社 2008 年版，第 466 页。

第三节　文献交换的新方式

　　1937 年 3 月 29 日，平馆召开第 25 次委员会议，馆务报告中有一项内容为："美国罗氏基金董事会捐赠新式照书机案，议决准予备案，由馆函谢。"[1] 此处提及的"新式照书机"[2] 究竟是怎样一种设备？与之前购置的摄书机有哪些区别？罗氏（洛克菲勒）基金董事会捐赠的初衷和具体目的是什么？这些细节在 1937 年前后平馆刊行的各种书刊中均未涉及，而该项设备的由来和作用至今仍未进入中国图书馆学史、美国汉学史等相关学术研究的视域。

一、缘起

　　1936 年 5 月 15 日，洛克菲勒基金会批准了代号为 RF36072 的资助项目，自本年 7 月 1 日至 1939 年 6 月 30 日给予平馆 25000 美金用以发展图书馆服务（Library Services）[3]。在洛克菲勒基金会档案中对该份资助有明确的使用说明，三项用途分别为 18000 美金用于编印目录卡片、3000 美金用于邀请两位美国图书馆学专家访问中国、4000 美金用于为美国学者复制中文文献（Reproduction of Chinese materials for American Scholars）；随后的"概述和解释"（General Description and Comment）

---

〔1〕北京图书馆业务研究委员会编：《北京图书馆馆史资料汇编 1909—1949》，书目文献出版社 1992 年版，第 354 页。

〔2〕在中英文文献中，该款设备有不同的指代用语，譬如 Draeger Camera、Microphotographic Camera、strip films、新式照书机、自动显微照像机、复制影片摄影机等，本书以"自动显微照像机"作为其统一的中文译名。

〔3〕Rockefeller, Foundation. "Rockefeller Foundation Records, Projects, Rg 1.1." Series 601: China; Subseries 601.R: China-Humanities and Arts. Vol. Box 47. Folder 388. p. 1.

更为详尽地规定了资金的使用原则：

> 本项资助的剩余部分将在三年里为美国研究机构复制所需的中文文献。美国学术团体理事会通过其远东研究委员会准备开展本项服务。本计划不会购买纸质文本，但会以摄书机或胶卷来复制重要文献。这些复制品将会储藏在国会图书馆并面向所有美国研究机构提供外借、出售再次复制版本的服务。[1]

然而，相对于本项资助中其他两种用途——编印目录卡片、邀请图书馆学家访问中国，为美国学者复制中文文献则显得较为"突兀"。

平馆向洛克菲勒基金会申请资助，大多以备忘录的形式提出。譬如 1933 年 11 月 15 日，基金会在华负责人耿士楷致信人文部主管史蒂文斯，附录了袁同礼撰写的一份申请留美学习图书馆学奖学金备忘录[2]；11 月 20 日，袁同礼提交了更为正式的申请备忘录，同样是以申请奖学金为目的，只是将每年的名额由之前的三个减至两个[3]；1935 年 3 月 2 日，耿士楷致信史蒂文斯，附上袁同礼提交的一份申请资助《图书季刊》英文本的备忘录[4]；1935 年 10 月 5 日，袁同礼致信耿士楷，附录了一份申请编印中文书籍目录卡片的备忘录[5]。虽然邀请美国图书馆学专家访华没有正式的备忘录，但在洛克菲勒基金会档案中保留了双方及美国图书馆协会大量的书信，用以讨论

---

[1] Rockefeller, Foundation. "Rockefeller Foundation Records, Projects, Rg 1.1." Series 601: China; Subseries 601.R: China-Humanities and Arts. Vol. Box 47. Folder 388. p. 2.

[2] Rockefeller, Foundation. "Rockefeller Foundation Records, Projects, Rg 1.1." Series 601: China; Subseries 601.R: China-Humanities and Arts. Vol. Box 47. Folder 388. pp. 17-19.

[3] Rockefeller, Foundation. "Rockefeller Foundation Records, Projects, Rg 1.1." Series 601: China; Subseries 601.R: China-Humanities and Arts. Vol. Box 47. Folder 388. p. 27.

[4] Rockefeller, Foundation. "Rockefeller Foundation Records, Projects, Rg 1.1." Series 601: China; Subseries 601.R: China-Humanities and Arts. Vol. Box 47. Folder 394. p. 23.

[5] Rockefeller, Foundation. "Rockefeller Foundation Records, Projects, Rg 1.1." Series 601: China; Subseries 601.R: China-Humanities and Arts. Vol. Box 47. Folder 388. pp. 58-65.

人员、时间、经费等各种细节[1]。而为美国学者复制中文文献，在 RF36072 计划批准前并没有任何相关文字记录。因此，该笔款项究竟因何而来，是否由平馆提出申请、为何列入对平馆的资助计划之中，值得深入探究。

1936 年 5 月 21 日，史蒂文斯致信袁同礼，起始处就明确写道："基金会秘书应该已经正式通知您，一项针对三种用途的赞助获得了批准，在此前几个月的往来信件中，我们已经就前两项进行了广泛的讨论。"[2] 而对于第三种用途，史蒂文斯如此解释：

> 另外的 4,000 美金，用于本项赞助期内为美国学者和研究机构提供所需中文文献的摄书机或胶卷复制件的支出。我建议由国会图书馆的恒慕义博士作为顾问，他将会与美国学术团体理事会的远东研究委员会保持联系。贵馆是否接受该项建议请务必告知。我已经将该项计划通知了恒慕义和美国学术团体理事会的常务秘书长利兰，如果您赞同这一安排，我可以肯定他们两位将就开创该项业务给予建设性的意见。[3]

收悉该信后，袁同礼于 7 月 2 日复函史蒂文斯，关于该计划的回复如下：

> 关于第三项用途，我刚刚收到格雷夫斯的来信，他陈述了

---

[1] Rockefeller, Foundation. "Rockefeller Foundation Records, Projects, Rg 1.1." Series 601: China; Subseries 601.R: China-Humanities and Arts. Vol. Box 47. Folder 388. pp. 41-57, 67-73.

[2] Rockefeller, Foundation. "Rockefeller Foundation Records, Projects, Rg 1.1." Series 601: China; Subseries 601.R: China-Humanities and Arts. Vol. Box 47. Folder 388. p. 86.

[3] Rockefeller, Foundation. "Rockefeller Foundation Records, Projects, Rg 1.1." Series 601: China; Subseries 601.R: China-Humanities and Arts. Vol. Box 47. Folder 388. pp. 86-87.

一份新的交换计划，并将利用德尔格博士〔1〕发明的更为先进的照像机和投影器材。考虑到德尔格博士将会访华，我已经给格雷夫斯发电报——接受他的建议并请他着手就信中的要点提供必要的实施方案。能够充分利用德尔格博士的技术经验并协助他在中国安装此项设备是平馆极大的荣幸。〔2〕

结合两方的信件不难看出，RF36072 资助中"为美国研究机构复制所需的中文文献"与另外两个目的有相当大的区别：首先它极有可能不是由平馆主动提出；其次，至该笔资助项目批准时，平馆与洛克菲勒基金会并未就该种用途进行过充分商讨，更没有达成共识。那么，提出这一计划，并使之列入 RF36072 赞助项目的始作俑者只可能是美国学术团体理事会。

1936 年 4 月 8 日，时任美国学术团体理事会中国和日本研究委员会（The Committees on Chinese and Japanese Studies）秘书格雷夫斯撰写了一份机密（Confidential）文件。虽然该理事会下属的远东研究委员会（The Committees on Far Eastern Studies）〔3〕已经成立数年，但他清楚地意识到："美国的远东研究并不会因为一时的狂飙突进得以牢固的确立，需要设定长期的计划——将对东方的研究融入到美国的教育进程中，就如同对西欧研究一样。"为此，他建议关注七个方面的进展，依次是：提升美国教学人员的人数和质量、吸收训练有素的个人进入到美国的大学院校、

---

〔1〕 R. H. Draeger，美国海军军医，20 世纪 30 年代利用工作之余研究缩微拍摄技术，1934 年 11 月，他将自己发明的特制照像机安装在美国农业部图书馆的书目服务（Bibliofilm Service）中心，并开始提供服务。参见 Mohrhardt, Foster E. "The Library of the United States Department of Agriculture." *The Library Quarterly: Information, Community, Policy*, vol. 27, no. 2, 1957, p.75.

〔2〕 Rockefeller, Foundation. "Rockefeller Foundation Records, Projects, Rg 1.1." Series 601: China; Subseries 601.R: China-Humanities and Arts. Vol. Box 47. Folder 388. pp. 92-93.

〔3〕 The Committees on Chinese and Japanese Studies 和 The Committees on Far Eastern Studies，均为照原文录入，特此说明。

维护学术信息的沟通、维护与外国学术团体的关系、研究和出版、改善美国的东方收藏。在谈论最后一点时，格雷夫斯明确指出："使用胶片拍照技术对东方各国图书馆的善本予以复制并将其保存在美国将会有巨大的价值和意义，不仅让美国学者可以获取这些文献，更确保了它们不被毁灭，上海东方图书馆被炸毁所造成的损失就是惨痛的教训。如果同样一个灾难降临到国立北平图书馆，那将是无可挽回的。"[1]

1932 年"一·二八"事变后，除了事先移存银行保管库的 547 部善本，上海商务印书馆涵芬楼历经数十余年苦心搜集的数千部珍本典籍连同东方图书馆积蓄的近五十万册图书毁于日军的炮火下。此后，美国学术团体理事会远东研究委员会不仅参与到该馆的复兴事业中，更基于对远东地区日益恶化的局势和对以《国立北平图书馆善本书目》为代表的平馆馆藏文献及其价值的认识，将采用新的胶卷技术拍摄平馆善本书视作迫切且必要的举措。

二、前期筹备

缩微胶片技术自其发明始，即具有以下优势：真实反映文件原貌、具有不可更改性、寿命极为长久、节省存放空间。在美国，无论文献的原件是否存在，在任何法律或行政程序中均将缩微胶片视作原件使用、参考。美国学术团体理事会无疑十分清楚此项技术强大的应用前景，从可行性、经济角度、所获文献的重要性等方面考虑，使用缩微胶卷拍摄技术获取所需中文文献诚然是最佳途径，而平馆更是少有的一所愿意且有能力开展此项文献服务的中国大型现代图书馆。

1936 年 4 月 15 日，格雷夫斯向中国和日本研究委员会的所有成员

---

[1] Library of Congress. "American Council of Learned Societies Records." General Office File I: Committee on Chinese Studies. Box I:38. no. 5.3. p. 16.

提交了一份报告，其中进一步描述了胶卷拍摄计划，他预计："大约需要5000美金，在为期一年半的时间里承担用胶卷拍摄平馆善本书的耗材和其他费用，并以方志为最优先拍摄对象。如果可行，本协会的秘书将提交一份备忘录，如果不被通过，施永高博士将进一步阐明该计划的更多细节。"[1] 5月2日，美国学术团体理事会召开了执委会，通过了该计划，并将国会图书馆相应馆藏增加到拍摄对象范围中[2]。四天后，美国学术团体理事会常务秘书长利兰（Waldo G. Leland）致信国会图书馆馆长蒲特南（Herbert Putman），询问后者对该计划的看法。5月7日，蒲特南立即复信，表示将在符合国会图书馆规定的前提下给予大力支持，并已经将来函转与东方部主任恒慕义，由其上交一份明确的计划以便最终批准[3]。

在获悉美国各相关机构、学者、专家的初步态度后，学术团体理事会于5月29日召集德尔格、施永高、恒慕义、戴维斯（Watson Davis）[4]与格雷夫斯一起会商以胶卷技术拍摄平馆馆藏文献的可行性和操作办法[5]。最终，上述各方讨论的结果汇集到1936年6月4日格雷夫斯写给袁同礼的一封长信。其中，以下几点尤其值得注意：

> 我们也了解到史蒂文斯已经将团体理事会过去几个月中在这一方向所做的努力函告您了，我们现在所掌握的信息、经验和意见都将交由您来决断。

〔1〕Library of Congress. "American Council of Learned Societies Records." General Office File I: Committee on Chinese Studies. Box I:38. no. 5.3. p. 12.

〔2〕Library of Congress. "American Council of Learned Societies Records." General Office File I: Committee on Chinese Studies. Box I:38. no. 5.3. p. 1.

〔3〕Library of Congress. "American Council of Learned Societies Records." General Office File I: Committee on Chinese Studies. Box I:38. no. 5.3. p. 24.

〔4〕戴维斯，美国著名的图书馆学专家，1937年创立美国文献学院（American Documentation Institute），该学院最初致力于文献学的研究，尤其重视缩微胶片技术。

〔5〕Library of Congress. "American Council of Learned Societies Records." General Office File I: Film exchange-Draeger, R. H., Box I:38. no. 5:3c. p. 3.

洛克菲勒基金会此项赞助不仅将我们长期的愿望付诸实现，更标志了美国的中国研究进入了一个新的时期。[1]

该项交换计划将遵循两个原则：一是操作方式将会以彼此交换为基础，但并非基于页数对等原则；二是我们认为应该由两家国家图书馆——平馆和国会图书馆承担该项交换业务。

我们的两点意见：一是充分利用德尔格博士的技术经验，由其协助组装设备仪器，并在初期主持设备的运行、训练技术人员，洛克菲勒基金会在美国直接购买所有的设备，随后发送到中国；二是平馆授权学术团体理事会通过国会图书馆支配费用，即4,000美金不会拨付给平馆，而是由学术团体理事会直接通过国会图书馆购买我们需要的文献胶卷或你们需要文献的胶卷。

现在的问题是，如果使用德尔格博士的设备和技术，则在他离开美国[2]之前，我们必须购置适宜的设备并大致组装好，这就略显匆忙，或许没有时间等待你的回复，我只能尽自己最大的努力开展此项工作。[3]

首先，以上文字直接反映了美国学术团体理事会作为美国数十家人文、社科类学术团体的联合组织对该项计划的企盼，对利用平馆馆藏并以此促进美国中国研究（汉学）发展的急切期望，而这种愿望在RF36072获批之前已经与洛克菲勒基金会进行了相当长时间的沟通，并因此"突兀"地列入到此次资助之中。其次，将平馆和国会图书馆列为

---

[1] 原文"marks the beginning of a new day in Chinese studies here"。

[2] 此信中说德尔格将在1936年10月离开美国前往北平。Library of Congress. "American Council of Learned Societies Records." General Office File I: Film exchange-Peking National Library. Box I:38. no. 5:3c. p. 38.

[3] Library of Congress. "American Council of Learned Societies Records." General Office File I: Film exchange-Peking National Library. Box I:38. no. 5:3c. pp. 38-40.

交换计划中仅有的两个对等方，体现了美国学术团团体理事会努力将国会图书馆建成美国远东研究（尤其是中国研究）中心的一贯立场[1]。最后，无论是出于实际需求方、技术提供方、设备采购地等因素考虑，美国学术团体理事会都希望能够在该份计划中掌握领导权，换言之，平馆虽然掌握文献资源，但处于配合的地位。收到该信后，7月2日袁同礼立刻给格雷夫斯发了一份电报：THANKS LETTER ACCEPT PROPOSAL PLEASE PROCEED YUAN.[2] 至此，美国学术团体理事会（国会图书馆）和平馆在使用缩微胶卷技术实现大规模交换馆藏文献的设想上达成了初步共识。

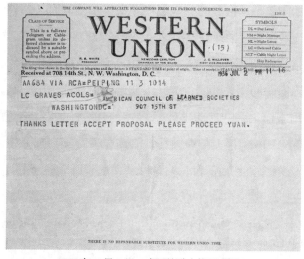

1936年7月2日，袁同礼致电格雷夫斯

〔1〕参见 Graves, Mortimer. "Promotion of Chinese Studies." *Bulletin of American Council of Learned Societies*, no. 10, April 1929. p. 9; Graves, Mortimer. "Proceeding of the First Conference on the Promotion of Chinese Studies." *Bulletin of American Council of Learned Societies*, no. 10, April 1929. p. 49; Laufer, Berthold. "Suggestion for the Foundation of a Chinese Research Institute in Washington." *Bulletin of American Council of Learned Societies*, no. 10, April 1929. p. 57.

〔2〕Library of Congress. "American Council of Learned Societies Records." General Office File I: Film exchange-Peking National Library. Box I:38. no. 5:3c. p. 27.

　　1936 年 7 月 27 日，美国学术团体理事会正式向洛克菲勒基金会提出申请，希望赞助 2000 美金供德尔格购买设备，为平馆建立胶卷实验室。申请人并非利兰、格雷夫斯，而是该理事会主席布拉克（Robert P. Blake），足见理事会对此项计划的重视程度。收到该申请书后，史蒂文斯旋即复信，表示会尽快处理[1]。事实上，该申请并未等待洛克菲勒基金会每年固定的评审会议，而是以极优先的方式予以特殊处理[2]。8 月 19 日，利兰分别致信蒲特南、恒慕义，告知洛克菲勒基金会批准了 3000 美金的赞助，用于购买仪器设备和初期所需耗材，其中本年底前可以使用其中的 2000 美元，剩余部分在 1937 年拨付[3]。

　　虽然从申请到批准只有短短的二十余天，但为了尽可能缩短筹备周期，学术团体理事会和有关人员在递交申请的同时，即尝试多方同步推进。一是作为该项计划重要顾问之一的戴维斯已经提前垫付资金，方便德尔格订购所需器械[4]。二是由学术团体理事会联合国会图书馆致函美国海军的相关部门，询问派遣德尔格前往中国的时间并恳请允许其利用工作之余开展此项计划[5]。三是寄送缩微胶卷正片——《成都府志》（1621 年）与袁同礼，该件原书为国会图书馆馆藏，胶卷共拍摄了 50 页，包括前言、编者目录、章节目录等，用以让中方人

---

〔1〕 Library of Congress. "American Council of Learned Societies Records." General Office File I: Film exchange-Peking National Library. Box I:38. no. 5:3c. p. 15.

〔2〕 Library of Congress. "American Council of Learned Societies Records." General Office File I: Film exchange-Peking National Library. Box I:38. no. 5:3c. p. 18. 此外，洛克菲勒基金会 1936、1937 年度年报，对该申请没有任何文字记录。

〔3〕 Library of Congress. "American Council of Learned Societies Records." General Office File I: Film exchange-Peking National Library. Box I:38. no. 5:3c. pp. 8, 11.

〔4〕 Library of Congress. "American Council of Learned Societies Records." General Office File I: Film exchange-Peking National Library. Box I:38. no. 5:3c. p. 5.

〔5〕 Library of Congress. "American Council of Learned Societies Records." General Office File I: Film exchange-Peking National Library. Box I:38. no. 5:3c. p. 7. 另外，1936 年 7 月 31 日，学术团体理事会主席布拉克曾就此事致信海军部长（The Secretary of the Navy），参见 Library of Congress. "American Council of Learned Societies Records." General Office File I: Film exchange-Peking National Library. Box I:38. no. 5:3c. p. 14.

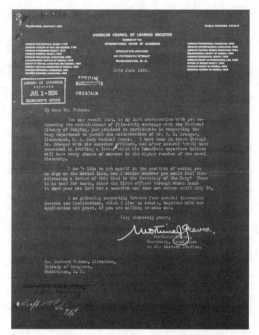

1936 年 6 月 20 日，格雷夫斯致信国会图书馆馆长蒲特南，请与美国学术理事会一道致信美国海军部，请求批准德尔格参与国会图书馆与平馆通过缩微胶卷开展文献交换的计划

士对胶卷拍摄技术有较为直观的认识[1]。

8 月 27 日，利兰致信袁同礼，告知洛克菲勒基金会已经赞助购买相关仪器，并希望德尔格于 1937 年初将所有设备携带至北平[2]。11 月，格雷夫斯携家人由欧洲经西伯利亚抵达北平，在此期间他与袁同礼有许多接触，虽然已公开史料中并未披露此时此地两方商讨的具体内容，但可以肯定两人就自动显微照像机和以胶卷方式交换平馆与国会图书馆馆

〔1〕 Library of Congress. "American Council of Learned Societies Records." General Office File I: Film exchange-Peking National Library. Box I:38. no. 5:3c. p. 23, 33. 寄送样片是应袁同礼的请求，希望在青岛举行的中华图书馆协会第三次年会（1936 年 7 月 20 日至 7 月 24 日）上对公展示，但《中华图书馆协会会报》等中文材料中没有相关的记载。

〔2〕 Library of Congress. "American Council of Learned Societies Records." General Office File I: Film exchange-Draeger, R. H., Box I:38. n. 5:3c. p. 6.

藏文献进行了广泛的讨论。通过这次实地考察，格雷夫斯对北平的文化氛围和学术活动有了更清楚、准确的认识，他强调："西方（学者）必须从中国汲取智慧，就如中国努力学习西方一样。然而时至今日，尚未有足够大规模的努力付诸实现。美国学术团体理事会的主要目的之一，即激发美国学术界对中国的兴趣。"[1]

1936 年 12 月 1 日，利兰致信袁同礼，告知定期接到德尔格的进度报告，设备采购情况令人十分满意，但翌年 2 月份才能将采购的仪器统一发往中国。此外，利兰认为德尔格很难在春季出发，因此设备在明年夏天前安装妥当的可能性不大[2]。该信中提及的 2 月份与平馆向洛克菲勒基金会申谢的时间颇为同步，换言之，整套设备本有可能于卢沟桥事变前在平馆组装完毕。但 1937 年 2 月，预计的步骤被彻底打乱，芝加哥大学图书馆馆长瑞尼（McKendree L. Raney）以美国图书馆协会的名义邀请德尔格并携带一整套自动显微照像机设备参加本年度在巴黎举办的世界博览会，而该套仪器中的冲洗用配件（processor）实为平馆采购者，这一突发情况不仅导致整套仪器无法装运中国，更使德尔格直接前往中国的计划落空[3]。4 月 5 日，瑞尼离开芝加哥前往巴黎参加世界博览会[4]。虽然利兰、格雷夫斯等人对其行事颇有微词，但木已成舟无法改变，这也为后续发展埋下了种种诱因。

---

[1] "China seen Working Out Own Destiny: Dr. Graves here Seeking Stronger Cultural Tie with U.S " *The China Press*, Dec 17, 1936, p. 9.

[2] Library of Congress. "American Council of Learned Societies Records." General Office File I: Film exchange-Peking National Library. Box I:38. no. 5:3c. p. 3.

[3] Library of Congress. "American Council of Learned Societies Records." General Office File I: Film exchange-Peking National Library. Box I:38. no. 5:3c. p. 7.

[4] "The Reporter." *The Journal of Higher Education*, vol. 8, no. 6, 1937, p. 335. 巧合的是，瑞尼携带此套参展设备也是由洛克菲勒基金会赞助。

三、实施与被迫中断

中国国家图书馆已有的馆史研究对"新式照书机"罕有论述，只有一处曾提到："1938 年，美国向中国提供了一套缩微摄影设备，暂时安装在北京协和医学院。中方利用这套设备拍摄了一部分医学类善本书。1940 年，这套设备被日军掠走。"〔1〕然而，此种说法中涉及的各时间点、内容细节均需进一步厘定。

首先是"自动显微照像机"组装完成的确切时间和地点，现根据洛克菲勒档案馆中的相关卷宗，将涉及运输、组装、培训等各细节的史料整理如下：

> 1937 年 9 月 29 日，长沙，袁同礼致信史蒂文斯，告知之前收到格雷夫斯的通知——德尔格已经离开欧洲前往中国。〔2〕
>
> 1937 年 10 月 26 日，史蒂文斯覆信，透露了德尔格采购的设备仍在华盛顿，尚未运往中国。〔3〕
>
> 1938 年 2 月 16 日，昆明，袁同礼致信史蒂文斯，告知最近收到了德尔格电报，后者于最近抵达北平。在这封信里，袁同礼表示平馆的善本书会最终运往昆明。〔4〕
>
> 1938 年 3 月 7 日，香港，袁同礼致信耿士楷，告知已经在香港大学冯平山图书馆设立了临时办事处，如洛克菲勒基金会不方便考虑新的资助计划，可否在此地安装自动显微照像机设

---

〔1〕 全国图书馆文献缩微复制中心编：《传承文明 服务社会——全国图书馆文献缩微工作成果展图录》，国家图书馆出版社 2014 年版，第 26 页。

〔2〕 Rockefeller, Foundation. "Rockefeller Foundation Records, Projects, Rg 1.1." Series 601: China; Subseries 601.R: China-Humanities and Arts. Vol. Box 47. Folder 389. p. 38.

〔3〕 Rockefeller, Foundation. "Rockefeller Foundation Records, Projects, Rg 1.1." Series 601: China; Subseries 601.R: China-Humanities and Arts. Vol. Box 47. Folder 389. p. 40.

〔4〕 Rockefeller, Foundation. "Rockefeller Foundation Records, Projects, Rg 1.1." Series 601: China; Subseries 601.R: China-Humanities and Arts. Vol. Box 47. Folder 389. pp. 68-69.

备，因为善本书运达此地颇为便捷，而且香港远离轰炸、十分安全。[1]

1938 年 3 月 12 日，袁同礼致信史蒂文斯，表达了同样的意愿——在香港开始拍摄胶卷，并告知将会写信与格雷夫斯、德尔格讨论该建议。[2]

1938 年 3 月 26 日，香港，袁同礼以航空快信的方式再次致信史蒂文斯，因之前与翟孟生（Raymond Jameson）反复讨论，希望尽快在香港设立实验室开展胶卷拍摄工作。[3]

1938 年 5 月 27 日，天津，德尔格致信袁同礼，已经与美国亚洲舰队外科主任安格温博士（Dr. Angwin）讨论了前往香港的可能性，但建议将全套设备及尚在巴黎未运来的其他仪器[4]先在天津组装，并由平馆委派合适的人员到此学习技术，直到熟练后再运往香港，届时自己将被派往菲律宾的棉兰老（Mindanao）基地，可以抽时间赴香港监督一切。此外，该信也透露一个细节：最重要的组件——照像机仍存放于美国海军医学院，几个月内没有可以搭乘的运输船前往中国。[5]

1938 年 6 月 25 日，袁同礼致信史蒂文斯，表示赞同德尔格的意见，一旦设备被安装好将立刻派专人前往天津学习技术。[6]

1939 年夏，自动显微照像机及其大部分配件运抵天津并被

---

[1] Rockefeller, Foundation. "Rockefeller Foundation Records, Projects, Rg 1.1." Series 601: China; Subseries 601.R: China-Humanities and Arts. Vol. Box 47. Folder 389. p. 72.

[2] Rockefeller, Foundation. "Rockefeller Foundation Records, Projects, Rg 1.1." Series 601: China; Subseries 601.R: China-Humanities and Arts. Vol. Box 47. Folder 389. p. 72.

[3] Rockefeller, Foundation. "Rockefeller Foundation Records, Projects, Rg 1.1." Series 601: China; Subseries 601.R: China-Humanities and Arts. Vol. Box 47. Folder 389. p. 75.

[4] 应为前文提及的冲洗配件。

[5] Rockefeller, Foundation. "Rockefeller Foundation Records, Projects, Rg 1.1." Series 601: China; Subseries 601.R: China-Humanities and Arts. Vol. Box 47. Folder 389. p. 84.

[6] Rockefeller, Foundation. "Rockefeller Foundation Records, Projects, Rg 1.1." Series 601: China; Subseries 601.R: China-Humanities and Arts. Vol. Box 47. Folder 389. p. 83.

初步安装。[1]

1939 年 5 月 18 日，格雷夫斯致信史蒂文斯，告知本日已与协和医学院校长胡恒德（Henry S. Houghton）面洽，原则性同意在该处组装自动显微照像机，建议由胡恒德、该校会计鲍文（Trevor Bowen）、华北协和华语学校校长裴德士（William B. Pettus）、司徒雷登、顾子刚、德尔格、美国使领人员组成委员会负责主持拍摄事宜。在为国会图书馆拍摄所需的平馆馆藏文献外，还建议拍摄北堂图书馆善本、协和医学院所藏医学和其他科学文献，后者拟向西南各高等院校和研究机构提供。[2]

1939 年 5 月 31 日，纽约，史蒂文斯覆信协和医学院校长胡恒德，表示已经收悉本月 23 日提交的备忘录，已经与格雷夫斯就此事通电话，建议对原有计划做适当调整，第一步是格雷夫斯获得学术团体理事会远东研究委员会的授权——同意在北平协和医学院安装设备，第二步由平馆留守的负责人之一顾子刚[3]就以上调整签署协议。另外，此封信有两个细节需要特别注意，一是修订后的计划并非只针对美国学术团体理事会为代表的学者、机构提供服务，而将范围扩大至在北平的西方学者；二是之前由学术团体理事会掌握的 RF36072 资助中的 4000 美金，虽然尚未使用，但由于平馆和洛克菲勒基金会在此前就整个资助的期限和用途进行了沟通并最终达成了新的共识，

---

[1] Rockefeller, Foundation. "Rockefeller Foundation Records, Projects, Rg 1.1." Series 601: China; Subseries 601.R: China-Humanities and Arts. Vol. Box 47. Folder 389. p. 1; "China Medical Board, Inc. records." Vol. Box 52. Folder 367. p. 2.

[2] Rockefeller, Foundation. Series 300 Latin America-Series 833 Lebanon; Subseries 601, Box 9. Folder 86. pp. 10-11.

[3] 1937 年 8 月上旬，平馆副馆长袁同礼奉命南下，北平馆务交由总务主任王访渔、善本部主任张允亮、编纂顾子刚共同主持。1938 年底，张允亮因病辞去馆务行政委员会及善本兼编目部主任等职。此后，王访渔、顾子刚二人带领留守馆员与日伪机关周旋，维持馆务。

这 4000 美金已无法用于以胶卷方式复制中文文献。但史蒂文斯表示国会图书馆有充足的资金来承担该项计划，并暗示洛克菲勒基金会将会资助美国学术团体理事会 10000 美金用以支持其远东研究委员会 1939 年至 1941 年的工作。[1]

1939 年 6 月 7 日，顾子刚致信袁同礼，告知本月 5 日赴天津拜会德尔格，就自动显微照像机的组装周期、工作原理、操作难易程度略有表述，此外对该项设备安置地点、运转配件和耗材、操作人员、运转资金等问题有较为详细的设想。其中尤其建议将该项设备暂放在协和医学院内而非燕京大学，因为前者是洛克菲勒基金会在华最为重要的事业。[2]

1939 年 10 月 11 日，华北协和华语学校（North China Union Language School）校长裴德士致信格雷夫斯，告知 9 月 26 日北平地区有关自动显微照像机各方机构成立一委员会，具体人员为主席裴德士、副主席胡恒德、会计鲍文，其他委员为美国使领馆林华德（Arthur. R. Ringwalt）、顾子刚、司徒雷登，德尔格为技术顾问。该项设备预计在两个月内组装完毕，拟拍摄的书刊分为两大类，一是针对西方学者和机构提供汉学书籍即古籍文献胶片，二是为西南地区的医学院拍摄医学专著和期刊文献。建议格雷夫斯与国会图书馆和其他相关机构或个人取得联系，汇编一份希望获取的文献清单，并尽可能详尽，以便协助确定所欲拍摄的文献。[3]

1939 年 10 月 28 日，胡恒德致信洛克菲勒基金会医学部

---

〔1〕 Rockefeller, Foundation. "Rockefeller Foundation Records, Projects, Rg 1.1." Series 601: China; Subseries 601.R: China-Humanities and Arts. Vol. Box 47. Folder 389. pp. 136-137.

〔2〕 Rockefeller, Foundation. Series 300 Latin America-Series 833 Lebanon; Subseries 601, Box 9. Folder 86. pp. 19-22.

〔3〕 Rockefeller, Foundation. Series 300 Latin America-Series 833 Lebanon; Subseries 601, Box 9. Folder 86. pp. 30-31.

（Medical Sciences Division）主任格雷格（Alan Gregg），告知格雷夫斯已经正式授权将自动显微照像机置于协和医学院内，时间自 1939 年 9 月 1 日起为期三年。但因为平津地区洪水泛滥，导致该项设备迟迟无法从天津移运至此。在重申将为美国各图书馆、学术机构提供中文善本古籍外，胡恒德还强调将拍摄该校所藏的医学古籍，并将胶卷提供给国会图书馆、美国陆军医务部图书馆（Surgeon General's Library）、约翰霍普金斯医学史研究所（Institute of Medical History at Johns Hopkins）等处。[1]

由此可以得出初步结论，"1938 年，美国向中国提供了一套缩微摄影设备，暂时安装在北京协和医学院"，这种说法极不准确，自动显微照像机在北京的组装时间不可能早于 1939 年 11 月。而直至 1940 年 5 月下旬，协和医学院才批准将该校 F 栋建筑的 22、23 号房间腾空，用作自动显微照像机的工作间[2]。

其次，从二战结束后的相关史料可以获悉该套胶卷拍摄设备的详情。包括：自动显微照像机一台，自动开关电灯一份、洗二百英尺长胶片用的洗盘一全份、自动送水机、温度调节器、扩大阅片机两座[3]。其中，自动显微照像机即德尔格博士所发明的 Microphotographic Camera（也称 Draeger Camera），该款仪器并非面向市场的批量商用产品，而是按照需求特别定制。1937 年，全世界范围内只有四台 Microphotographic Camera，其中最早制作完成者由芝加哥大学携带至巴黎世界博览会，预计安装在平馆的是第二台，剩下的两台则将分别交付美国文献学会（American Documentation Institute）、美国陆军医务部（Surgeon General

〔1〕 Rockefeller, Foundation. Series 300 Latin America-Series 833 Lebanon; Subseries 601, Box 9. Folder 86. pp. 32-33.

〔2〕 Rockefeller, Foundation. "China Medical Board, Inc. records." Vol. Box 52. Folder 367, p. 4.

〔3〕《要求日本归还科学仪器及标本》，台北，"国史馆"藏，"外交部"，020-010119-0019，第 49 页。

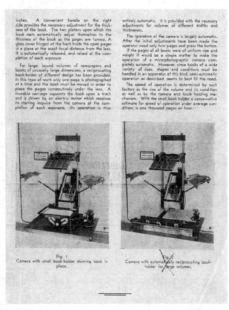

Draeger Camera 之原型机，其中右侧者应为最
终在北京协和医学院组装并调试完成者

of the Army）使用[1]。该款自动显微照像机具有以下特点：每小时可
以拍摄报纸九百页、镜头使用固定焦距、配有支撑栏确保书籍页面拍摄
角度的准确、拍摄所得的负片可用以冲洗任意数量的正片[2]。

最后，该款自动显微照像机在协和医学院共拍摄了哪些文献，是否
寄送到了美国？美国学术团体理事会档案、洛克菲勒基金会档案馆的平
馆卷宗、协和医学院卷宗[3]对此均没有清晰、系统的记录。1940 年 11
月 15 日，胡恒德致信格雷格，告知自动显微照像机在本月上旬终于安装、
调试完毕[4]。这与美国学术团体理事会下属的中国和日本研究委员会出

〔1〕 Draeger, R. H. "A New Design for the Microphotographic Camera." Communication
   presented to the World Congress of Universal Documentation, August 1937, p. 62.

〔2〕 "The Reporter." *The Journal of Higher Education*, vol. 8, no. 6, 1937, p. 335-336.

〔3〕 Rockefeller, Foundation. "China Medical Board, Inc. records." Vol. Box 52. Folder 367.

〔4〕 Rockefeller, Foundation. Series 300 Latin America-Series 833 Lebanon; Subseries 601,
   Box 9. Folder 87. p. 47.

版的刊物《美国远东研究消息》（*Notes on Far Eastern Studies in American*）
第 5 期中的乐观报道有相当差距，后者在 1939 年出版时曾表示：

> 一架 35mm 的高速缩微影像设施将在北京协和医学院组装，
> 它可以用来复制手稿或印刷的文献。一旦组装完毕、最初测试
> 费用的试运转期结束，该设备将为美国学者和机构提供他们意
> 欲获取北京地区图书馆馆藏文献的胶片复制服务。试验对象拟
> 以协和医学院馆藏医学文献和正在受美国资助的北堂图书馆为
> 最先者。胡恒德将作为管理该项计划的委员会主席。[1]

　　本书认为延宕局面是多方因素共同造成的：一是该项器材并非量产
的成熟型设备，需要德尔格不断调整、测试，而此项任务只能在其军医
本职工作之暇展开，除此之外还须对操作者进行整个操作流程的培训；
二是北平一地的委员会成员及其所代表的各方利益绝非一致，胡恒德与
格雷格的紧密联系使协和医学院独自获得洛克菲勒基金会额外一项资助
款，给予 4000 美金用以拍摄该校图书馆的医学文献，并将其寄送美国
相关的图书馆和学术机构，而批准时间恰好在该校为自动显微照像机提
供房间之前两个月[2]，这让胡恒德不仅作为该套设备的实际保管人，
更在本年 6 月份以委员会主席身份致信顾子刚，退还平馆此前垫付的运
转资金，有意将平馆在该项交换事业中的影响降至最低，"鸠占鹊巢"
之感导致顾子刚与协和医学院方失和[3]，故在一段时期内平馆留守人
员并未积极提供所需文献；三是航运及通信状况极为不佳，定制配件无

---

[1] "A New Microfilm Service in Peking." *Notes on Far Eastern Studies in American*, no. 5,
　　June 1939, p. 32.

[2] Rockefeller, Foundation. Series 300 Latin America-Series 833 Lebanon; Subseries 601,
　　Box 9. Folder 87. p. 14.

[3] Rockefeller, Foundation. Series 300 Latin America-Series 833 Lebanon; Subseries 601,
　　Box 9. Folder 87. pp. 20-44.

法及时送达，相关人员又常在各处奔波，如袁同礼就在昆明、重庆、越南（海防）、香港、上海等地行走，即便是史蒂文斯也常因休假关系不在纽约总部，各方交换意见却常无时效性，往往刚有所指示而北平时局又有变，且北平委员会内意见此消彼长，无法贯彻格雷夫斯在 1936 年促成中美以胶卷为媒介开展文献交换计划的初衷；四是顾子刚和袁同礼身体状况欠佳，尤其是 1940 年冬两人均病倒，也在一定程度上降低了平馆积极提供文献的可能性。

1941 年春，由于时局、书籍等因素限制，为美国学者复制中文文献服务被迫中断。美国学术团体理事会在《美国远东研究消息》刊登了如下信息：

> 3 月 11 日，胡恒德撰写了一份给国会图书馆的报告，告知希望通过德尔格相机复制的大多数文献在当下的北平无法获取。譬如，西夏文《大藏经》存于上海。虽然相当数量的方志在北京可以找到，但其中的绝大部分藏于故宫博物院，已无法借出。[1]

事实上，该段表述是摘自胡恒德写给格雷夫斯的信，转述了顾子刚对美方获取三类文献计划的回馈意见，分别为西夏文《大藏经》、方志、《哈佛燕京学社引得丛刊》，其中方志类文献仅有八种可以从平馆（北京）获得，因为所占比例在全部意欲复制的文献中极低，须等待格雷夫斯回复再决定是否开始拍摄[2]。然而，洛克菲勒基金会及国会图书馆相关档案中并未保存此后理事会、国会图书馆的回复，这无疑为厘清 1941 年余下数月闲置于协和医学院内的自动显微照像机运行状况设置了难以

---

[1] "Notes on Activities in American Institutions." *Notes on Far Eastern Studies in American*, no. 9, June 1941, p. 35.

[2] Rockefeller, Foundation. Series 300 Latin America-Series 833 Lebanon; Subseries 601, Box 9. Folder 87. pp. 68-72.

逾越的障碍。唯一可以确定的是，协和医学院利用该项设备拍摄了其馆藏中文医学、植物学书刊，共 654 种 3600 余卷，其中有明刻本 22 种，拍得胶片 305 卷，经中华医学基金会（China Medical Board），寄送至美国并由洛克菲勒基金会授权存放在国会图书馆东亚部，向个人和机构提供阅览和复制服务[1]。此外，该套设备应拍摄了北京北堂图书馆馆藏西文珍本的书名页[2]。1941 年 12 月 8 日，太平洋战争爆发，日军旋即接管了协和医学院，自动显微照像机也随之被掠去[3]。

虽然，这台费尽美中两方相关人士心力的自动显微照像机因受制于第二次世界大战的历史大背景未实际达成其筹设的初衷，但美方学术界、图书馆界意欲复制的平馆善本文献，则随着 1941 年秋存沪善本书运美并经胡适大使授权交由国会图书馆保管，后又由平馆在该处馆员王重民拣选、监督拍摄为微缩胶片。该项工作自 1942 年起至 1946 年 5 月止，共计拍摄 250 万页[4]。诚可谓失之东隅，收之桑榆。

四、抗战结束后的恢复

1945 年 3 月 18、19 两日，时在美国访问的袁同礼前往纽约洛克菲勒基金会总部，与史蒂文斯等人就战后美国援助书籍运输、分配，美国各主要图书馆藏中文善本图书拍摄缩微胶卷、在北平筹建新的胶卷实验

〔1〕 Library of Congress, *Annual Report of the Librarian of Congress: for the fiscal year ended June 30, 1943*. United States Government Printing Office, 1944, p. 162.
〔2〕 雷强：《北堂善本书目的编撰过程》，《文汇报》，2016 年 7 月 15 日，第 13 版。
〔3〕 Rockefeller, Foundation. "Rockefeller Foundation Records, Projects, Rg 1.1." Series 601: China; Subseries 601.R: China-Humanities and Arts. Vol. Box 47. Folder 393. p. 1.
〔4〕 Library of Congress, *Annual Report of the Librarian of Congress: for the fiscal year ended June 30, 1946*. United States Government Printing Office, 1947, p. 258.

室等事宜进行了广泛的讨论[1]。20日，袁同礼向该基金会提交了一份申请备忘录，希望在北平成立西文图书存储中心和照像复制实验室，给予两年期、共计20000美金的赞助，其中15000美金购买摄书机和自动显微照像机，余下部分则作为周转资金[2]。虽然此时二战已近结束，但远东局势如何恢复、平馆馆藏文献的现状、由学术团体理事会购买的自动显微照像机下落等诸多因素尚未确定，洛克菲勒基金会对此申请遂持观望态度[3]。同年11月12日，袁同礼回到北平后立刻开始向日本追讨被劫掠的自动显微照像机，一方面通过国民政府驻日本代表团展开调查，一方面则联系费慰梅（Wilma C. Fairbank）请美方在日机构予以尽可能的协助[4]。然而，直至1948年11月，中华民国驻日代表团对此项设备的下落仍无明确线索[5]。

在1946年至1947年间，袁同礼为重建缩微胶卷实验室不断地与洛克菲勒基金会沟通，但后者表示在基金会代表实地考察前，不会采取任何实质性的行动[6]。1947年初，洛克菲勒基金会人文部副主管法斯（Charles B. Fahs）前往远东地区，5月在北平地区盘桓许久，但他对该项计划仍持怀疑的态度，尤其是国民政府下达对进口照像耗材的禁令，他认为既然北平的医院尚且无法获得亟需的X光胶卷，平馆不可能使

---

[1] Rockefeller, Foundation. "Rockefeller Foundation Records, Projects, Rg 1.1." Series 601: China; Subseries 601.R: China-Humanities and Arts. Vol. Box 47. Folder 393. p. 2.

[2] Rockefeller, Foundation. "Rockefeller Foundation Records, Projects, Rg 1.1." Series 601: China; Subseries 601.R: China-Humanities and Arts. Vol. Box 47. Folder 393. p. 4.

[3] Rockefeller, Foundation. "Rockefeller Foundation Records, Projects, Rg 1.1." Series 601: China; Subseries 601.R: China-Humanities and Arts. Vol. Box 47. Folder 393. p. 5.

[4] Rockefeller, Foundation. "Rockefeller Foundation Records, Projects, Rg 1.1." Series 601: China; Subseries 601.R: China-Humanities and Arts. Vol. Box 47. Folder 393. p. 9.

[5] 《要求日本归还科学仪器及标本》，台北，"国史馆"藏，"外交部"，020–010119–0019，第77页。

[6] Rockefeller, Foundation. "Rockefeller Foundation Records, Projects, Rg 1.1." Series 601: China; Subseries 601.R: China-Humanities and Arts. Vol. Box 47. Folder 393. p. 24.

该计划正常运转[1]。然而，中基会在 1947 年 3 月举行的年会中批准给予平馆一项特别资助，用以开展向国内各大学、院校提供以缩微胶卷为载体的文献复制服务[2]。由此可见，平馆重建缩微胶卷实验室不仅要满足国外各研究机构、图书馆的需求，同样也基于国内的诉求，因此时无论是国内院校的外汇存量、购买渠道，都无法恢复到抗日战争爆发前购买开展学术研究所需书籍、期刊的条件。

1947 年夏秋，德裔汉学家雷兴（Ferdinand D. Lessing）和美国汉学家宾板桥（Woodbridge Bingham）、施维许（Earl Swisher）对北平的访问，在一定程度上将该申请重新带回洛克菲勒基金会的考虑范畴[3]。9 月 20 日，施维许致信史蒂文斯，谈到他对平馆重建缩微胶卷实验室的看法，其中要点概括如下：

1. 北平教育和文化的活力比预想的要好很多，与战争爆发前一样正常；

2. 平馆馆藏文献大幅增加，散落在各地办事处和从日本追回的图书都已运回；

3. 善本图书尤其扩充，另外俄文专藏、战时日本在华出版物、傀儡政权出版物、国统区出版物等成为新的专藏；

4. 有鉴于过去惨痛的经验，袁同礼希望把不可替代的文献全部缩微胶卷化，并存放在美国。[4]

坦率地讲，该信的效力要远远强于袁同礼不断寄送内容大体一致的申请备忘录。9 月 24 日，法斯分别致信恒慕义、裘开明、赫芙（Elizabeth

〔1〕 Rockefeller, Foundation. "Rockefeller Foundation Records, Projects, Rg 1.1." Series 601: China; Subseries 601.R: China-Humanities and Arts. Vol. Box 47. Folder 393. p. 42.

〔2〕 Notes on Institutions, *Quarterly Bulletin of Chinese Bibliography*, New Series Vol. VII, Nos. 1-4, 1947. p. 61.

〔3〕 Rockefeller, Foundation. "Rockefeller Foundation Records, Projects, Rg 1.1." Series 601: China; Subseries 601.R: China-Humanities and Arts. Vol. Box 47. Folder 393. p. 36.

〔4〕 Rockefeller, Foundation. "Rockefeller Foundation Records, Projects, Rg 1.1." Series 601: China; Subseries 601.R: China-Humanities and Arts. Vol. Box 47. Folder 393. p. 56.

Huff）[1]，请他们就平馆的申请做出各自的评估，在信中法斯尤其提出了两个问题：

1. 在当下的中国华北，丢失第二台自动显微照像机的可能性有多大；

2. 北平究竟有多少独一无二的文献，值得冒险失去第二套缩微胶卷设备。

本书认为，法斯选取这三个人作为咨询对象是经过充分考虑的：恒慕义本人与平馆各种合作的时间最长，访问中国并亲自购买图书的经验最多，直接参与二战前两馆间以胶卷为媒介的文献共享计划，见证了国会图书馆将平馆运美善本书籍拍摄成缩微胶卷的工作；裘开明领导的哈佛汉和图书馆因燕京大学的关系是美国高校东亚馆藏质与量的翘楚，而哈佛大学更是美国汉学研究的重镇，30 年代初期他本人曾在北京生活，与袁同礼朝夕相处过一段时光；赫芙则在抗战期间在北平生活过，对平馆和北平的旧书业有比较直观印象。

10 月 6 日，裘开明回信法斯，这是一份稍显矛盾的意见书。他表示：

1. 当下，在北平损失第二套设备的可能性非常大；

2. 平馆遴选过的善本书已经被国会图书馆拍摄成缩微胶卷；

3. 相对于北平—天津，上海—南京地区更应该考虑投放该套设备，尤其是江苏省立国学图书馆和徐家汇藏书楼的馆藏并未被胶卷化；

4. 上海—南京地区是中国的政治、经济中心，报纸、期刊、政府出版物在各类公私图书馆中异常丰富，这些现代出版物相对于善本古籍更应该被现在的美国研究图书馆收藏，费正清更希望哈佛燕京图书馆购买它们，例如《申报》的全套胶卷，开展中国区域研究（China Area Studies）。

---

[1] 赫芙时任伯克利大学东亚图书馆馆长。二战期间，她被囚禁在山东潍县，获释后对北京的学术情况和平馆现状有较为直观、准确的认识。十分可惜，她的回信是手写且保存不善，扫描后已无法完整识别，故在正文中不加引征，特此说明。Rockefeller, Foundation. "Rockefeller Foundation Records, Projects, Rg 1.1." Series 601: China; Subseries 601.R: China-Humanities and Arts. Vol. Box 47. Folder 393. pp. 40-41.

基于以上考虑，他认为应在上海—南京地区资助该套缩微拍摄相机。但他接下来的结论跟以上的分析显得颇为矛盾，他认为如果只能赞助一套设备，那么平馆是合乎逻辑的接受方，理由是：

　　1. 平馆是第一家也是最大的一家国立图书馆；

　　2. 袁同礼应该已经向基金会申请了该套设备；

　　3. 美方不能因为平馆慷慨地允许国会图书馆拍摄其精心挑选并运往美国的善本书而现在对其不公。

　　因此，他认为应该选择平馆在上海的办事处来安装此套设备，倘若平馆的派出机构已经停办，那么上海汉弥尔登大楼（Hamilton House）的美国新闻处（U. S. Information Service Center and Reference Library）是最佳备选方案[1]。

　　裘开明的分析具有较强的逻辑性，读来颇具说服力。但他判断的前提存在若干缺陷。首先，对平馆馆藏善本古籍的认识停滞在全面抗战爆发以前，至 1947 年 9 月，平馆在抗战结束后新获得的大宗善本古籍有：购入海源阁旧藏（1946 年 1 月至 2 月）[2]、伦明旧藏（1947 年 3 月）[3]，获得傅增湘赠书（1947 年 5 月）[4]等，另外还有兴亚院华北联络部调查所、东亚文化协议会、桥川时雄、久下司、小谷晴亮藏书总计约四万两千册图书待与清华大学、北京大学、历史语言研究所等机构分配[5]；其次，对平馆在抗战以来苦心积累的专藏，譬如西南少数

〔1〕 Rockefeller, Foundation. "Rockefeller Foundation Records, Projects, Rg 1.1." Series 601: China; Subseries 601.R: China-Humanities and Arts. Vol. Box 47. Folder 393. pp. 44-45.

〔2〕 李致忠主编：《中国国家图书馆百年纪事》，国家图书馆出版社 2009 年版，第 35 页。

〔3〕 邓之诚著，邓瑞整理：《邓之诚文史札记》，凤凰出版社 2016 年版，第 417 页。

〔4〕 李致忠主编：《中国国家图书馆百年纪事》，国家图书馆出版社 2009 年版，第 37 页。

〔5〕 潘乃穆、潘乃和编：《潘光旦文集》第 11 卷，北京大学出版社 2000 年版，第 230—231 页。

民族文献[1]、中日战争史料、正在组建的俄国研究中心、日文研究中心藏书[2]并无任何了解；再次，并未意识到若将缩微胶卷设备在上海组装，又会面临书籍与仪器的两地分隔，和此前摄书机一样的困境；最后，裘开明对江苏省立国学图书馆馆藏情况的认识仍停留在全面抗战爆发前[3]。

10月24日，恒慕义写信回复法斯。他表示从国会图书馆的角度出发，十分赞同将缩微胶卷设备安装在北平，尤其是平馆。其理由大致分为以下数点：

1. 现在中国没有任何向西方开放复制文献服务的缩微胶卷设备；

2. 北平仍然有大量书籍（尤其是方志）是国会图书馆所没有的；

3. 如果北平提供该项服务，国会图书馆会在一个月内得到所需的文献胶卷；

4. 在北平安装该套设备可以促进中国甚至日本地区出版业的恢复，尤其是影印善本图书事业的复兴，这样会极大地降低美国各图书馆购买中文古籍的成本。

除此之外，恒慕义还提供了以下信息作为参考：

1. 在接下来的两到三年里，只要国会图书馆的财政预算没有大幅缩减，凡属非馆藏文献，每年将会从北平购买1000至2000美金的缩微胶片；如果有必要，甚至将会购买纸质书籍的部分经费移作此用。因为，无论是到馆咨询还是从欧洲发来的询问，有相当数量的参考咨询服务涉及的文献仍然只存于中国。

---

[1] 孟化：《抗战期间北平图书馆为采集云南武定土司文献的往来信函》，《文献》2015年第4期；马学良：《追念万斯年先生彝区访书遗事》，《北京图书馆馆刊》1992年第2期。

[2] 1947年5月4日，在北平访问的法斯在袁同礼的陪同下，检视了平馆初具规模的俄语文献特藏，法斯的印象非常正面，其日记原文为："The Russian collection is a good beginning". Rockefeller Foundation records, officers' diaries, RG 12, Fahs, Charles B.

[3] 参见1948年2月11日柳诒徵致胡适和袁同礼函，其中写道："盋山旧籍现仅□合十九万册，尚多阙逸……腊尾得裴姓一函，属购旧藏方志，按之馆目知系廿六、七年敌伪在宁劫迁馆书时散出者，索价甚昂，无可为计。"《柳诒徵致胡适和袁同礼函》（1948年2月11日），台北胡适纪念馆藏，HS-JDSHSC-1561-006。

2. 国会图书馆之前为 2800 余种平馆善本书拍摄缩微胶卷，共花费了 30000 美金，而该项投入已经获得了相当的回报，这些胶卷以整套或部分的形式销售给了剑桥大学、英国、莱顿、芝加哥、西雅图、哥伦比亚大学、哈佛大学，所获绝非小数目，其一套售价为 6261.24 美金[1]。此外，国会图书馆的复制部门每星期都会为个人读者冲洗、翻拍这套胶卷的某些部分。

3. 负责监督国会图书馆拍摄工作的王重民已经回到北平，他可以将故宫博物馆藏的孤本优先拍摄，而王重民是唯一一位去过巴黎、伦敦、罗马、华盛顿的平馆馆员，他几乎能在第一时间判断出某一本书是否在中国有收藏，他是我了解的人中最无可能对书籍误判的人，可贵的是他一直致力于此。

最后，恒慕义从图书馆专业角度就缩微胶片机的型号给出建议，推荐为平馆购入 Recordak Model D 型，大约需要 1400 美金，并详细列出了相关的配件及其售价。与裘开明相同，恒慕义也认为中国的现代出版物也需要拍摄成缩微胶片，但他更看重科学论文、期刊[2]。

虽然平馆和国会图书馆自 20 世纪 20 年代末期即建立起长期、融洽的合作关系，且袁同礼与恒慕义的个人友谊要远远好于其与裘开明的关系。但本书认为，该份意见书是一份专业性极强的客观、中性陈述，而非一味为平馆鼓吹。相对于裘开明，恒慕义无疑更清楚平馆馆藏的现状和北平深厚的文化底蕴，同时也愿意承认自身馆藏的不足，其率领的国会图书馆东

---

[1] 其中，"英国"原文即为 England，而且单列为一处，特此说明。另外，赫芙给法斯的回信中也提到了加州大学伯克利分校很有可能会购买这套胶卷，并表示自己博士论文引文的两个主要来源即平馆和琉璃厂旧书店。参见 Rockefeller, Foundation. "Rockefeller Foundation Records, Projects, Rg 1.1." Series 601: China; Subseries 601.R: China-Humanities and Arts. Vol. Box 47. Folder 393. p. 40. 就该套善本胶卷的售价，另有 8463 美金之说，参见徐家璧：《袁守和先生在抗战期间之贡献》，《传记文学》第 8 卷第 2 期，1966 年 2 月，第 40 页。就这两个价目的差异，本书认为皆可能是正确的，只是因为撰文年代而浮动变化。

[2] Rockefeller, Foundation. "Rockefeller Foundation Records, Projects, Rg 1.1." Series 601: China; Subseries 601.R: China-Humanities and Arts. Vol. Box 47. Folder 393. pp. 49-51.

方部在为美国汉学研究提供的参考咨询和馆际文献共享服务的经验也更为丰富，这无疑促使其持有一贯秉承合作共赢的态度，尤其是主动维护与平馆的合作关系，而这种态度无疑会有利于国会图书馆东亚馆藏发展。

1947 年 11 月，法斯在审慎评估了各方回馈[1]并基于自己在本年 5 月对北平的访问经历，决定推荐资助平馆 3500 美金用以购买胶卷实验室相关设备的申请[2]。翌年 1 月，洛克菲勒基金会批准了代号为 RF47141 的资助，给予 5000 美金用于为平馆购买缩微照像实验室的相关仪器，终止期为 1949 年 12 月 31 日[3]。1948 年 5 月 25 日，袁同礼致信洛克菲勒基金会采购部分负责人海因斯（William A. Heins），催促将订购设备尽快运往中国，该信透露美国历史学会（American Historical Association）与平馆展开合作，拟大规模将平馆中文馆藏缩微胶卷化[4]。此信提及的项目实为 1947 年夏秋美国历史学会下属的一个特别委员会筹划，组成人员包括富路德、马如荣（Ng Wing Mah，加州大学伯克利分校）、芮沃寿（Arthur F. Wright，斯坦福大学）、毕乃德（Knight Biggerstaff，康奈尔大学）、梅谷（Franz H. Michael，西雅图大学）、柯睿格（Edward A. Kracke, Jr，芝加哥大学）、费正清、恒慕义等人，该委员会将在富布莱特法案（Fulbright Act）资助下拟开展十年期的工作，其目标是将中国历史研究的基础性文献、历代政府刊印的文书或手稿类

---

[1] 在恒慕义、裴开明、赫芙之外，袁同礼在 10 月 20 日致信法斯，表示可以获得政府关于胶卷进口的许可和免税优惠，此外，国民政府（教育部）已经给予平馆 8000 美金购买 24 英寸相机和 Depue Microfilm Printer，这些器材已经运抵北平。Rockefeller, Foundation. "Rockefeller Foundation Records, Projects, Rg 1.1." Series 601: China; Subseries 601.R: China-Humanities and Arts. Vol. Box 47. Folder 393. p. 47.

[2] Rockefeller, Foundation. "Rockefeller Foundation Records, Projects, Rg 1.1." Series 601: China; Subseries 601.R: China-Humanities and Arts. Vol. Box 47. Folder 393. p. 53.

[3] Rockefeller, Foundation. "Rockefeller Foundation Records, Projects, Rg 1.1." Series 601: China; Subseries 601.R: China-Humanities and Arts. Vol. Box 47. Folder 393. p. 30. 该信（副本）的日期被错写成 1947 年，特此说明。

[4] Rockefeller, Foundation. "Rockefeller Foundation Records, Projects, Rg 1.1." Series 601: China; Subseries 601.R: China-Humanities and Arts. Vol. Box 47. Folder 393. p. 89.

档案、重要报纸和期刊拍摄成为缩微胶片[1]。

虽然此时华北局势已经动荡不安，同年 12 月 21 日袁同礼离开北平，后又由上海远赴美国，但平馆利用洛克菲勒基金会此项资助并未因此中断，直到 1950 年春，最后购买的 Kodagraph Film Reader Model C 已经离开美国运往天津大沽港[2]。在袁同礼、王重民等人的不懈努力下，平馆利用洛克菲勒基金会的赞助、中基会和国民政府教育部的贴补，缩微胶卷实验室得以基本确立。洛克菲勒基金会虽然对中国的时局发展十分无奈，但仍希望这些设备不仅仅为中国学者所服务，更应该向全世界所有国家提供文献交换服务[3]。

由于中国的政治局面发生了天翻地覆的巨变，随之而来与欧美国家的通信、交通、商业往来变得日益困难，平馆购置的胶卷拍摄、阅读设备并未如其预想为美国汉学研究提供持续、大量的文献材料。但在 20 世纪 50 年代中期，美国学术界仍然可以通过某种代理渠道向平馆订购所需文献的胶卷。1957 年 7 月 18 日，袁同礼致信胡适，告知："顷接加拿大何炳棣君来信谓北平图书馆可照 Microfilm，渠已收到若干，如先生需要任何资料，可由敝处函告迳寄何君收转交为妥当。"[4]然而，美国学术界的任何申请均须委托第三国——如加拿大，相对而言较难追索到明确的记录。

---

[1] 《恒慕义致王重民函》（1947 年 10 月 29 日），台北胡适纪念馆，HS-JDSHSE-0237-033。11 月 11 日，王重民复信恒慕义，就该计划拍摄对象给予详细建议。

[2] Rockefeller, Foundation. "Rockefeller Foundation Records, Projects, Rg 1.1." Series 601: China; Subseries 601.R: China-Humanities and Arts. Vol. Box 47. Folder 393. p. 124. 此外，平馆利用该笔资助的明细和购买仪器清单，可参见 Rockefeller, Foundation. "Rockefeller Foundation Records, Projects, Rg 1.1." Series 601: China; Subseries 601.R: China-Humanities and Arts. Vol. Box 47. Folder 393. pp. 100, 118.

[3] Rockefeller, Foundation. "Rockefeller Foundation Records, Projects, Rg 1.1." Series 601: China; Subseries 601.R: China-Humanities and Arts. Vol. Box 47. Folder 393. p. 113.

[4] 《袁同礼致胡适函》（1957 年 7 月 18 日），台北胡适纪念馆藏，HS-NK05-062-001。此事后续的进展情况，可参见《袁同礼致胡适函》（7 月 24 日、8 月 8 日），台北胡适纪念馆藏，HS-NK05-062-002、HS-NK05-062-003。

小　结

20 世纪 30 年代起，美国学术团体理事会联合洛克菲勒基金会等积极推动美国汉学研究的发展，大幅提高供各高校、研究机构、图书馆的中文馆藏数量和质量即其主要目标之一，而购买纸质文献则将面临诸多问题，譬如经费（性价比）、在华代理人、拣选书目、海关检查、运输、保险、配套书目、与已有文献结合形成较为鲜明的馆藏特色、各馆之间如何避免重复馆藏同质化。

平馆对美国学术界的需求和棘手问题有着较为清晰的认识，无论是摄书机服务还是自动显微照像机拍摄胶片，都是以新的形式开展文献交换、文献共享服务。虽然前者因为种种客观原因并未发挥太大的作用和影响，但平馆在全面抗战期间为美国拍摄的馆藏善本胶片，通过国会图书馆这一中枢，向美国及全世界范围内的各著名高校、研究机构传播，无疑为汉学研究的发展作出了不可磨灭的贡献。

其次，缩微胶卷无疑为避免中文善本佳椠流失海外提供了一种解决办法。1929 年 1 月 28 日，中华图书馆协会第 1 次年会在南京金陵大学召开，翌日，在金陵大学北大楼进行分组讨论，以平馆为主要代表的北平图书馆协会参与提交了七个议案，第 1 项即《国民政府明令全国各海关禁止古书出口案》[1]。此后，平馆对古籍外销一直持非常慎重的态度，多次协助政府机构审查出口古旧图书，以免善本流失。譬如，1929 年秋，平馆委派善本部主任徐森玉前往塘沽会同天津海关核查所扣古籍[2]；1935 年 7 月，开封怀德主教（Rev. William C. White）购蓬莱慕氏藏书

---

[1]　《中华图书馆协会第一次年会纪事》，《中华图书馆协会会报》第 4 卷第 4 期，1929 年 2 月 28 日，第 7 页。

[2]　《本会派员检查津关扣书》，《中华图书馆协会会报》第 5 卷第 1、2 期合刊，1929 年 10 月 31 日，第 40 页。

并欲运往加拿大多伦多大学，经袁同礼、徐森玉、张允亮共同鉴定后认为其中三种明刊本不宜出口，在与福开森（John Ferguson）协商沟通后将其留存平馆，后者以现代出版物作为赠品[1]。以上种种，较为客观地反映了抗日战争爆发前平馆避免中文古籍善本流向海外的态度和种种努力，倘若缩微胶卷实验室能够及时在平馆筹建并开始正常运转[2]并将所摄影像源源不断传递到美国国会图书馆，那么美国学术界购买纸质中文古籍的需求必定会大幅降低，在相当程度上杜绝善本流向美国的可能，只可惜该计划随着卢沟桥事变的爆发被迫中断。

此外，大同书店在经售中文现代书刊业务的基础上，开始为美国各主要高校图书馆提供购买古旧书刊服务，不仅努力维护了美国学术界获取中文文献的渠道，更使哥伦比亚、芝加哥、康奈尔等大学的馆藏中文资源建设有了质与量的飞跃，为各校开展各有特色的专题研究奠定了丰厚的资源。与此同时，大同书店在顾子刚的经营管理下，还尽可能地避免善本流失海外。对于选书标准，顾子刚曾回忆道：

> 我请赵万里作顾问，以便我能对较好的书作出买与不买的决定。第一选是归北平图书馆的（当时我有一笔专款为图书馆买少量的善本），好而价较便宜的小品书常由我自己留下（胜利后捐给圉了；原来我自己并不藏书，只是胜利后币值大跌我才留些书），认为不该出国的请书商寄上海郑先生（那时郑振

---

〔1〕 吴晓铃：《吴晓铃集》第 2 卷，河北教育出版社 2006 年版，第 131—134 页。

〔2〕 虽然平馆挑选了大量善本书南运至上海暂存，但在卢沟桥事变前，袁同礼似将其中部分精品又运回北平，参见 1937 年 8 月 2 日朱希祖致张元济信，朱希祖：《朱希祖书信集 郦亭诗稿》，中华书局 2012 年版，第 151 页。此外，1938 年 1 月，时在香港的平馆馆长蔡元培亦得知此事，在日记中写下：“徐森玉来，言北平伪政府欲究提北平图书馆寄沪之图书，现已与香港大学商，可运港寄存。惟起运手续尚待商讨。我素知平馆寄沪之善本书有五百部，但据森玉说，守和已提最要者，如《永乐大典》、宋写本《文苑英华》之类九十箱到北平。”蔡元培著，王世儒编：《蔡元培日记》，北京大学出版社 2010 年版，第 531 页。本书认为这一反常举动很有可能是为了避免自动显微照像机与珍贵文献分属两地的问题。

铎在沪代中央圖买书），还常常叮嘱书商，某书千万不要送燕京（Harvard）。[1]

卢沟桥事变至太平洋战争爆发前，北平书肆与海外各公私藏家的往来异常活跃，此时"国民政府明令全国各海关禁止古书出口案"已无操作意义，北平的地方维持政府对此更是未曾顾及。此种境地下，大同书店竭尽所能避免秘笈孤本由其经手流向海外，这无疑是顾子刚作为平馆馆员的操守体现，抗战胜利后他将其私人收藏的罕见古籍，如《永乐大典》、敦煌残卷四十余种以及其他珍贵文献百余件无偿捐献给平馆。

---

[1] 《顾子刚致秘馆长的信》（日期不详），国家图书馆藏，1962-&244-027-1-3-002。

第三章

《图书季刊》英文本与中国学术动态的西传及其反响

19 世纪下半叶以来，在华出版的西文学术刊物日渐增多，其中涉及汉学研究领域的期刊，以《皇家亚洲文会北中国支会会报》（*Journal of the North China Branch of the Royal Asiatic Society*，1858-1948）和《中国评论》（*The China Review or，Notes and Queries on the Far East*，1872-1901）为代表，另有《教务杂志》（*The Chinese Recorder*，1868-1941）等宗教类刊物中的相关文章，但以上刊物均在上海、香港、福州等开埠口岸创办，北京虽为中国传统的文化、学术中心，却直到 1885 年北京东方学会成立之后才拥有本地的第一份西文学术刊物——《北京东方学会会报》（*Journal of the Peking Oriental Society*，1885-1898）。然而以上各种刊物均为西方汉学家、传教士主持，撰稿人员近乎全部是西方人士。这种由西方垄断的局面，直到《中国社会及政治学报》（*Chinese Social and Political Science Review*，1916-1941）创刊才有所改观。然而，以上刊物大都设有相应的"学界消息"和"书评"栏目，但其关注的对象或为西方汉学界的动态，或为西文著作[1]，对中国近现代以来学术成果、文化事业难以提供较为全面、准确的信息。

事实上，美国汉学研究领域的机构和学者在 20 世纪 20 年代就意识到这一问题，即英语世界仍很难直接、及时获取中国学者的研究成果和动态。1928 年 12 月 1 日，美国学术团体理事会在纽约召开了首届"促进中国学研究研讨会"。其中，汉学家富路德表示哥伦比亚大学正在使用一份中国研究指南，其中包括每周书目，涵盖了英法文关于中国的书籍、期刊[2]。不仅如此，裘开明也提交了三份计划，一是关于中国各种丛书所收录书籍的索引；一是汇集已出版书籍中关于中文著作的评论，并制作成为综合性书摘；一是调查中国、日本两国

---

〔1〕 王国强：《十九世纪后半期的汉学书刊——以〈中国评论〉"学界消息"栏目的报道为例》，《澳门理工学报》2012 年第 2 期，第 90—96 页。

〔2〕 "Proceedings of the First Conference on the Promotion of Chinese Studies." *American Council of Learned Societies Bulletin*. no. 10, 1929, Washington, pp. 41-42.

图书馆出版物[1]。以上这些措施和建议，无不指明了美国学术界已经清晰地意识到，开展汉学研究必须尽可能及时获取中国学术消息、出版物，而参考工具类期刊如索引、书摘、目录，都是最基本也是最重要的工具。理事会秘书格雷夫斯在广泛听取与会汉学家、图书馆馆员意见的基础上撰写了会议纪要和报告，他表示"当下（美国）研究中国学者最急迫的需求之一，即获取有关中文书籍、西方关于中国著作的书目提要、目录和索引"[2]。而此时，美国学者所能够依据的只有《考狄书目》（*Bibliotheca Sinica*）、《四库全书总目》、张之洞《书目答问》和美国各图书馆编写的早期馆藏目录，它们的价值虽然不可低估，但对了解当下中国学术的进展和成果助益无多，须尽快弥补这一空白。随后，美国学术团体理事会陆续资助出版 *A Union List of Selected Western Book on China, in American Libraries*（1932）、*A Syllabus of the History of Chinese Civilization and Culture*（1934）等书刊目录，但效果仍不理想[3]。

在尚未合组成立平馆之前，北京图书馆（北平北海图书馆）就出版发行英文馆务年报，后又刊印英文季刊。合组成立新馆后，平馆继承这一传统，陆续编辑、发行了馆藏西文书目刊物和《图书季刊》英文本。这些英文刊物与同时期其发行的中文刊物[4]在内容上有明显的差异，后者偏重学术，均以极大的篇幅刊载学术性论文，虽有书目、书评栏目，但大都附于每期尾部。而平馆的英文刊物则一直以书目、

---

[1] Chiu, A. Kaiming. "A Plan for an Index of the Individual Titles Contained in Chinese Ts'ung Shu." *American Council of Learned Societies Bulletin*. no. 10, 1929, Washington, pp. 53-55.

[2] Graves, Mortimer. "The Promotion of Chinese Studies." *American Council of Learned Societies Bulletin*. no. 10, 1929, Washington, p. 9.

[3] 简言之，前者并非美国各图书馆藏西文中国书目，而是介绍各主要图书馆的馆藏情况，而后者则不包括近代以来中文书籍，这两本小册子只是一个情况概述和入门指南，只能针对最为基本的教学使用，并不能为学者提供更多研究利用的价值。

[4] 如《国立北平图书馆馆刊》《图书季刊》（中文本）等。

期刊篇目、学界动态、出版界信息为核心，本书认为这种参考、工具性的办刊宗旨是有意为之，直接回应了美国学术界获取中国学术动态的诉求。

第一节　北海图书馆和平馆的早期英文刊物

一、《北平北海图书馆英文季刊》

1. 概述

　　1929 年秋，北平北海图书馆对《北平北海图书馆英文季刊》[1]（ *The Metropolitan Library Record*）的发行历史作过如下追述："自十七年五月起，馆中每月有月刊之刊行……月刊初合中英文为一，于西人颇感不便。爰于十月起，另刊英文季刊一种，专载西文书藏概况，已出四期云。"[2] 其中，"月刊"最初名为《北京图书馆月刊》，每月发行一号，正文部分先刊登中文文章，尾部附有少许英文内容。自 1928 年 10 月第 1 卷第 5 号起，改称《北平北海图书馆月刊》（ *Bulletin of the Metropolitan Library*，以下统称"月刊"），英文部分只保留"馆讯"（Library Notes）[3]一栏。

　　1928 年 10 月，《北平北海图书馆英文季刊》（以下简称"英文季刊"）创刊，首期正文部分"馆讯"（Notes and News）起始处即有如下公告："北海图书馆很高兴地宣布《英文季刊》出版，该刊旨在公布敝馆当下所开展的业务情况，并借此与读者保持联系。在此之前，敝馆读者群对沟通

---

〔1〕就该份刊物的中文译名，本书依照了《国立北平图书馆英文期刊汇编》的译法，国家图书馆出版社 2010 年版。事实上，"英文季刊"一语确为当时北京图书馆馆方译法，参见《北平北海图书馆月刊》第 1 卷第 5 号，1928 年，第 401 页；《北平北海图书馆月刊》第 1 卷第 6 号，1928 年，第 530 页。

〔2〕北平北海图书馆编：《北平北海图书馆第三年度报告（十七年七月至十八年六月）》，北平北海图书馆 1929 年版，第 27 页。

〔3〕Library Notes 即各号所在位置之前的中文"馆讯"的英文翻译，篇幅通常为两页，该英文栏目共刊载了 6 次，分别在《月刊》第 1 卷第 2 号、第 3 号、第 4 号、第 5 号、第 6 号、第 2 卷第 1 号。

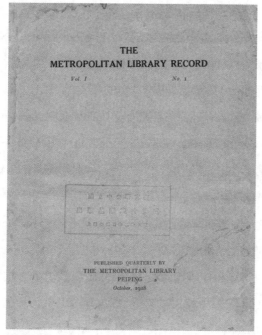

《北平北海图书馆英文季刊》创刊号，国立中央研究院
出版品国际交换处旧藏

媒介的需求仅由《月刊》得以部分满足，因其只提供中文书目信息，而
广大外国友人并未获得有用的资讯。"[1]《英文季刊》由北海图书馆
编辑出版，北京导报社（Peking Leader Press）承印，只发行了一卷，共
计四期，分别于 1928 年 10 月、1929 年 1 月、4 月、7 月刊行，后因"出
版费日增，预算不敷"[2]宣告停刊。

---

[1] 原文为："The Metropolitan Library takes pleasure in announcing the publication
of the Record which is intended to convey to its readers an accurate account of what the
Library is doing and to keep them in touch with its activities. The need for such a medium
of communication, felt in the past, has been partially met by the publication of the Monthly
Bulletin, which, however satisfactory, is primarily concerned with Chinese bibliography,
and thus unhappily, renders it useless to a very large number of foreign friends."

[2] 国立北平图书馆编：《国立北平图书馆馆务报告（民国十八年七月至十九年六
月）》，国立北平图书馆 1930 年版，第 30 页。

2. 刊物内容

《英文季刊》内容分为"馆讯"（Library Notes and News）、"西文书分类目录"[1]两大类。总体而言，《英文季刊》的"馆讯"内容大都对照《月刊》时间对应的卷号中的中英文"馆讯"。以创刊号为例，除 Announcement 外，"The New Building""International Exchange Service""League of Nations Publication""John Hay Memorial Room"均与《月刊》第1卷第5号相关部分对应，分别为《天津复新建筑公司承造新馆》《国际交换事务》《国际联合会寄赠官书全部》《海约翰纪念室》，且两份刊物的英文表述[2]几乎完全一致；余下的"Fan Memorial Institute of Biology""P. U. M. C. Gift""*Li Tze-Ming's* Annotations""Index to Periodicals""Dictionary of the National Language"分别源自《月刊》第1卷第3号（1928年7月）、第4号（1928年8月），但因《英文季刊》刊行略晚故稍有不同[3]。这一对应关系一直延续到《英文季刊》终刊，究其原因，两份刊物同为北平北海图书馆（国立北平图书馆）编辑发行，皆以入藏、编目、阅览、馆务、建筑、馆务会议、重要人员来访、特殊编纂项目为"馆讯"内容，换言之，报道的对象和范围基本一致。

然而，在保持大体对应的基本状态外，《英文季刊》偶尔也会出现两种较为特殊的情况。一是有些消息只出现在《英文季刊》的"馆讯"中，如"Census of the *Yung Lo Ta Tien*"（第2期）、"New Sinological

---

[1] 该译法参见"英文季刊出版"，《北平北海图书馆月刊》第1卷第6号，1928年，第530页。另，《英文季刊》第1卷第3号有篇特别报道——《梁启超去世》（Liang Ch'i Ch'ao 1873-1929），并不隶属馆讯和西文书分类目录两类，特此说明。

[2] 各段中文标题均依照"馆讯"中的标题，参见《北平北海图书馆月刊》第1卷第5号，第401—402页；英文表述对照《北平北海图书馆月刊》第1卷第5号，英文页码 pp. 1-2。

[3] 其对应中文标题依次为《静生生物研究所之成立》《协和医学校赠整部专门杂志》《杂志索引之编辑》《汉书晋书札记之编辑》《国语辞典之编纂》，参见《北京图书馆月刊》第1卷第3号，1928年7月，中文部分页183、英文部分 pp. 27-28。《北京图书馆月刊》第1卷第4号，1928年8月，中文部分页255、英文部分 pp. 45-46。

Works"（第 2 期）、"*Bulletin of the Metropolitan Library*"（第 3 期）、
"*Sze K'u Ch'uan Shu*"（第 4 期）。二是有些消息虽在《月刊》中出现，
但《英文季刊》中的篇幅则扩大数倍，且远远多于同期其他"馆讯"的
文字，如"Chinese Diplomatic Documents 1836-1904"（一卷四期，1929
年 7 月），其对应文字在《月刊》出现了两次，分别为《外交始末记之
编纂》（一卷六号，1928 年 7 月）和《外交始末记编纂告竣》（二卷五
号，1929 年 5 月）。事实上，这两种情况均为北平北海图书馆针对此份
英文刊物的读者群有意为之的，换言之，虽然报道对象和范围与《月刊》
相一致，但《英文季刊》受众群体则完全不同。例如，第 3 期"馆讯"
末尾处所刊行的短文——"*Bulletin of the Metropolitan Library*"，该篇
意在向外国读者解释，《月刊》的英文名称与其所发表的传统中国目录
学内容之间的确存在巨大差异，并希望西方学者更多关注《英文季刊》。
而"Census of the *Yung Lo Ta Tien*""*Sze K'u Ch'uan Shu*""Chinese
Diplomatic Documents"等文则是北海图书馆主动向西方学者介绍本馆、
本地区重要学术动态的尝试和努力，不仅自身作为可供参考的学术史料
留存，更对相关学术研究产生了相当的影响[1]。

　　与"馆讯"一致，"西文书分类目录"主题的内容也贯穿了《英文
季刊》全部四期，其中前两期连载《北平地区图书馆藏有关中国问题的
西文图书联合目录》（"Union List of Books Relating to China in Peking
Libraries"）[2]，除北海图书馆外，参与该项目的机构有：法华协会

---

[1] "Census of the *Yung Lo Ta Tien*"虽然没有直接对应的《月刊》版本"馆讯"，
　　但其为《月刊》第 3、4 号合刊——"永乐大典专号"的英文概述版本，是文简述了《永
　　乐大典》的成书历程、历代劫难、《四库全书》与之的关联、保存现状，便于西方
　　学者了解该书概况。"*Sze K'u Ch'uan Shu*"则可以佐证《梁启超年谱长编》对西人
　　意欲影印《四库全书》的记载，参见丁文江、赵丰年编：《梁启超年谱长编》，中
　　华书局 2010 年版，第 588 页。
[2] 该项联合编目，最早为北平北海图书馆与华北协和华言学校两家合作，随后推
　　广至中央地质调查所、北京俱乐部、中国政治学会等在北京的学术机构，参见《馆讯》，
　　《北京图书馆月刊》第 1 卷第 2 号，1928 年 6 月，第 126 页。

（Cercle Sino-Francais）、中央地质调查所（Geological Survey of China）、北京协和医学院（Peking Union Medical College）、华北协和华语学校、北京俱乐部（Peking Club）、中国政治学会（Chinese Social & Political Science Association）、清华大学、私立燕京大学。该目录基本涵盖了当时北平地区主要的学术单位（图书馆），揭示了各公藏机构有关中国问题的西文图书馆藏情况，收录书籍以英文为主，兼有法文、俄文，其中最古旧者可追溯至 17 世纪[1]，最晚近者则是 1928 年刚刚出版的书籍，每条书目均包括作者、书名、出版年、馆藏地四项信息。

《英文季刊》第 3 期、第 4 期"西文书分类目录"则依次收录了 1929 年 1 至 3 月、4 至 6 月北海图书馆新入藏西文图书选目（Recent Accessions Selected List）。此外，第 3 期还刊登了《馆藏期刊分类目录》（"Classified List of Periodicals"）；第四期则刊印了《馆藏西文自然科学成套期刊目录》[2]（"Sets of Periodicals on Natural Sciences in European Languages in the Metropolitan Library"）。这些书刊目录的编纂和排印，其直接目的在于揭示北海图书馆的西文馆藏，并为阅览、参考、馆际互借等相关业务提供基础，反映出该馆对服务对象的考虑是中外并举，尤以《英文季刊》主要满足外国人士的需求，《月刊》则保持中国传统目录学、史学研究的方法和旨趣。

3. 阅读群体和影响

到底是哪些"西人颇感不便"，换言之《英文季刊》意欲服务的对象是哪些机构和个人，值得关注并进一步探究。事实上，由该刊的内容可以确定，北京协和医学院、华北协和华言学校、私立燕京大学三家由

---

[1] 如Brand, A: Relation du voyage de Mr. Evert Isbrand envoyé de sa majesté Czarienne a l'empereur de la Chine, en 1692-1694. 1699, 参见"Union List of Books Relating to China in Peking Libraries." *The Metropolitan Library Record*, vol.1, no.1, 1928, p12.

[2] 如根据英文题目则可能趋向认为这份目录只收录了欧洲（语言）自然科学类期刊，但实际收录有日本出版的西文刊物，特此注明。

美国人士主导的学术机构均与北海图书馆保有较为密切的关系。尤其是北京协和医学院，不仅赠送了大量英文学术期刊，更为馆员提供了年度体检服务[1]。此外，三家学校均参与北海图书馆主持的北平地区图书馆藏有关中国问题的英文图书联合编目。在北平之外，美国哪些机构获赠了《英文季刊》？根据北平北海图书馆出版的三份年度报告可知，美国国会图书馆、美国教育联合会[2]、美京（国）国务院、哥伦比亚大学[3]、华盛顿美国学士院、格拉斯哥外科医学会、美国农林部、加里（利）福尼亚大学、纽约动物学会、康奈尔农事试验场、密歇根大学、芝加哥天产博物馆[4]等美国机构均捐赠过大批书籍、刊物、专门目录。而根据图书交换的对等原则，北海图书馆理应回赠本馆出版物。由《英文季刊》可知北海图书馆只刊印过三种英文册页，分别为 *Annual Report*（《年度报告》）、*Information for Readers*（《阅览室参考书目》）[5]、*The Metropolitan Library Record*，考虑到年报固定的出版周期，*Information for Readers* 的地域适用性，不难得出推断——《英文季刊》的刊行目的之一即用于馆际赠阅。查美国国会图书馆、哥伦比亚大学图书馆、密歇根大学图书馆等机构的馆藏信息系统，它们均藏有北海图书馆出版的三本年度报告和四期《英文季刊》。因此，美国各公藏机构的馆藏在一定程度上确实印证了这一推断。

然而，获赠《英文季刊》的西方公藏机构对其的反馈、关注的焦点、利用的角度又是怎样的，则有待进一步剖析。以"ProQuest 历史报纸：近现代中国英文报纸库"和 JSTOR 两个相关数据库为检索范围，

[1] "Notes and News." *The Metropolitan Library Record*, vol.1, no.1, 1928, p. 2; "Notes and News." *The Metropolitan Library Record*, vol.,1 no.3, 1929, p. 95.

[2] 《赠书述要》，《北京图书馆第一年度报告》，北京图书馆 1927 年版，第 6 页。

[3] 《赠书述要》，《北京图书馆第二年度报告》，北京图书馆 1928 年版，第 6 页。

[4] 《赠书述要》，《北平北海图书馆第三年度报告》，北海图书馆 1929 年版，第 5—6 页。

[5] 此处翻译参见《编纂及出版》，《国立北平图书馆概况（民国二十年六月）》，国立北平图书馆 1931 年版，第 26 页。

以 1926 年至 1929 年为时间范围，仅收录有一篇与《英文季刊》相关的报道。加拿大出版的著名学术刊物《太平洋事务》（*Pacific Affairs*）对这份刊物有以下评价："北平地区图书馆馆藏有关中国书籍的目录令人关注。倘若增加出版者名称，这份刊物对于研究中国的学者而言非常宝贵，而现在只有书名、作者和馆藏所属地几项信息。"[1]这一概括性评述某种程度上代表了西方公藏机构对《英文季刊》的反响，即并不热衷于了解北海图书馆这一新建图书馆的"馆讯"消息，而是将可能的关注点全部投向"北平地区图书馆藏有关中国问题的西文图书联合目录"等书目信息，因为这类专门书目是欧美图书馆所缺乏的，而它们所服务的学者、学生极有可能愿意了解并加以利用。

在公藏机构外，北海图书馆另有一批"外国友人"，其中可以查实者为罗斯（Herbert Ros）、福开森、普意雅（Georges Boullard）、劳佛（Berthold Laufer），他们均向该馆捐赠过相当数量的书籍或手稿[2]。此外，钢和泰（Alexander von Stael-Holstein）为《月刊》撰写过"馆藏诸佛菩萨圣像赞跋"[3]，自然也应属于《英文季刊》极有可能的读者群体。这五位人士虽然国籍、身份背景各不相同，但都在汉学研究领域有涉猎，其中钢和泰和福开森更是具有相当地位的汉学家，他们如何利用《英文季刊》，是否与西方公藏机构的反馈相一致，则是本书关心的另一问题，但以现有的史料和档案很难对该问题予以廓清。

1933 年 10 月，蒋廷黻为《清季外交史料》的最终出版撰写序言。作为近代外交史的权威，他坦言："夷务始末的出版是中国外交史的学

---

[1] 原文为："The list of books relating to China in Peiping libraries is interesting. It would be invaluable to students of China if the names of publishers were given. As it is, just the title, the author of the book, and in which Peiping library it can be found, are given." 参见 "Pamphlets." Pacific Affairs, vol. 2, no. 4, 1929, p. 228.

[2] 北平北海图书馆：《北平北海图书馆第三年度报告》，北海图书馆 1929 年版，第 5—6 页。

[3] Alexander von Stael-Holstein. "Remarks on the Chu Fo Pu Sa Sheng Hsiang Tsan." *Bulletin of the Metropolitan Library*, vol.1, no. 1, 1928, pp. 1-4.

术革命。以前研究中国外交史者虽不乏人，但是他们的著作，不分中外，几全以外国发表的文件为根据。……有了筹办夷务始末及清季外交史料二书，以前的著作均须加大修改，并且这二书已引起全世界的学者注意，此后他们将逐渐知道中国材料的重要。"[1] 蒋廷黻对该学术领域困境的认识绝非中国学者的一己之见，外国学者也意识到已有的西文著作缺乏中文史料的支撑，这两种书问世绝对会极大地推动中国近现代历史甚至是整个东亚地区的研究。1928 年，英国学者韦伯斯特（Charles K. Webster）将《筹办夷务始末》（*Ch'ou-pan i-wu-shih-mo*）即将出版的消息和其意义告知费正清[2]，后者由此进入中国近代（外交）史研究领域，并最终成为美国的"中国学之父"。费正清的博士论文《中国海关的起源：1850—1858》（*The Origin of the Chinese Maritime Customs Service, 1850-1858*）以《筹办夷务始末》为最重要的中文史料，其讨论范畴与《清季外交史料》[3] 所辑录时间[4] 并无交集，但他出人意料地将《月刊》列入参考资料中文期刊部分[5]，这着实令人困惑。如前文所述，《月刊》曾两次就"外交始末记"编纂进展予以介绍，其中首次刊登时尚属英文"馆讯"部分，其题目为 Wai Chiao Shiu Mu Chi[6]。以现有史料，虽然并不能断定《月刊》和《英文季刊》是费正清知悉以《筹办夷务始末》为代表的清中后期中外关系史料的重要渠道之一。但可以肯定，在博士论文撰写过程中，费正清无疑利用过北海图书馆出版的中（英）文刊物中

---

〔1〕（清）王彦威纂辑，王亮编，王敬立校：《清季外交史料》，国家图书馆出版社 2015 年版，"清季外交史料序言"第 5 页。

〔2〕Fairbank, John K. *Chinabound: a fifty-year memoir*, New York: Harper and Row, 1982, p. 17.

〔3〕该书在《月刊》《英文季刊》中皆以"外交始末记"为名称，特此说明。

〔4〕《筹办夷务始末》又称《三朝筹办夷务始末》，涵盖清代道光、咸丰、同治三朝，即 1836 年至 1875 年。《清季外交史料》则接续《筹办夷务始末》，涵盖光绪、宣统两朝，即 1875 年至 1911 年。

〔5〕Fairbank, John K. The Origin of the Chinese Maritime Customs Service, 1850-58, 1936, p. 787. 其参考文献英文期刊部分颇为简略，只标注 1858 年以前的出版物。

〔6〕"Library Notes." *Bulletin of the Metropolitan Library*, vol.1, no. 6, 1928, p. 2.

的"馆讯"了解北平地区学术界的动态。

事实上，欧美学者利用《英文季刊》所刊"馆讯"获悉清代外交史料的编辑、影印这一重要学术事件，并非无法证实的推断。Harold Archer Van Dorn 在其著作《中国人的共和岁月：二十年之进步》（*Twenty Years of the Chinese Republic: two decades of progress*）中，就以北海图书馆协助编辑出版《清代外交史料》为实例，论述中华民国教育事业进步尤其是公共图书馆的快速发展，而其所依据的信息来源即《英文季刊》，并且该书的作者十分认同北平北海图书馆在《英文季刊》中的判断——"极大地促进中国外交史的研究"[1]。此外，美国汉学家富路德在其博士论文为基础修改而成的著作——《乾隆时期的文字狱》（*The Literary Inquisition of Ch'ien-lung*）中，引用了大段《英文季刊》中对《四库全书》编纂历史的介绍性文字[2]，作为其讨论乾隆后期《四库全书》编修与文字狱兴起之间关系的重要背景。

二、《新增西文书目录》

1. 概述

《新增西文书目录（双月刊）》[3]（*The National Library of Peiping Bi-monthly Booklist*，以下简称"双月刊"）是继《英文季刊》之后，国立北平图书馆刊行的又一英文期刊。该刊自 1930 年初发行，至 1932 年底终刊，发行三卷，每卷六期，共计十八期。然而，平馆出版的概况、

---

〔1〕 Van, Dorn H. A. *Twenty Years of the Chinese Republic: two decades of progress*, New York: A. A. Knopf, 1932, pp. 141-142.

〔2〕 Goodrich, Luther C. *The Literary Inquisition of Ch'ien-Lung*, Baltimore: Waverly press, Inc., 1935, p. 111.

〔3〕 国立北平图书馆各种出版物中均未明确该刊的中文译名，故参考《出版说明》，《国立北平图书馆英文期刊汇编》，国家图书馆出版社 2010 年版，出版说明第 2 页。

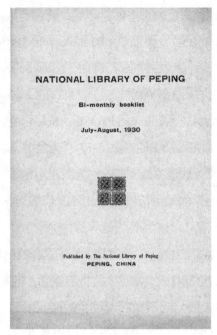

《新增西文书目录（双月刊）》

年报等文件对其介绍失之简略，多以一句话带过，譬如"英文两月刊每月发行一次，专载西文书入藏概况"[1]，"自十九年一月每两月编有西文新书目录，由本馆刊行，分送各学术机关，读者称便"[2]；更有甚者，《国立北平图书馆馆务报告（民国二十一年七月至二十二年六月）》对《双月刊》停刊未作任何说明。

2. 刊物内容

在三年的刊行时期中，双月刊如其题目，只有一个栏目——西文

---

[1] 国立北平图书馆编：《国立北平图书馆概况（民国二十年六月）》，国立北平图书馆1931年版，第26页。原文似有脱字，应为"每两月发行一次"，本书谨作照录，特此说明。

[2] 国立北平图书馆编：《国立北平图书馆馆务报告（民国十九年七月至二十年六月）》，国立北平图书馆1931年版，第29页。

书刊目录，且其分类法自始至终保持不变：分为一般图书（A. General Works, Polygraphy）、哲学和宗教（B. Philosophy, Religion）、历史学（C-G. Historical Sciences）、社会学（H-L. Social Sciences）、音乐和美术（M-N. Music & Fine Arts）、语言与文学（P. Language& Literature）、自然和应用科学（Q-V. Natural and Applied Sciences）、图书馆学和书目（Z. Library Science and Bibliography）八大类〔1〕。在此之下，每本书刊的书目信息依次是著（编）者、书名、出版地、出版社、出版年、卷数、页数，其中某些项付诸阙如。此外，自第1卷第2期起增加书刊的分类号码。

倘若以孤立的视角出发，《双月刊》除了自身的史料性、文献性外，书籍分类和书目信息项并无太多可供分析的空间，但其分类和条目编写原则，却值得考察。1929年，平馆对馆藏西文书刊的编目有如下表述："又西文书之分类编目在欧美各国均有相当之历史及研究，美国杜威十进法，一般咸以为便……本馆为应将来之需要起见，故采用美国国会图书馆分类法，虽间有不当之类目，而大致合乎科学，颇适用于大图书馆之收藏也。国会图书馆印有书目片上注书名、著者、版本、页数、分类号码等项，极便应用，故本馆西文书卡片均由该馆订购，凡该馆未印之书片则由馆自编焉。"〔2〕该段文字与《北京图书馆第一年度报告（十五年三月至六年六月）》中的表述〔3〕几乎完全一致。换言之，无论是之前的北海图书馆还是合组成立后的平馆，其馆藏英文书刊的分类、编目一直保持连贯性，即以杜威十进法为基础，以书名、著者、版本、页数、分

〔1〕 通过比对美国国会图书馆出版的分类法专著，本书发现《双月刊》所刊登馆藏书目信息的类别遵循了美国国会图书馆的分类法，即部类序号（英文字母）、类别名称、顺序完全一致，就美国国会图书馆分类法可参见 Library of Congress, *Classification Outline Scheme of Classes*, Washington: Government Printing Office, 1922.

〔2〕 国立北平图书馆编：《国立北平图书馆概况（民国十八年十月）》，国立北平图书馆1929年版，第17页。

〔3〕 北京图书馆编：《北京图书馆第一年度报告（十五年三月至六年六月）》，北京图书馆1927年版，第16页。

类号码为应有的信息项，或直接采取订购美国国会图书馆书目卡片的方式，或通过自行编纂的补充手段，尽可能与后者相一致。

翌年，这两种途径的比重即发生转换，平馆表示馆藏西文书刊"本年度已编成之书有五千四百零七册，凡目录片一万四千二百五十余张，除少数购自美国国会图书馆外，余皆自行编制"[1]。1937年6月，平馆最新出版的馆务报告亦印证了这种转变，其西文书目录一节提到"共制目片一四五二三张，内购入美国国会图书馆印片六九六张，余皆自制"[2]。针对这一变化，本书认为主要基于两方面因素的考虑：一是合组后的平馆已有较为充足且合格的馆员专任西文编目事务，具体情况为"西文编目组组长严文郁，组员曾宪三、汪长炳、何国贵、李永安、王钦骞"[3]，而此前一年，北海图书馆"每购一书同时并购置美国国会图书馆书目片一份，虽手续较为繁重，但欧美新出之书均印有卡片，亦可减省分类编目之工作"[4]；二是购买美国国会图书馆书目卡片必须承担经费和时间双重成本，前者包括通讯邮资、购买费用，后者因受制于订购和运输周期会极大地影响书刊上架阅览的时间。因此，即便仍须与美国国会图书馆分类、编目方式保持一致，平馆逐步完善并承担馆藏西文书刊编目工作更是必要的自身需求，而其成果不仅以书刊目录片的形式产生，也通过《双月刊》的刊印公之于众。

〔1〕 国立北平图书馆编：《国立北平图书馆馆务报告（民国十八年七月至十九年六月）》，国立北平图书馆1930年版，第26页。就哪些卡片购自美国国会图书馆这一问题，本书趋向于认为少数欧洲语言书刊或极其专业的学术类著作，极可能通过购买的方式获得。

〔2〕 国立北平图书馆编：《国立北平图书馆馆务报告（民国二十五年七月至十二二十六年六月）》，国立北平图书馆1937年版，第9页。

〔3〕 国立北平图书馆编：《国立北平图书馆馆务报告（民国十八年七月至十九年六月）》，国立北平图书馆1930年版，第84—85页。

〔4〕 北平北海图书馆编：《北平北海图书馆第三年度报告》，北海图书馆1930年版，第21页。

3. 价值与意义

　　无论是相对于之前的《英文季刊》，还是以此后的《图书季刊》（英文本）作参照，《双月刊》的学术价值、地位和影响似乎均不能相提并论，并且可供分析、引征的史料极少留存，笔者只见过一则相关档案，为"中央研究院"历史语言研究所保存。原文如下：

> 　　迳启者，本馆自成立以来，广搜书籍供众阅览。现自本年一月起，出版"新增西文书目录"一种，每两月刊行一次，藉资报告本馆西文书入藏状况，预定全年者仅收价一元（零售每册二角）。素仰尊处热心文化，倡导实学，敢以奉闻。即祈鉴察，从速惠订，无任企盼。此致
> 历史语言研究所
>
> 　　　　　　　　　　　　　　　　　　国立北平图书馆启
> 　　　　　　　　　　　　　　　　　　四月五日[1]

　　该份档案实为制式文档，除了此致的对象——"历史语言研究所"和落款日期为手写外，其他文字均为统一印制，换言之，该文件曾批量印刷并寄送给众多学术、文化机构。由行文可以推断出，该文的主要目的即通过公告的方式来争取相当数量的订购者。然而，其诉求的结果如何，该份档案中并未有任何标注或批示，无法做出明确的判断。

　　在此之外，与《双月刊》相关的史料无从索迹，这对于一份发行三年的刊物而言颇为尴尬。但本书认为它仍有值得注意的两个方面：首先，通过《双月刊》，今人可以较为准确、清晰地了解1930年至1932年平馆入藏西文书刊的具体情况，这对于此间平馆年度馆务报告中的"采购""编目及索引"两节是非常有益的补充，后者仅相应披露了"（西文）

---

〔1〕《北平图书馆来函》（1930年4月5日），"中央研究院"历史语言研究所藏，元389-6。

采购""（西文）编制卡片"的数量，单凭此并不能对平馆西文馆藏的特色[1]有较为准确的把握，更不能较为具象地注意到其变化[2]，进而了解平馆意欲调整的服务对象；其次，该份刊物接续了《英文季刊》第3期、第4期"西文书分类目录"，直接呈现了平馆西文编目工作成绩，更见证了其在中国现代图书馆编目标准化中所作出的不懈努力。

---

[1] 北京（北海）图书馆时期（1926—1928）在西文书刊的采访上偏重于自然科学和专门杂志，譬如，《北京图书馆第一年度报告》就曾明确表示："至西文书方面浩如烟海，苟采购方针不能确定则购入之书难成系统……本馆又鉴于北京各图书馆藏书最感缺乏者为自然科学之书籍，而于整部之专门杂志尤属凤毛麟角，故对此类之搜集尤特别注意。"北京图书馆编：《北京图书馆第一年度报告》，北京图书馆1927年版，第10—11页。至于此时西文图书的入藏数量和大致类别，可参见北京图书馆编：《北京图书馆第一年度报告》，北京图书馆1927年版，第19—20、21页；北京图书馆编：《北京图书馆第二年度报告》，北京图书馆1928年版，第25—27页；北海图书馆编：《北平北海图书馆第三年度报告》，北海图书馆1929年版，第32—33页。

[2] 1929年至1931年，平馆仍接续北海图书馆时期西文书刊的采购方针，即以自然科学和（整套）专门杂志为主要对象。但自1932年起发生了显著变化，除了因配合中基会协办静生生物研究所而依然注重购买动植物学书刊外，考古及人种学、东方学、西洋文学等门类书刊的采购经费均有大幅提高，尤其是东方学猛增至最高的五千美金，参见《国立北平图书馆馆务报告（民国二十年七月至二十一年六月）》，国立北平图书馆1932年版，第9页。1934年，"东方学书"类书刊已经成为平馆西文书籍中的首要藏书，参见国立北平图书馆编：《国立北平图书馆概况》，国立北平图书馆1934年版，第14页。

第二节 《图书季刊》英文本

一、《中国书讯》

1933 年 10 月 30 日，《中华图书馆协会会报》第 9 卷第 2 期发行，刊登了一则广告，是该刊首次向全国图书馆界介绍大同书店。其中第三条注明："本店以发扬文化为己任，国外著名学术机关团体，如大学、学会、图书馆、研究所等，皆专托搜购中国出版书籍，出有英文中国书讯一种，如有以新著新刊见示者，立当代为介绍。"[1]

事实上，自 1931 年秋[2] 大同书店成立之日起，平馆馆员顾子刚作为该店的主要负责人即着手撰写

《中国书讯》（1932 年 9 月）

并印制了一种名为《中国书讯》的册页，其最初的英文名为 *Chinese Book News*，后改称 *Book News from China* [3]。大同书店将此份册页视

---

〔1〕《中华图书馆协会会报》第 9 卷第 2 期，1933 年 10 月 30 日，封底内页广告处，无页码标识。

〔2〕Rockefeller Foundation, *The Rockefeller Foundation Annual Report*, New York, 1938, p. 292.

〔3〕Library of Congress and American Library Association. Committee on Resources of American Libraries. *The National Union Catalog, Pre-1956 Imprints: a Cumulative Author List Representing Library of Congress Printed Cards and Titles Reported by Other American Libraries* (Vol. 66). London: Mansell, 1970, p. 310.

作其邮寄售书业务的配套服务形式之一，将其寄送国内外各学术、文化机构，一方面借此营建稳定的购买西文书刊的渠道，一方面宣传中国学术界的最新动态。

十分可惜，笔者在各种旧书市场从未见到过该册页的实物，故未能较为清晰地掌握如创刊日期、内容、页数、发行周期等诸多细节。这份册页寄送给了哪些国家、机构，有哪些学者曾经加以利用，现在几乎无从查实，只留下一些片段可以稍加索迹。总体而言，存世且可以检索到的纪录可以分为两类：一为学术引用，富路德在其 "On Certain Imperfections in the *Ssu-K'u Ch'uan Shu*" 一文开篇处即引用 1933 年 9 月的《中国书讯》，作为探讨影印《四库全书》风波的语料库[1]；二为简述其与《图书季刊》英文本间的关系，如美国学术团体理事会秘书格雷夫斯的文章[2]和《洛克菲勒基金会1935年度报告》[3]。

1933 年 10 月 10 日，翟孟生给洛克菲勒基金会人文部主管史蒂文斯写了一封长信，讲述他在清华大学任教以来的种种见闻。其中，他用大段笔墨兴奋地讲述顾子刚编印的"书讯"

1933 年 10 月 10 日，翟孟生给洛克菲勒基金会人文部主管史蒂文斯写信，其中提及《中国书讯》的重要价值

---

〔1〕 Luther C. Goodrich, "On Certain Imperfections in the *Ssu-K'u Ch'uan Shu*." *China Journal*, vol. 20, 1934, p.124.

〔2〕 Graves, Mortimer. "Oriental Studies Available in Translation." *The American Scholar*, vol. 3, no. 4, 1934, p. 495.

〔3〕 Rockefeller Foundation, *The Rockefeller Foundation Annual Report*, New York, 1935, p. 292.

（Book Notes）。在他看来，这份书讯是外国学者了解当下中国学术界趋势的唯一信息源（our only source of information），而这不仅是自己所乐见的，恰恰是史蒂文斯希望翟孟生留意并转知的。翟孟生表示，凭借着大同书店的利润，顾子刚得以坚持独自编辑、发行这份书讯，希望史蒂文斯能够考虑给予资助[1]。

在洛克菲勒基金会档案中保存了两期《中国书讯》的首页，出版日期分别为 1932 年 9 月、1933 年 3 月，这两页纸[2]对今人了解这份册页显得弥足珍贵。如果从《中国书讯》的题名和发行目的臆测，该件应只局限于介绍中国图书信息，且只以新近出版发行的书刊为对象，然而实际情况却并非如此。1932 年 9 月的《中国书讯》以"中国学术界"（In the Chinese Learned World）为栏目标题，其下的短文名称为《中瑞科学考察团》（"The Sino-Swedish Scientific Mission"）。该文接续上一期《中国书讯》黄文弼对高昌遗迹考古成果的出版计划，着重介绍了袁复礼、贝格曼（Folke Bergman，1902—1946）、丁道衡等人在西北科考中的收获。与此相同，1933 年 3 月期的开篇处介绍了中国学界动态，如德国学术团体向国立武汉大学捐赠图书、胡适被选为普鲁士科学研究院的通讯院士、李济率领史语所在河南安阳的考古发掘、故宫博物院珍品南迁等消息。这意味着，顾子刚并非将《中国书讯》定位于一份简单的书讯，而是希望借此向西方宣传中国学术界的成就与动态，这一思路直接影响到随后出版的《图书季刊》英文本。

---

〔1〕 Rockefeller, Foundation. "Rockefeller Foundation Records, Projects, Rg 1.1." Series 601: China; Subseries 601.R: China-Humanities and Arts. Vol. Box 47. Folder 388. p. 15.

〔2〕 Rockefeller, Foundation. "Rockefeller Foundation Records, Projects, Rg 1.1." Series 601: China; Subseries 601.R: China-Humanities and Arts. Vol. Box 47. Folder 392. pp. 4-5. 这两页《中国书讯》极有可能是翟孟生寄出，因在 1933 年 10 月 10 日的信中提到，要寄几份该册页给史蒂文斯。

二、1938 年以前的《图书季刊》英文本

1. 创办

1934 年 3 月，《图书季刊》创刊，其中文版首卷"本刊编辑部启事"开宗明义地表示：

> 国际联盟世界文化合作中国协会与北平国立北平图书馆有感于年来国内学术界之进步突飞不已，而以语文隔阂，国外于此每多茫然。不惟国际合作之精神莫由表现，即吾国民之毅力，亦应有以告诸世人。用合办季刊，分中英文本及中英文合订本三种出版，以向国内外人士传达中外学术界之消息，藉谋万国人士在知识上之谅解，以为人类和平辟未来之新路。

其中，国际联盟世界文化合作中国协会通常简称为"世界文化合作中国协会"（Chinese National Committee on Intellectual Cooperation），1933 年 4 月在上海正式筹备，由国民政府教育部聘请蔡元培等二十五人担任筹备委员，实际主持者为李石曾、吴敬恒，并由教育部每月津贴六千元，在筹备期间主要从事九项工作，"与国立北平图书馆合作编行《图书季刊》"即其中之一[1]。《图书季刊》这一宗旨不仅直接践行了平馆"其志在成为中国文化之宝库，作为中外学术之重镇，使受学之士观摩有所，以一洗往日艰阌之风"[2]的使命，更是与李石曾、吴敬恒早年成立世界社并由此致力于著述出版、学术研究、教育文化和社会经济

---

〔1〕庄文亚编：《全国文化机关一览》，世界文化合作中国协会筹备委员会 1934 年版，第 249 页。

〔2〕袁同礼：《国立北平图书馆之使命》，《中华图书馆协会会报》第 6 卷第 6 期，1931 年 6 月 30 日，第 3 页。

四项事业〔1〕的终身理想相一致。

《图书季刊》英文本首卷同样有一篇启事——"致读者"（To the Reader），开篇即明确了英文本的创办初衷："长期以来，对中国感兴趣的外国学者和图书馆都期盼有一份能够涵盖当下中国书籍、期刊的目录性质出版物。1933 年秋，热心人士讨论了出版该份期刊的可能性，并认为其涵盖的对象应该较通常意义上的'汉学'更广，可以引起所有对中国感兴趣人士的注意，无论他（她）是否是位汉学家。"〔2〕文中的"热心人士"虽未指明，但应指在北平一地的外国学者，以翟孟生、谢礼

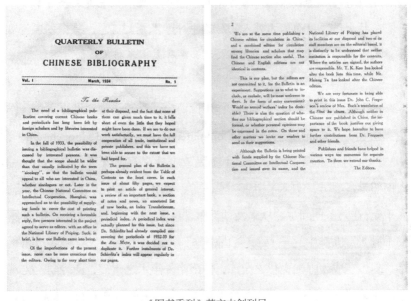

《图书季刊》英文本创刊号

〔1〕 李煜瀛撰，中国国民党中央委员会党史委员会编：《李石曾先生文集》下册，台北中国国民党中央委员会党史委员会 1980 年版，第 41 页。

〔2〕 原文为："The need of a bibliographical publication covering current Chinese books and periodicals has long been felt by foreign scholars and by libraries interested in China. In the fall of 1933, the possibility of issuing a bibliographical bulletin was discussed by interested persons." 参见"To the Reader." *Quarterly Bulletin of Chinese Bibliography*, vol. 1, no. 1, 1934, p. 1.

士（Ernst Schierlitz，1902—1940）为代表，此二人与曾觉之、向达、顾子刚组成了《图书季刊》中英文最初共同的编辑团队。其中，美国人翟孟生时任清华大学外国语文系教授[1]，直接参与了平馆向洛克菲勒基金会申请资助《图书季刊》英文本的过程；德国人谢礼士是私立北平辅仁大学（The Catholic University of Peking）图书馆的负责人[2]，已经完成了相当数量的中文期刊索引，虽然在《泰东》（*Asia Major*）刊用了 1932 至 1933 年部分，但 1934 年后则乐于提供给《图书季刊》；曾觉之时任私立中法大学（l'Universite Franco-Chinoise）中文系教授兼主任[3]，曾长期留学法国，为《图书季刊》英文本撰写了第一篇学术论文《中国的新文学运动》（"La Nouvelle Littérature Chinoise"）；向达和顾子刚同为平馆馆员，但前者主要负责中文本[4]，且自中英文本第一卷第四期（1934 年 12 月）贺昌群即接替其职。综合分析以上情况，不难看出这份编辑名单的多元化，兼顾了英语、法语、德语三大西方学术界，平馆在此的考虑和安排可谓煞费苦心、面面俱到。

然而，一旦深入考察《图书季刊》英文本的实际情况，及该刊与平馆之间的隶属关系，可以得出顾子刚肩负主持刊物日常编辑重任的推断，而这一观点亦可以通过相当数量的外文报道予以证实[5]。

2. 洛克菲勒基金会的资助

《图书季刊》创办之初，平馆曾明确表示："本馆为谋中西文化之沟通及国际合作，特与世界文化合作中国协会编印图书季刊一种。分（一）

---

[1] 国立清华大学：《国立清华大学教职员录》，国立清华大学 1933 年版，第 6 页。

[2] 私立北平辅仁大学：《私立北平辅仁大学教职员录（民国二十三年度）》，私立辅仁大学 1935 年版，第 13 页。

[3] 私立中法大学：《私立中法大学职教员同学录》，私立中法大学 1934 年版，第 11 页。

[4] "To the Reader." *Quarterly Bulletin of Chinese Bibliography*, vol. 1, no. 1, 1934, p. 2.

[5] 可参见 "Notes and Personalia." *Language*, vol. 10, no. 3, 1934, p. 305; "Historical News." *The American Historical Review*, vol. 40, no. 1, 1934, p. 183 等处。

中文本、（二）英文本、（三）中英合订本，每年出版四期，凡世界著名之图书馆及文化机关多为赠阅，意在宣扬文化，故不重视售卖也。"[1]然而，合作方世界文化合作中国协会仅资助了《图书季刊》中英两个版本的年度印刷费国币两千元[2]，编辑费和其他杂费最初由平馆完全负担，直到1935年秋获得洛克菲勒基金会的资助。

1934年10月15日，顾子刚以平馆馆员、《图书季刊》编辑身份致信翟孟生，并附上一份申请备忘录，恳请后者与洛克菲勒基金会人文部主管史蒂文斯取得联系，协助争取给予《图书季刊》英文本每年1500美金的赞助，其中全职编辑800元，助理350元，其他杂费350元[3]。由该信可知，翟孟生曾鼓励顾子刚将不定期发行的《中国书讯》转变为正式刊物，此外后者还曾与格雷夫斯通信讨论过合作事宜。两天后，顾子刚致信美国国会图书馆东方部主任恒慕义，请其亦从旁协助[4]。在收到顾子刚的请求后，恒慕义12月3日致信史蒂文斯，建议在确保以下几点后给予积极考虑：一、平馆独立主导该份刊物；二、洛克菲勒基金会只负责英文本的资助；三、刊物须鼓励订购而非主要用于交换；四、年度终卷一定要以威妥玛式拼音为标准制作文章、著者索引。另外，此信的一个细节是告知史蒂文斯，该刊物将由顾子刚、谢礼士、翟孟生三人负责编辑，而后两位出任编辑的原因——务必保证让该刊与外国学术界建立密切联系[5]。

1934年10月21日，翟孟生致信史蒂文斯，并转交顾子刚提交给洛

---

〔1〕 国立北平图书馆：《国立北平图书馆馆务报告（民国二十二年七月至二十三年六月）》，国立北平图书馆1934年版，第29页。

〔2〕 国立北平图书馆编：《国立北平图书馆馆务报告（民国二十四年七月至二十五年六月）》，国立北平图书馆1936年版，第22页。

〔3〕 Rockefeller, Foundation. "Rockefeller Foundation Records, Projects, Rg 1.1." Series 601: China; Subseries 601.R: China-Humanities and Arts. Vol. Box 47. Folder 394. pp. 6-7.

〔4〕 Rockefeller, Foundation. "Rockefeller Foundation Records, Projects, Rg 1.1." Series 601: China; Subseries 601.R: China-Humanities and Arts. Vol. Box 47. Folder 394. pp. 12-13.

〔5〕 Rockefeller, Foundation. "Rockefeller Foundation Records, Projects, Rg 1.1." Series 601: China; Subseries 601.R: China-Humanities and Arts. Vol. Box 47. Folder 394. p. 11.

克菲勒基金会的备忘录[1]。12 月 5 日，翟孟生收到复信，史蒂文斯表示洛克菲勒基金会需要获得一些该刊未来可以自给自足的资料用以评估资助申请[2]。事实上，洛克菲勒基金会人文部对该项目及整个远东地区的资助申请，一直持有非常谨慎的态度。首先，洛克菲勒基金会人文部与平馆的接触始于 1933 年秋，针对国立中央图书馆四库影印事在上海游说张元济、刘承幹等名流的袁同礼抽空拜访了洛克菲勒基金会驻沪代表耿士楷，他希望洛克菲勒基金会可以资助中国图书馆事业，尤其扶持平馆的业务发展，诸如资助馆员去美学习，恰巧此时洛克菲勒基金会刚好有五万美金可以用于促进日本、中国研究，然而图书馆学并不属于该基金资助的传统范畴[3]；其次，洛克菲勒基金会资助某一项目希望可以使其在一段时间后能够完全自足，换言之资助有时限且须产生积极的效果，而顾子刚在 1935 年 2 月 9 日给史蒂文斯的回信中坦言"很难证明未来可以自足，国内图书馆几乎全都是赠阅，而国外受众群尚未明确，不敢保证有 300 个订购者"[4]，这着实令洛克菲勒基金会迟疑；最后，远东地区的局势并不明朗，日本在中国华北地区不断的蚕食可能让该资助计划无任何结果[5]。

虽然有以上诸多不利因素，但顾子刚顽强、执着的品格和有效的工

---

[1] Rockefeller, Foundation. "Rockefeller Foundation Records, Projects, Rg 1.1." Series 601: China; Subseries 601.R: China-Humanities and Arts. Vol. Box 47. Folder 394. pp. 4-10.

[2] Rockefeller, Foundation. "Rockefeller Foundation Records, Projects, Rg 1.1." Series 601: China; Subseries 601.R: China-Humanities and Arts. Vol. Box 47. Folder 394. pp.17-18.

[3] Rockefeller, Foundation. "Rockefeller Foundation Records, Projects, Rg 1.1." Series 601: China; Subseries 601.R: China-Humanities and Arts. Vol. Box 47. Folder 388. pp. 8-10.

[4] Rockefeller, Foundation. "Rockefeller Foundation Records, Projects, Rg 1.1." Series 601: China; Subseries 601.R: China-Humanities and Arts. Vol. Box 47. Folder 394. pp. 19-20.

[5] 1935 年 8 月 1 日，袁同礼在去香港的途中给耿士楷打电话，希望了解洛克菲勒基金会就《图书季刊》英文本申请资助案的最终决定。在电话中，耿士楷与袁同礼讨论了日本在华北地区的军事行动对平馆有无影响，后者表示就这一问题刚刚从南京国民政府得知确切消息，北平地区的高校、科研机构不会南迁，这一原则适用于平馆。参见 Rockefeller, Foundation. "Rockefeller Foundation Records, Projects, Rg 1.1." Series 601: China; Subseries 601.R: China-Humanities and Arts. Vol. Box 47. Folder 394. p. 31.

作令翟孟生十分钦佩，而他也是《中国书讯》《图书季刊》英文本的坚定支持者[1]。1935 年 3 月 7 日，翟孟生致信耿士楷，他强调《图书季刊》英文本是唯一一份便于西方学者了解中国学者研究动态和学术成果的刊物，其价值对美国学界、图书馆界不言而喻[2]。同年 8 月 12 日他再次致信耿士楷，询问最新的消息，并表示该计划花费甚少但却十分有用，希望积极考虑并从旁游说[3]。

　　1935 年 3 月 11 日史蒂文斯复信顾子刚，表示收悉 2 月 9 日的正式来函，并会妥善考虑，大约五月份会给回复[4]。直至此时，史蒂文斯已经从翟孟生、恒慕义、耿士楷、顾子刚、袁同礼[5]等人处多方了解了资助要求和相关情况。1935 年 9 月 20 日洛克菲勒基金会人文部在其会议上讨论了此项申请，七日后一封电报从纽约发往洛克菲勒基金会驻沪办事处，告知基金会已批注了代号为 RF35150 资助项目，决定给予 5000 美金，用以支持平馆《图书季刊》英文本发行，期限为 1935 年 10 月 1 日至 1938 年 12 月 31 日，只能用于英文部分，以便外国学者可以获取更多中国学术信息。每年编辑费 800 美金，助理费 350 美金，杂费 350 美金，

---

〔1〕 本书认为正是由于翟孟生对于平馆、《中国书讯》积极态度，他撰写的《基本英语之基础》，虽然与中国传统学术研究对象相距甚远，但却被选作《图书季刊》中文本创刊号的第一篇论著。

〔2〕 Rockefeller, Foundation. "Rockefeller Foundation Records, Projects, Rg 1.1." Series 601: China; Subseries 601.R: China-Humanities and Arts. Vol. Box 47. Folder 394. pp. 25-26.

〔3〕 Rockefeller, Foundation. "Rockefeller Foundation Records, Projects, Rg 1.1." Series 601: China; Subseries 601.R: China-Humanities and Arts. Vol. Box 47. Folder 394. p. 27.

〔4〕 Rockefeller, Foundation. "Rockefeller Foundation Records, Projects, Rg 1.1." Series 601: China; Subseries 601.R: China-Humanities and Arts. Vol. Box 47. Folder 394. p. 29.

〔5〕 在 Folders 394 这份卷宗中，附有一份袁同礼署名申请资助《图书季刊》英文本的备忘录，该份文件标注为 1934 年 2 月 28 日。该落款时间有误，应为 1935 年 2 月 28 日。该份备忘录由袁同礼提交给耿士楷，再由后者转交给洛克菲勒基金会纽约的总部，而耿士楷提交给史蒂文斯的时间是 1935 年 3 月 2 日，送达纽约的时间是 1935 年 3 月 23 日，这意味着耿士楷不太可能一年前就接到该份备忘录。参见 Rockefeller, Foundation. "Rockefeller Foundation Records, Projects, Rg 1.1." Series 601: China; Subseries 601.R: China-Humanities and Arts. Vol. Box 47. Folder 394. pp. 21-23.

年度为 1500 美金。额外的 500 美金用于 1935 年的剩余月份，或者不可预计的花销。

至此，《图书季刊》英文本获得了可靠的经费支持，这与顾子刚的坚持与努力密不可分。1934 年 10 月 17 日，顾子刚给恒慕义的信中提到平馆的资金因在南京进行审查，故无法资助英文本的出版发行[1]，这一说法并非空穴来风。1934 年 9 月 25 日举行的平馆第十五次委员会会议上，孙洪芬作为代理副馆长就曾主持讨论过一议案：南京国民政府审计部要求平馆提供旬、月报以备稽核，而平馆则试图请教育部代为说项，因馆务经费由中基会拨付，后者已有审核故无须重复作业[2]。不仅如此，平馆二十二年度（1933 年 7 月至 1934 年 6 月）经费超支甚多，虽经中基会在 1934 年 5 月追加拨款九千一百元，但仍不敷支出，亏空两千七百余元须在二十三年度经常费中节省弥补[3]。在此情况下，刚刚发行了三期的《图书季刊》英文本确有较大的经费压力[4]，顾子刚作为刊物的主要负责人向洛克菲勒基金会申请资助的举动亦可在更深层面得以理解。

3. 栏目和内容

《图书季刊》英文本创刊号《致读者》（To the Reader）一文对刊物栏目设置和内容分类有过明确公示："在每期约五十页的空间里，我们预计将刊印一篇大众感兴趣的论著、一篇重要书籍的书评、一部分学

---

[1] Rockefeller, Foundation. "Rockefeller Foundation Records, Projects, Rg 1.1." Series 601: China; Subseries 601.R: China-Humanities and Arts. Vol. Box 47. Folder 394. p.13.

[2] 北京图书馆业务委员会编：《北京图书馆馆史资料汇编（1909—1949）》，书目文献出版社 1992 年版，第 346 页。

[3] 北京图书馆业务委员会编：《北京图书馆馆史资料汇编（1909—1949）》，书目文献出版社 1992 年版，第 348 页。

[4] 《图书季刊》英文本第 2 卷第 1 期《致读者》提及，由于英文本第 1 卷合订本正文为 263 页，远远超过预定的 220 页额度，经费已入不敷出，须压缩版面，故本期没有期刊篇目索引。

术界消息、一份含注释信息的新书目录和西书华译目录，而从第二期开始，将会有期刊篇目索引。"〔1〕然而，在这段概述之外，该刊还有两类容易被忽略的组成部分，即"编者按"（The Private Corner）和"后记"（A Postscript）。现根据各栏目出现的顺序分述如下：

《图书季刊》英文本首篇文章并非创刊号目录页标注的"致读者"，而是在编者、定价、订购信息栏下方补白处的"编者按"。该文简要讲述了：本刊发行前所做的各种努力，譬如联系中外出版社、经销商、研究机构希望得到各自的发行书目；中文本创刊号的内容介绍《图书季刊》与《中国书讯》的继承关系；英文本文章预告。到 1937 年第 4 卷第 3、4 期合刊为止，编者按一栏共刊登了十五次，从未缺失但也从未列入目录页。除了创刊号处未注明撰者外，其他多署名为 K，唯第 2 卷第 4 期和第 3 卷第 1 期为 TKK，它们皆为顾子刚（T. K. Koo）所撰写。

"致读者"一栏则只出现在各卷首期，内容通常为编辑人员就刊物内容、变化予以公告，或署名为编者（The Editors）或匿名，共刊行了三次。如第 2 卷第 1 期，不仅告知了此期篇幅锐减的原因——经费困难，更告知了此前的"中英文合订本"已被取消，只发行两种语言的单行本〔2〕。第 4 卷第 3、4 合刊中则以"重要通知"（Important Notice）为题，告知本期为合刊，因为出版业受时局的影响，1937 年以来《图书季刊》中文本并未出版发行，何时恢复须根据战争形势而定。

至 1937 年底，《图书季刊》英文本共发表了五篇论著，依序分别

---

〔1〕 原文为："in each issue of about fifty pages, we expect to print an article of general interest, a review of an important book, a section of notes and news, an annotated list of new books, and Index Translationum, and, beginning with the next issue, a periodical index." 参见 "To the Reader." *Quarterly Bulletin of Chinese Bibliography*, vol. 1, no. 1, 1934, p. 1. 其中"西书华译目录"（Index Translationum）这一译名是根据《图书季刊》中文本而来，两个版本均设有此栏目，但中文本只在创刊号登载过一次，特此说明。

〔2〕 但《图书季刊》英文本前四卷封面内页编辑栏中的价目表中，一直保有中英文合订本（Combined Edition）的信息，但从发行实体而言，应如第 2 卷第 1 期所言无合订本发售，特此说明。

为：曾觉之"La Nouvelle Litérature Chinoise"（《中国的新文学运动》）、赵元任"The Idea of a System of Basic Chinese"（《基本国语的一种理想体系》）、陈受颐"Some Recent Contributions to Chinese Historical Studies"（《中国历史研究的最新成就》）、毕树棠"A Survey of Chinese Literature, 1934-1935"（《1934至1935年间中国当代文学回顾》）、毕树棠"A Survey of Chinese Literature, 1936"（《1936年中国当代文学回顾》）。这五篇文章均为首发，并非转自别处，其中曾觉之为本刊编辑，赵元任曾任北京图书馆的购书委员，陈受颐发文后即担任了本刊的特约编辑（contributing editor），毕树棠则长期在清华大学图书馆任职，更长期担任北平图书馆协会的主要会员[1]。因《图书季刊》英文本实体中从未出现过投稿须知，本书认为"论著"部分皆为刊物编辑部通过约稿的方式获取。

"书评"（书目）共发表了六篇，依次分别为：福开森"*All Men are Brothers*"（《评赛珍珠译〈水浒传〉》）、胡适"*The Tz'u-T'ung*, a new dictionary of classical polysyllabic words and phrases"（《评朱启凤〈辞通〉》）、邓衍林"A Preliminary List of Periodicals and Serials in Western Languages Published in China"（《在华西文期刊及连续出版物简目》）、福开森"Recent Books on Archaeology"（《考古学近著述评》）、莫余敏卿"Selected Chinese Reference Books, 1933-1935"（《1933年至1935年中文参考书选目》）、赵元任"A Critical List of Errata for Bernhard Karlgren's *Etudes sur la Phonologie Chinoise*"（《高本汉〈中国音韵学研究〉勘误表》）。其中福开森与平馆关系密切，时常被邀请莅临召开讲座[2]；胡适则是长期担任平馆委员会会长、中文购书委员会委员；邓衍林、莫余敏卿同为

平馆参考组馆员[1]，因此，本书认为该部分同为编辑部预约稿件。

"学术界消息"为《图书季刊》英文本的固定栏目，主要介绍国内学术机构、会议、展览、重大文化事件、出版业、刊物的新闻。其中学术机构的动态不仅包括国立和私立大学、各种人文社科类组织，更涵盖自然科学类的学会，譬如报道中国矿冶工程学会（第1卷第1期、第2期）、中国气象学会（第4卷第2期）的近况；会议、展览则不限于北平一地，尽可能囊括全国各地的重要活动；重大文化事件则如安阳考古挖掘（第1卷第3期、4期）、东方图书馆复兴（第1卷第1期）、伦敦中国艺术展览会（第1卷第4期）；刊物则既有学术刊物，又有文学刊物，尤其注重介绍新发行者，每期均有相应篇幅。

"出版物选目"（Selected Publications）同样也是《图书季刊》英文本的固定栏目，包括中文书（Books in Chinese）、外文书（Books in Foreign Languages）、政府出版物（Government Publications）[2]三部分，以1933年后出版的书籍为对象。中文书以丛书与书目、哲学与宗教、语言与文学、艺术与考古、历史与地理、社会学、杂项为大类，书目通常以作者（编者）姓首字母为序，具体信息包括书名及罗马化后的拼音、页数、出版社、出版年、价格、内容简介；英文书则同样通常以作者（编者）姓首字母为序，具体信息包括书名（及中文名）、页数、出版社、出版年、价格、内容简介；政府出版物以出版方名首字母为序，具体信息包括书名（及中文名）、页数、出版社、出版年、价格、内容简介。但该部分自始至终未能将格式、细节统一，譬如有些古籍类书以书名首字母插入书目次序之中，有些书目信息常常不全。

"西书华译目录"则收录中国出版的西文著作译本，以原作者（编辑机构）名首字母为序，书目信息则依次为原书西文名、译者名、书

---

[1] 国立北平图书馆编：《国立北平图书馆职员录》，国立北平图书馆1937年版，第16页。

[2] 政府出版物部分只在第1卷的4期出现，自第2卷1期不再收录该部分，极有可能是因为平馆已将政府出版物国际交换业务转移给国立中央研究院负责。

籍译名、出版社中文名和西文名称，出版年，价格，其中未标注出版地者即默认为上海，如果原书名不详者则根据中文译本名称回译。《图书季刊》中文本只在创刊号中刊登过一次该栏目，内容与英文本创刊号完全一致。

"期刊篇目索引"较"出版物选目""西书华译目录"更为复杂。首先，该栏目只选取了国内发行的部分期刊，而选择标准从未明确告知，只是笼统地表示"取自一流期刊"（from leading periodicals）。本书认为"期刊篇目索引"，中文期刊以学术刊物为对象，不涉及文学类通俗刊物[1]；西文刊物虽然数量较少，但既有学术刊物又有宗教类刊物，如《北京公教月刊》（Le Bulletin Catholique de Pekin）等，还有知名的报纸、杂志，如《北京政闻报》（La Politique de Pekin）等。在索引之前，先标识篇目所在刊物的代码，而该代码会随整个栏目所收录刊物数量的增加而调整，换言之，同一份刊物的代码是不断变化的[2]。随后，篇目索引同样以丛书与书目、哲学与宗教、语言与文学、艺术与考古、历史与地理、社会学、杂项七个类别依次展开，每条索引以作者姓首字母排序，包括文章原名、英文译名（非罗马化拼音）、刊物代码、卷期、起止页码、年月。英文本第1卷2、3、4各期均刊登了谢礼士、福克司[3]编辑整理的期刊索引，第2卷该栏目共刊登三次，同为第2、3、4期，其中顾子刚（署名为K）和孟桂良（大同书店员工）编撰了前两次，谢礼士负责了本卷的最后一期。虽然自第3卷起，谢礼士不再担任编辑一职，但该栏目却得以保留下来，有时匿名有时署名为K，主要由顾子刚负责，

---

[1] "期刊篇目索引"明确表示避开国内已有的篇目索引，如经济类文章请参考《南开社会经济季刊》，文学类则看《杂志索引》《人文》月刊等，参见 "Periodical Index." *Quarterly Bulletin of Chinese Bibliography*, vol. 4, no. 1, 1937, p. 30.

[2] 如《国立北平图书馆馆刊》，最初的代码为47，第3卷第1期时为470，而到第4卷第1期时则变成了530，本书认为这主要与该栏目负责人的设定相关。

[3] Walter Fuchs，德国汉学家，时在北平私立辅仁大学任教。

直至第 4 卷第 1 期。第 4 卷第 2 期改为邓嗣禹、聂崇岐[1]编写，第 4 卷第 3、4 合期由聂崇岐单独负责。

最后，《图书季刊》英文本卷末有"后记"，这是中文本所没有的栏目。在第 1 卷 4 期时题为 Looking Back，第 2 卷、第 3 卷则改称 Postscript，第 4 卷 3、4 合期则因为抗战时局省略。这三篇文章中，前两篇署名 T. K. K.，最后一篇署名为 K，它们也均为顾子刚一人撰写。在这些回顾文章中，顾子刚主要讨论三个话题。一是刊物栏目设置的调整，存在的问题，回答读者的提问。二是以旁观者的身份总结了中国出版业年度情况和热点，在他看来 1934、1935、1936 年再版（影印）都是出版业的重心，相对于英国，中国出版业的新书数量实在太少；另外虽然平馆、国立中央图书馆筹备处、邮政系统、大型出版商（如中华书局）都做出了尝试，但一直没有权威的全国总书目，这着实让公私无颜；此外，散文（小品文）创作的兴盛、武侠小说和小人书的泛滥都作为出版现象被顾子刚加以讨论；而一些突发的文化事件，如章太炎和鲁迅的去世，也均有简要追述。三是感谢对刊物发展给予帮助的个人、组织，如平馆馆员胡英，北堂印书馆（Impriemerie des Lazaristes）和别发洋行（Kelly & Walsh Ltd.）等。

至 1937 年底，《图书季刊》英文本共刊行了 4 卷 15 期、发表文章 83 篇（次），具体情况如下：

	时间	编者按	致读者	论著	书评（书目）	学术界消息	新书选目	西书华译目录	期刊篇目索引	后记
1 卷 1 期	1934.3	√	√	1	1	√	√	√		
1 卷 2 期	1934.6	√			1	√	√		√	
1 卷 3 期	1934.9	√				√	√	√	√	

[1] 邓嗣禹自《图书季刊》英文本第 4 卷第 1 期起担任编辑，时任哈佛燕京学社研究员，参见私立燕京大学研究院编：《私立燕京大学研究院概况（民国二十五年度）》，私立燕京大学研究院 1936 年版，第 8 叶；聂崇岐《图书季刊》英文本第 4 卷第 3、4 合期接替邓嗣禹出任编辑，时任哈佛燕京学社引得编纂处编辑，参见燕京大学编：《燕京大学教职员学生名录》，燕京大学 1932 年版，第 7 页。

	时间	编者按	致读者	论著	书评(书目)	学术界消息	新书选目	西书华译目录	期刊篇目索引	后记
1卷4期	1934.12	√		1	1	√	√	√	√	√
2卷1期	1935.3	√	√			√	√		√	
2卷2期	1935.6	√				√	√		√	
2卷3期	1935.9	√				√	√		√	
2卷4期	1935.12	√		1		√	√		√	√
3卷1期	1936.3	√		1		√	√		√	
3卷2期	1936.6	√			1	√	√		√	
3卷3期	1936.9	√			1	√	√		√	
3卷4期	1936.12	√				√	√		√	√
4卷1期	1937.3	√				√	√		√	
4卷2期	1937.6	√		1		√	√	√	√	
4卷3、4合期	1937.12	√	√			√	√	√	√	
累计		15	3	5	6	15	15	8	13	3

　　由该统计表可以更为清晰、直观地了解《图书季刊》英文本各类文章的比重，其中编者按、学术界消息、新书选目每期均有，西书华译目录和期刊篇目索引也频繁出现；此外，有6篇书评（书目）类文章，而论著只有5篇。由此，可得出一初步推断，即《图书季刊》英文本并非传统意义上的学术刊物，而更趋向于参考工具类期刊的定位。这一现象与《图书季刊》中文本存在着明显的差异，虽然后者第1卷的4期大体保持每期一篇"专著"〔1〕，但自第2卷第1期起即大幅提高"论著"的数量，刊发了大量的学术论文。

　　因此，本书认为《图书季刊》英文本的编辑团队是有意与中文本拉

────────────

〔1〕《图书季刊》中文本创刊号刊登了两篇"专著"，分别是翟孟生撰《基本英语之基础》、贺昌群撰《日本学术界之"支那学"研究》，第1卷其他各期均只有一篇"专著"；该栏目自第2卷第1期起改称"论著"，特此说明。

开距离。以 JSTOR 过刊数据库为范围，1934 年美国各学术刊物在介绍《图书季刊》英文本的文字中大都有一段完全相同的表述："创刊号包括当下中国出版图书的目录、学术组织和相关各项事业的消息，专门的学术文章。以后的卷期将会缩减论著而借此增加书目部分，并希望（其中）各自领域的连载书目可以结集出版。"[1]这段文字应该来自平馆《图书季刊》英文本编辑部，再由美国各学术期刊予以借鉴并转载，换言之本份刊物的工具类属性是既定的，它与中文本之间的差异也是预先设定好的。

---

[1] 原文为："The present number contains current bibliographies of books published in China, notes of scholarly organizations and undertakings, and special articles. Later numbers will emphasize the bibliographical sections at the expense of special articles; and it is to be hoped that a series of resume bibliographical articles covering work in the separate fields will be published." 这段文字出现在以下三篇文章中，分别是 "Notes and Personalia." *Language*, vol. 10, no. 3, 1934, p. 305; "Historical News." *The American Historical Review*, vol. 40, no. 1, 1934, p. 183; Frederic A. Ogg. "Personal and Miscellaneous." *The American Political Science Review*, vol. 28, no. 5, 1934, p. 927.

小 结

　　1934 年 6 月 25 日，美国图书馆协会在加拿大蒙特利尔召开第 56 次年度会议。27 日，展开第二阶段会议，裘开明作为哈佛大学汉和图书馆的代表，在会上简述了袁同礼对美国的访问情况、中国图书馆事业的发展，并向与会者介绍国立北平图书馆的数种出版物，尤其提到了《图书季刊》英文本的问世[1]。

　　洛克菲勒基金会档案中保存了数份关于申请资助《图书季刊》的备忘录，其中一份落款处有曾觉之、向达、顾子刚、谢礼士、翟孟生五位编辑人员的亲笔签名，相对于袁同礼代表平馆馆方提交的一页备忘录，该份记录无疑更能够表达编辑部成员的初衷和对刊物的定位。他们认为：

　　　　因为缺乏全国范围内的新书或专业书籍目录，外国学者了解中国学术著作和论文情况是极端困难的。1931 年秋，大同书店寄赠了《中国书讯》的册页，其回应是立刻并且广泛的，但对于一份英文版本的完整书目的需求仍然是迫切的；[2]

　　　　《图书季刊》英文本的基本方针是提供一份当下出版物的书目，对于外国汉学家及对中国感兴趣的学者而言，它具有恰当的注释；[3]

〔1〕"Montreal General Sessions Proceedings." *Bulletin of the American Library Association*, vol. 28, no. 9, 1934, p. 514.

〔2〕Rockefeller, Foundation. "Rockefeller Foundation Records, Projects, Rg 1.1." Series 601: China; Subseries 601.R: China-Humanities and Arts. Vol. Box 47. Folder 394. p. 14.

〔3〕Rockefeller, Foundation. "Rockefeller Foundation Records, Projects, Rg 1.1." Series 601: China; Subseries 601.R: China-Humanities and Arts. Vol. Box 47. Folder 394. p. 14.

论著和长书评只会偶尔刊行，带注释的分类书目、期刊文章篇目索引、西书华译目录才是长期不变的特色。〔1〕

以上三点共识，无疑对《图书季刊》英文本的办刊方针有着决定性的影响，换言之，本刊注重书目、参考的价值，而并不以发表学术论文为己任。该方针并非是因为能力不济，无奈之下的被动思路，而是编辑部（平馆）主动决定的，并且该决定是在充分考虑平馆自身优势、自我定位，并对美国汉学研究发展的客观需要有清晰认识后做出的。

不仅如此，格雷夫斯在团体理事会 1934 年度远东研究活动报告中写道："没有人会否认西欧学者对远东研究所做出的巨大贡献，但应该给予中国、日本、苏联学者应有的重视，他们的重要性与日俱增……国立北平图书馆出版的《图书季刊》英文本如其计划一样，将当下中国学者的著作以概要的形式展现出来。……本年 5、6 月份，袁同礼博士作为国立北平图书馆的馆长访问美国，委员会得以借此与国立北平图书馆建立联系。"〔2〕

此外，一些对远东地区持有兴趣的非汉学家也表达了他们对《图书季刊》英文本的认可与赞许，譬如美国著名的政治学家、《美国政治学评论》（American Political Science Review）的主编弗雷德里克·奥格（Frederic Ogg，1878—1951）认为：

迄今为止，致力于研究东方的西方学者由于缺乏足够多的相关领域的中、日、俄文学术成果，而步履维艰。东方研究的大部分成果是由本土学者完成的，必须有某种渠道，能使西方学者们能够快速获取到它们……这份新季刊的编辑者们已经开

---

〔1〕 Rockefeller, Foundation. "Rockefeller Foundation Records, Projects, Rg 1.1." Series 601: China; Subseries 601.R: China-Humanities and Arts. Vol. Box 47. Folder 394. p. 15.

〔2〕 Graves, Mortimer. "Committees on Far Eastern Studies, report of activities, 1934." American Council of Learned Societies Bulletin, no. 23, 1935, Washington, p. 75.

始承担这一重任，提供了一种极其重要的手段，促进了中国研究。尽管在创刊号前言中表达的十分谦逊，但他们已然做得相当棒。[1]

　　奥格的这一看法与美国学术团体理事会的观点完全一致，事实上这些均表示出美国学术界对《图书季刊》英文本的价值有极其准确的认识，更是对其编辑初衷的认可。

　　平馆作为此时中国唯一拥有丰富馆藏且实行现代化管理的国立图书馆，自觉且自知地肩负起"通中外图书之邮，为文化交通之介"[2]的重任，而《英文季刊》《图书季刊》英文本就是这种双向流动的重要媒介之一，为美国学术界便捷地获取中国学者成果提供了准确的信息和线索。

---

[1] Ogg, Frederic A. "Personal and Miscellaneous." *The American Political Science Review*, vol. 28, no. 5, 1934, p. 927. 原文为："The study of the Orient by Western scholars has hitherto been rendered difficult by the lack of adequate information respecting the results of research currently published in the Chinese, Japanese, and Russian languages. Since the major work in Oriental studies is being done by scholars to whom these tongues are native, obviously some channel by which it can be quickly conveyed to the Western scholar is necessary. For this reason, two interesting experiments just undertaken are worth mention.... The editors of the new quarterly have undertaken to provide a most important tool in the implementing of Chinese studies, and, notwithstanding the modestly expressed foreword to the first number, they give every indication of doing the job well."

[2] 袁同礼：《国立北平图书馆之使命》，《中华图书馆协会会报》第 6 卷第 6 期，1931 年 6 月 30 日，第 3 页。

第四章

国立北平图书馆馆员赴美工作和学术研究

第一节　馆员赴美概述

自合组成立始,平馆就在袁同礼的统筹规划下,陆续派馆员前往美国、法国、英国、德国等处学习和访书,至1948年止累计有十余位[1]之多,不仅大幅提高了平馆及中国图书馆界人员素质,建立起中外文化机构特别是图书馆界的广泛联络,更对欧美汉学研究的发展起到了积极的推动作用。

总体而言,平馆普通馆员赴美有四种情况,一是派往哥伦比亚大学图书馆办事,二是受洛克菲勒基金会资助赴美学习图书馆学,三是受邀前往美国协助编目,四是特殊事项。与之相对应的馆员依次为:严文郁、汪长炳、岳良木、曾宪三、徐家璧;李芳馥;吴光清[2]、王重民(刘修业);钱存训。此外,于震寰、童世纲[3]也曾赴美或在美工作,但去国时已不再是平馆馆员,前者时为国立中央图书馆馆员,后者继胡适后出任葛思德东方图书馆(The Gest Oriental Library)馆长,在此不予讨论。

---

〔1〕除下文将要涉及的人员外,平馆还派遣(资助)了向达、于道泉、丁瓒、邓衍林等人出国访书学习,但大都前往欧洲,在此不予讨论。

〔2〕1936年,吴光清任平馆编目部主任,其赴美的具体时间待考,但应晚于1937年6月。其原因应是受邀前往国会图书馆编目。可参见1941年2月6日,王重民致刘修业信,其中提到:"Hummel曾到会计课去调查,据说馆中还有罗氏基金余款若干,因此他曾向我表示:万一他得不到钱,则今年九月间,我的工作如还不能结束,则只好先让吴先生回国,用此余款独叫我完成此善本书目。"转引自顾晓光博士论文《王重民书信研究》,北京大学,2019年6月,31页。

〔3〕于震寰,字镜宇,山东蓬莱人,曾任中文编目组组员,《国立北平图书馆馆务报告(民国十九年七月至二十年六月)》,国立北平图书馆1931年版,第71页;童世纲,字敦三,湖北汉川人,曾任西文编目组组员,《国立北平图书馆馆务报告(民国十九年七月至二十年六月)》,国立北平图书馆1931年版,第72页。

一、哥伦比亚大学

1931年起，平馆各年度馆务报告中均提及前往哥伦比亚大学的馆员，其中严文郁、汪长炳为派赴该校"办事"（"服务"）[1]，而此后言及者，如岳良木、曾宪三则改称为"交换"[2]。两相比较，"交换"一词与实际并不相符。首先，哥伦比亚大学自始至终并未派该校人员来平馆，因此并无交换之实。其次，钱存训就平馆派员出国进修一事，有过较为准确的追述，他表示袁同礼"和美国哥伦比亚大学取得协议，派员前往该校图书馆工作，同时在图书馆学院选课进修，半工半读，每两年更换一人"[3]。袁同礼为何能够与该校签订协议，并在数年间连续派员前往，则值得进一步探究。

1920年9、10月间，袁同礼以本科四年级学生身份入哥伦比亚大学插班学习[4]。翌年5月，他从纽约前往华盛顿，随即在国会图书馆开始为期四个月的实习[5]，同年10月获得哥伦比亚大学的学士学位[6]。1934年，袁同礼在美国考察时，该校授予其名誉奖章，以示鼓励[7]。1948年5月，他向哥伦比亚大学捐款25美金[8]。由此可见，

---

〔1〕国立北平图书馆编：《国立北平图书馆馆务报告（民国十九年七月至二十年六月）》，国立北平图书馆1931版，第76页；国立北平图书馆编：《国立北平图书馆馆务报告（民国二十年七月至二十一年六月）》，国立北平图书馆1932年版，第55页。

〔2〕国立北平图书馆编：《国立北平图书馆馆务报告（民国二十三年七月至二十四年六月）》，国立北平图书馆1935年版，第27—28页；国立北平图书馆编：《国立北平图书馆馆务报告（民国二十五年七月至二十六年六月）》，国立北平图书馆1937年版，第26页。

〔3〕钱存训著，潘铭燊主编：《钱存训文选回顾集》，广西师范大学出版社2012年版，第269页。

〔4〕《袁同礼君致蔡校长函》，《北京大学日刊》第748号，1920年11月2日，第1—2版。

〔5〕《特载》，《清华周刊》第228期，1921年12月2日，第23页。

〔6〕Columbia University. *Catalogue 1922-1923*. New York, p. 299.

〔7〕《袁守和先生在美受名誉奖章》，《中华图书馆协会会报》第9卷第6期，1934年6月，第9页。

〔8〕《袁同礼捐款赠母校》，《申报》1948年5月22日，第2张第6版。

作为校友，袁同礼与哥伦比亚大学的关系较为密切，而这恰恰是平馆馆员赴该校进修，并协助扩充中文馆藏的基础。

本书根据平馆馆务报告中的介绍文字和哥伦比亚大学出版的《年度纪录》（*Catalogue*），将赴该校服务的五位馆员基本信息整理如下：

	馆员	赴美时间	在哥伦比亚大学服务	随后去向
1	严文郁 James W. Yen	1930 年夏	1930—1932 年中文馆藏管理者（Custodian, Chinese Collection）[1]	交换至德国普鲁士国立图书馆[2]，后返国，不久出任北京大学图书馆馆长
2	汪长炳 Sanford C. P. Wong	1932 年	1932—1934 年中文馆藏管理者（Custodian, Chinese Collection）[3]	国会图书馆实习，后经欧洲返国，赴武汉文华图专任教
3	岳良木 Peter L. M. Yoh	1934 年 8 月	1934—1936 年中文馆藏管理者（Custodian, Chinese Collection）[4]	南京工程参考图书馆（平馆派出机构）
4	曾宪三 Mark H. S. Tseng	1936 年	学生身份[5]	国会图书馆工作[6]，后受聘哈佛燕京汉和图书馆
5	徐家璧 Hsu Chia-pi	1946 年底[7]		留校工作

〔1〕 Columbia University. *Catalogue 1930-1931*. New York, p. 120; Columbia University. *Catalogue 1931-1932*. New York, p. 131.

〔2〕 国立北平图书馆编：《国立北平图书馆馆务报告（民国二十一年七月至二十二年六月）》，国立北平图书馆 1933 年版，第 33 页。

〔3〕 Columbia University. *Catalogue 1932-1933*. New York, p. 107; Columbia University. *Catalogue 1933-1934*. New York, p. 105.

〔4〕 Columbia University. *Catalogue 1934-1935*. New York, p. 104; Columbia University. *Catalogue 1935-1936*. New York, p. 107.

〔5〕 Columbia University. *Catalogue 1936-1937*. New York, p. 239. 此时，负责该校图书馆东亚（中文）馆藏的是莱尔德，王际真作为她的助理，参见本书第三章。

〔6〕 参见 1939 年 5 月 6 日恒慕义致袁开明信，程焕文编：《袁开明年谱》，广西师范大学出版社 2008 年版，第 220 页。

〔7〕《会员消息》，《中华图书馆协会会报》第 20 卷第 4、5、6 期，1946 年 12 月，第 17 页。

然而，在中外两方的简要记录外，以上五位馆员在哥伦比亚大学的工作、学习情况，并未保存更多的史料，这着实令人惋惜。但可以肯定的是，他们为该校图书馆中文文献资源建设做出了相当的贡献：馆藏数量得以提升、编目阅览工作得以推动。

二、洛克菲勒基金会奖学金

1933 年 9 月，袁同礼拜会了洛克菲勒基金会在华办事处主任耿士楷，首次向该基金会建议给予一定名额的奖学金，用以遴选中国图书馆界的青年才俊前往美国学习图书馆学。耿士楷的第一反应是该计划可以与平馆合作，即候选对象为平馆馆员[1]。1933 年 11 月 15 日，耿士楷致信人文部主管史蒂文斯，附录了袁同礼撰写的申请留美学习图书馆学奖学金备忘录[2]；11 月 20 日，袁同礼提交了更为正式的申请备忘录，两份文件比对后略有不同，只是将每年的名额由之前的三个减至两个，预计为期十年，共培养二十位图书馆馆员[3]。

针对袁同礼的提议，洛克菲勒基金会人文部的回应虽然略显滞后，但却是十分正面的。耿士楷不仅认为平馆是中国唯一的国立图书馆，更是最为先进和现代的，平馆馆员将在中国图书馆事业的发展中发挥引领作用[4]。史蒂文斯则从美国学术发展的角度，认为在基金会资助下国会图书馆东方部已经初具规模，恒慕义即将访华六个月，他将物色合适

---

[1] Rockefeller, Foundation. "Rockefeller Foundation Records, Projects, Rg 1.1." Series 601: China; Subseries 601.R: China-Humanities and Arts. Vol. Box 47. Folder 388. pp. 17-18.

[2] Rockefeller, Foundation. "Rockefeller Foundation Records, Projects, Rg 1.1." Series 601: China; Subseries 601.R: China-Humanities and Arts. Vol. Box 47. Folder 388. p. 19.

[3] Rockefeller, Foundation. "Rockefeller Foundation Records, Projects, Rg 1.1." Series 601: China; Subseries 601.R: China-Humanities and Arts. Vol. Box 47. Folder 388. p. 27.

[4] Rockefeller, Foundation. "Rockefeller Foundation Records, Projects, Rg 1.1." Series 601: China; Subseries 601.R: China-Humanities and Arts. Vol. Box 47. Folder 388. pp. 17-18.

的华人、日人助理前往该馆办公，如果国会图书馆和平馆在此能够合作，则会使这两件本不相关的计划取得共赢[1]。

　　1934 年 3 月 26 日，时在美国访问的袁同礼拜访了洛克菲勒基金会总部，本次晤谈的主题之一即资助馆员访问学习图书馆专业，尤其是要培养平馆研究型的图书馆馆员（research librarian），与此前的备忘录不同的是名额减至十人，每年两位，为期五年[2]。基于以上反复的沟通，1934 年 4 月至 1936 年 5 月，洛克菲勒基金会陆续给予了四个赴

1934 年 3 月 26 日，袁同礼与史蒂文斯会谈记录

〔1〕 Rockefeller, Foundation. "Rockefeller Foundation Records, Projects, Rg 1.1." Series 601: China; Subseries 601.R: China-Humanities and Arts. Vol. Box 47. Folder 388. pp. 23-24.

〔2〕 Rockefeller, Foundation. "Rockefeller Foundation Records, Projects, Rg 1.1." Series 601: China; Subseries 601.R: China-Humanities and Arts. Vol. Box 47. Folder 388. p. 30. 在本次会谈中，袁同礼还建议资助武昌文华图专的校长（沈祖荣）3 至 6 个月的赴美学习，用以了解美国图书馆界的最新动向。

美学习图书馆学奖学金名额[1]。最终获得该项资助的人员并非仅限于平馆职员，而是李芳馥（Augustine Fong-fu, Li）[2]、黄维廉（Wong Vi-Lien）[3]、曹祖彬（Tsao Tsu-Pin）[4]、徐家麟（Hsu, James Chia-ling）[5]四人。其中，李芳馥和曹祖彬由袁同礼推荐，黄维廉则由耿士楷推荐[6]。

李芳馥，字馨吾，湖北黄陂人，1927年6月毕业于私立武昌文华图书馆学专科学校[7]。翌年，与同学岳良木入职北京图书馆，初专职文牍[8]。平馆合组成立后，历任文书组组长、西文采访组组长。1934年9月11日，李芳馥由沪乘美国"杰佛逊总统号"轮船赴美，黄维廉与之同船[9]，两人为洛克菲勒基金会赞助的第一批赴美学习图书馆学的中

---

〔1〕Rockefeller, Foundation. "Rockefeller Foundation Records, Projects, Rg 1.1." Series 601: China; Subseries 601.R: China-Humanities and Arts. Vol. Box 47. Folder 388. p. 1.

〔2〕Columbia University. *Catalogue 1934-1935*. New York, p. 181.

〔3〕《会员简讯》，《中华图书馆协会会报》第10卷第2期，1934年10月，第17页。

〔4〕就曹祖彬的生平和履历，可参见郑锦怀、顾烨青、黄雪婷：《曹祖彬图书馆生涯再考辨》，《图书馆论坛》第38卷第9期。而袁同礼推荐曹祖彬的初衷为加强中华图书馆协会组织建设，参见1935年3月2日耿士楷致史蒂文斯的信，Rockefeller, Foundation. "Rockefeller Foundation Records, Projects, Rg 1.1." Series 601: China; Subseries 601.R: China-Humanities and Arts. Vol. Box 47. Folder 388. pp. 38-39.

〔5〕《会员消息》，《中华图书馆协会会报》第13卷第3期，1938年11月，第19页。该人似由袁同礼推荐赴美，但并未有相关史料留存。其赴美前任教于私立武昌文化图专。

〔6〕1934年1月5日耿士楷致史蒂文斯的信，Rockefeller, Foundation. "Rockefeller Foundation Records, Projects, Rg 1.1." Series 601: China; Subseries 601.R: China-Humanities and Arts. Vol. Box 47. Folder 388. p. 26.

〔7〕华中大学编：《二十四年度私立武昌华中大学一览》，华中大学1935年版，第130页；武昌文华图书馆学专科学校编：《湖北私立武昌文华图书馆学专科学校一览》，武昌文华图书馆学专科学校1934年版，第50页。

〔8〕北京图书馆编：《北京图书馆第二年度报告（民国十六年七月至十七年六月）》，北京图书馆1928年版，第2页。

〔9〕《会员简讯》，《中华图书馆协会会报》第10卷第2期，1934年10月，第17页。

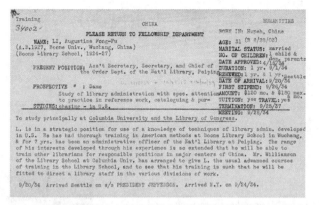

洛克菲勒基金会档案中心所存有关李芳馥赴美留学的记录（首页）

国人[1]。翌年夏，李芳馥在哥伦比亚大学获得硕士学位，其硕士论文题目应为《中国公共图书馆的资金来源》（"Financing of Chinese Public Libraries"）[2]，后转学于芝加哥大学图书馆学校[3]。1936 年 6 月，芝加哥大学图书馆学校毕业，前往国会图书馆实习[4]。原本定于 1937 年 7 月回国[5]，由于卢沟桥事变爆发，被迫暂缓回国，1939 年夏途经欧洲返国，但又因欧战爆发，困于巴黎，只得再次辗转返回美国，终于在 1941 年初返回国内为平馆效力[6]。

---

[1] 《会员简讯》，《中华图书馆协会会报》第 10 卷第 1 期，1934 年 8 月，第 19 页。1935 年 7 月，《国立北平图书馆馆务报告》提及 "此外，西文采访组组长李芳馥君受罗氏基金之补助赴美研究，毕业后仍回馆服务云"。

[2] Karen T. Wei ed., *Library and Information Science in China: an annotated bibliography*, Greenwood Press, 1988, p. 105. 该处将李芳馥获得硕士学位的时间标记为 1936 年，此种说法似有误，因下一脚注告知其已在 1935 年获得了硕士学位。

[3] 《会员简讯》，《中华图书馆协会会报》第 11 卷第 1 期，1935 年 8 月，第 17 页。

[4] 《会员简讯》，《中华图书馆协会会报》第 11 卷第 6 期，1936 年 6 月，第 26 页。

[5] 《会员消息》，《中华图书馆协会会报》第 12 卷第 6 期，1937 年 6 月，第 22 页。

[6] 《王重民致袁同礼信》（1939 年 10 月 8 日），国家图书馆藏，1940-※044- 外事 3-002044；《王重民致袁同礼信》（1940 年 1 月 2 日），国家图书馆藏，1940-※044- 外事 3-002003；1941 年 3 月 20 日，袁同礼致史蒂文斯信，Rockefeller, Foundation. "Rockefeller Foundation Records, Projects, SG 1.1." Series 601: China; Subseries 601.R: China-Humanities and Arts. Vol. Box 9. Folder 87, p. 74.

第二节　王重民访美

一、缘起

　　1934 年，平馆与法国国家图书馆
（Bibliothèque Nationale de France）签署交
换馆员协议，随即王重民以馆员的身份被
派往巴黎，法国国家图书馆相应派杜乃扬
女士（Marie-Roberte Dolléans）前往北平，
协助平馆对馆藏法文文献予以整理和编目。
该年 9 月 28 日，王重民抵达巴黎，自此开
始其客居异域的岁月[1]。

　　1939 年 6 月 20 日，平馆馆员王重民
自巴黎致信袁同礼，告知赴美行期，原文
如下：

王重民先生

　　　　守和吾师：……美国之事，已算十二分确定，路费百元已
　　寄来，法外部两船票前已允许，刻已选定法邮船 Normandie 请
　　外部代订舱位，八月二十三日开，二十八日抵纽约，二十九日
　　或三十日即能到华盛顿矣。[2]

　　信中所言"美国之事"，是指王重民受国会图书馆东方部主任恒慕

---

〔1〕陈恒新：《王重民在法国期间致伯希和四信考释》，《大学图书馆学报》第 35
　　　卷 6 期，第 117 页。
〔2〕《王重民致袁同礼信》（1939 年 6 月 20 日），国家图书馆藏，1940-※044-
　　　外事 3-002020。

1939 年 6 月 20 日，王重民自巴黎致信袁同礼

义邀请,携家眷前往华盛顿协助该馆编纂中文善本书目。1939年8月28日,
王重民一家如计划抵达华盛顿,至 1947 年 2 月底回国[1]。在这七年间,
除 1941 年春短暂回国协助袁同礼等人处理平馆善本书运美事宜外,王
重民一直在美国国会图书馆等处工作并开展学术研究。

在以往的学术研究中, 对王重民赴美的原因并未有过详尽的讨论,
大都依照刘修业女士的表述:

> 至一九三九年第二次世界大战爆发, 我们原拟经美回
> 国, 但由于当时美国国会图书馆远东部主任恒慕义(A. W.
> Hummel)邀请有三整理鉴定该馆所藏的一批中国善本古籍,
> 因之我们就留居美京华盛顿。[2]

---

〔1〕王重民一家抵达华盛顿的时间, 参见国家图书馆档案 1940-※044-外事
3-002036;离美的时间则参见 1947 年 2 月 7 日王重民致胡适信, 耿云志主编:《胡
适遗稿及秘藏书信》第 24 册, 黄山书社 1994 年版, 第 84 页。

〔2〕王重民:《中国善本书提要》, 上海古籍出版社 1983 年版, 附录部分第 11 页。

事实上，王重民前往美国国会图书馆编目与 30 年代中后期美国汉学研究发展有更为深层的联系，并不是一次偶然事件。1937 年，洛克菲勒基金会应美国学术团体理事会的要求，决定自 1938 年 1 月 1 日开始资助一项为期五年的专门计划，用以支持美国各学术机构对其馆藏中文图书进行编目。其中，该项目前两年将集中于国会图书馆东方部的中文文献[1]。根据 1937 年度《洛克菲勒基金会报告》可以知悉，美国学术团体理事会在本年 9 月召开促进中国研究、日本研究的会议，推动美国各图书馆就各自馆藏中文文献的编目工作，被该理事会视作当下推动美国汉学研究的首要任务。该项工作旨在大幅提高馆际中文文献互借的效率，并降低今后不同机构购买同一版书的可能性[2]。换言之，王重民赴国会图书馆主持东方部中文善本编目是该项计划的重要组成部分。1939 年至 1940 年间，其在国会图书馆的薪金，的确是从洛克菲勒基金会资助款项下拨付[3]。

综合已有的公开史料，王重民赴美应是恒慕义与袁同礼沟通的结果。第一，如上一节所讨论，平馆与国会图书馆之间有较好的合作关系，如汪长炳、李芳馥、吴光清等人均曾在后者实习、工作；第二，在国家图书馆档案中，除了上文提到的信函外，并未保存有王重民、袁同礼讨论

---

[1] Rockefeller Foundation, *The Rockefeller Foundation Annual Report 1937*, pp. 327-328.

[2] 此项资助计划的题名应为 "Development of Far Eastern Center in the Division of Orientalia"，编号为 RF35091，预计提供 14,000 美金，参见 Rockefeller Foundation, *The Rockefeller Foundation Annual Report 1937*, p. 429. 但《国会图书馆藏中国善本书录》出版时，国会图书馆东方部中文组组长 Edwin B. Beal 明确表示该份书目中的古籍在通常情况下是不允许以馆际互借的方式借出的，但可以向国会图书馆申请以缩微胶片、photostat 方式复制全部或部分。参见 Edwin B. Beal 为《国会图书馆藏中国善本书录》撰写的序言，袁同礼：《袁同礼著书目汇编》第 4 册，国家图书馆出版社 2010 年版，第 6 页。

[3] 《王重民致袁同礼信》（1940 年 4 月 11 日），国家图书馆藏，1940-※044-外事 3-002012、1940-※044-外事 3-002013。

前者赴美国的其他书信[1]；第三，各拍卖会所披露1938年至1939年间的王重民书札[2]中，也都没有提到这一安排；第四，在赴美之前，除沟通行期、寄送旅费外，王重民与恒慕义可谓毫无交集，毛遂自荐的可能性极低；最后，1939年7月30日，尚在巴黎的王重民致信袁同礼，表示："生明年甚欲返国，追随吾师努力，蒙允仍回馆任职，甚感！又蒙特赐访书路费，亦谨将收条附上。"[3]此点足可证明王重民仍是以平馆馆员名义赴美国国会图书馆，并且袁同礼深入介入了此事的前期运作。

二、在国会图书馆的工作

1939年9月1日，王重民开始正式在国会图书馆东方部工作[4]。此时，国会图书馆东方部定额只能聘用四位华人馆员，分别为王重民、吴光清、房兆楹、朱士嘉[5]，他们的履历背景和工作内容不同，在此略作介绍。房兆楹，山东泰安人，毕业于武昌文华图书馆学专科学校，1928年获得私立燕京大学理学士学位，后在哥伦比亚大学图书馆学进修[6]，1934年8月由哈佛燕京学社汉和图书馆辞职前往国会图书馆东方部[7]，

---

〔1〕《王重民致袁同礼信》（1939年6月11日），国家图书馆藏，1940-※044-外事3-002051。该信并未提到赴美事宜。

〔2〕中国书店2013年秋季书刊资料文物拍卖会上，曾有一封1939年1月10日袁同礼写给王重民的信。

〔3〕《王重民致袁同礼信》（1939年7月30日），国家图书馆藏，1940-※044-外事3-002031。

〔4〕《王重民致袁同礼信》（1939年8月30日），国家图书馆藏，1940-※044-外事3-002036。

〔5〕《王重民致袁同礼信》（1939年9月30日），国家图书馆藏，1940-※044-外事3-002038至1940-※044-外事3-002040。

〔6〕湖北私立武昌文华图书馆：《湖北私立武昌文华图书馆学专科学校一览》，湖北私立武昌文华图书馆1934年版，第51页。

〔7〕程焕文编：《裘开明年谱》，广西师范大学出版社2008年版，第118页。

参与编纂《清代名人传略》（*Eminent Chinese of the Ch'ing Period, 1644-1912*）〔1〕。朱士嘉，江苏人，1928 年获得私立燕京大学文学士，随即留校任历史系助教〔2〕，后又成为该校图书馆中文编目部主任，1939 年11 月左右赴国会图书馆，专职负责采购书刊〔3〕。此外，他针对该馆所藏中文地方志予以编目，1942 年秋刊行《国会图书馆藏中国方志目录》（*A Catalog of Chinese Local Histories in the Library of Congress*）。吴光清负责该馆普通书目的编纂，此目之前是由两位来此实习的平馆馆员汪长炳、李芳馥草拟〔4〕。王重民负责"善本书及专著提要，兼管善本照相"〔5〕。

20 世纪 40 年代，美国国会图书馆东方部主要馆员合影，左一为王重民、左四吴光清、左五为恒慕义、左六为房兆楹

〔1〕《会员简讯》，《中华图书馆协会会报》第 10 卷第 1 期，1934 年 8 月，第 19 页。

〔2〕燕京大学编：《私立燕京大学一览（民国十九年至二十年度）》，燕京大学1931 年版，第 59 页。

〔3〕《王重民致袁同礼信》（1939 年 12 月 10 日），国家图书馆藏，1940-※044-外事 3-002050 和 1940-※044- 外事 3-002052。

〔4〕《王重民致袁同礼信》（1940 年 4 月 11 日），国家图书馆藏，1940-※044-外事 3-002012 和 1940-※044- 外事 3-002013。

〔5〕程焕文编：《裘开明年谱》，广西师范大学出版社 2008 年版，第 289 页。

王重民在美国国会图书馆工作时的场景

1. 编写善本书提要

编写善本书提要是王重民在国会图书馆的首要工作，自 1939 年 9 月 1 日起至 1942 年下半年[1]告一段落，其过程和对象在已有的学术成果中并未被仔细讨论，而这些细节恰恰能够反映出国会图书馆馆藏中文善本古籍的特点。现根据王重民写给袁同礼的信将此工作的过程略加钩沉，将各信要点略陈如下：

> 1939 年 9 月 30 日："生来此后，倏倏已一月，考订虽亦费一些气力，作来虽亦有相当趣味，但多是明版书，十之八九为明末无聊文人所辑刻，此对象无多大价值，故总觉不如在英法时花得来。"
>
> 1939 年 12 月 10 日："生在此工作，每书都有提要，脱稿之后，

〔1〕 参见 Edwin B. Beal 为《国会图书馆藏中国善本书录》撰写的序言。袁同礼：《袁同礼著书目汇编》第 4 册，国家图书馆出版社 2010 年版，第 5 页。

约可如《善本书室藏书志》或《适园藏书志》。惟该两家多抄提要，生有几句话说几句话，只著明其家著录，而不抄袭也。"

1940 年 1 月 2 日："生所编善本目，集部大致作完；其经史二部不大多，子部或可与集部相等，但不论如何，今年一年，或能作完也。"

1940 年 2 月 7 日："此间近无特别消息，生为其编善本书目，亦进行如故。集部即可完，约下周即可开始子部矣。"

1940 年 3 月 8 日："罗氏基金赠国会图书馆编目用之款，近闻 Hummel 言，明年夏季以后，恐难再继续；（闻系哈佛方面想另设一机关，印中国书卡片，供全美之用，则可独吞此款。）至于善本书，伊拟仅印目录，不印题跋。生问其原因，系由政府不能印中国字，而送往中国付印，则馆方不易拿钱。经生提醒他，将来此题跋记可由北平图书馆算吾馆出版物之一代印代卖，只要在美筹出印费即可。伊谓一俟编讫后，转请吾师致信罗氏基金会，国会图书馆方面亦一同另去函请求此项印刷费，Hummel 称基金会既有钱请人编目，由馆方请求，由吾师证明，（一要证明编的很好，二要证明藏书很好，中国人都想知道。）此款定能得到，一俟生编的有眉目，此事即可由双方进行，想吾师定能同意。"

1940 年 4 月 11 日："今日计算生所编善本书，已有四百十余篇提要，共书六千余册，此成绩总算对得住他。将来付印，拟由 L. C. 与吾师，双方向罗氏基金会请求印费，作为吾馆出版物之一，前已去信将此事经过禀明，想吾师离昆明前，或已接到该信。此间工作，只善本书，今年九月以前，一定不能完，由今日观之，至早须到今年冬季。编完之后，尚须重新将提要稿覆审一次，恐亦非二三月不□功。Hummel 个人方面，亦曾向生表示，罗氏基金会此项薪水，明年恐不易再行继续，伊期望明年六七月以前，应该作完。生自量脱稿之期，总比他

所期望者较早一些。"〔1〕

由以上诸信可以得出如下结论。一，王重民根据国会图书馆东方部中文古籍的馆藏特点——集部、子部多而经部〔2〕、史部略少，以先难后易的方式予以编写目录及提要，然而即便如此，集部、子部对其而言实在不是"难事"，与此前在英法两国时遍访敦煌经卷、天主教来华人士著述、太平天国印书相比要简单许多，可谓一种按部就班的平淡工作。二，其编写体例与《善本书室藏书志》和《适园藏书志》〔3〕相近，但以客观、简洁为原则，这一方面与王重民朴实、严谨的学术风格直接相关，另一方面则受到时间、印刷等客观因素的制约。三，其编写的善本书目本拟于1941年春夏付梓，极有可能送往中国印刷，并作为平馆出版物之一。

然而，王重民该项工作的成果因为时局和个人的问题，未能如其所愿。1940年夏，远东局势已然日益恶化，香港等地亦有卷入战事之虞〔4〕，书稿送往中国并排印出版已无太大可能。1947年2月王重民携家眷回国，受胡适邀请前往北京大学教书，该年夏袁同礼同意他脱离平馆，从北京大学领取全薪〔5〕。随即该份稿件交由北京大学出版组负责排印，因受

〔1〕 以上各信皆选自国家图书馆档案，依次分别为 1940-※044-外事 3-002038 至 1940-※044-外事 3-002040、1940-※044-外事 3-002050 和 1940-※044-外事 3-002052、1940-※044-外事 3-002003、1945-※057-综合 5-016003&1945-※057-综合 5-016003、1940-※044-外事 3-002008 至 1940-※044-外事 3-002009、1940-※044-外事 3-002012 和 1940-※044-外事 3-002013。

〔2〕 经部尤其少，参见 1943 年 4 月 18 日王重民致胡适信，耿云志主编：《胡适遗稿及秘藏书信》第 24 册，黄山书社 1994 年版，第 163 页。

〔3〕 《善本书室藏书志》为清代丁丙辑，每书著录书名、卷数、作者姓名及年代、版刻时间地点和行款、藏书印记，并对题目加以解释、品题、介绍和评价的提要；《适园藏书志》由清末缪荃孙等撰，提要部分记有行款、版心、刻工、讳字、藏印等，并辑录序跋题识，间附校勘记。

〔4〕 《王重民致袁同礼信》（1940 年 7 月 2 日、8 月 2 日），国家图书馆藏，1940-※044-外事 3-002023、1940-※044-外事 3-002034。

〔5〕 耿云志主编：《胡适遗稿及秘藏书信》第 24 册，黄山书社 1994 年版，第 92—94 页。

时局影响虽屡遭停顿，但在 1949 年 7 月中旬恢复印刷[1]，至 1950 年 4 月时已接近完成，王重民在给袁同礼的信中表示"L. C. 善本书目，已印九卷，末一卷及附录俟吾师稿到后，即再付印"[2]。由此可见，该书本可以在 1950 年正式出版，但由于 10 月份抗美援朝战事的爆发而被迫终止。

最终，该份书稿以 1957 年在美出版的《国会图书馆藏中国善本书录》（*A Descriptive Catalog of Rare Chinese Books in the Library of Congress*）和 1983 年由上海古籍出版社刊行的《中国善本书提要》两种形式问诸于世。虽然它们均以王重民所编国会图书馆中文善本书提要为底稿，但却有诸多不同之处。首先，前者的编者为王重民、重校者为袁同礼，换言之，此本书在 1949 年之后由袁同礼重新订正过；其次，两书收录的范围有较大的不同，后者收录的对象不仅包括了国会图书馆藏中文善本书，更涵盖了平馆、北京大学馆藏善本书，其数量分别为一千六百余部、两千一百余部、六百余部[3]，而前者则共收录 1777 部古籍[4]，换言之，袁同礼增补一百多部古籍，其对象很有可能是王重民回国后国会图书馆新采购到的古籍；再次，《中国善本书提要》更多地保留了王重民书稿的原始样式，而《国会图书馆藏中国善本书录》则经袁同礼的修订，在提要格式上进一步加以统一，并酌情对王重民书稿中引用的已出版过

---

〔1〕雷强：《袁同礼年谱长编》，中华书局 2024 年版，第 1842 页。

〔2〕雷强：《袁同礼年谱长编》，中华书局 2024 年版，第 1877 页。

〔3〕王重民：《中国善本书提要》，上海古籍出版社 1983 年版，序言部分第 3 页。事实上，除了这三家机构，《中国善本书提要》中有极少数书，并未标注出馆藏地，这极有可能是藏于芝加哥大学图书馆、哥伦比亚大学图书馆、普林斯顿大学葛斯德图书馆的善本古籍，参见王重民：《中国善本书提要》，上海古籍出版社 1983 年版，编辑说明部分第 1 页。

〔4〕参见 Edwin B. Beal 为《国会图书馆藏中国善本书录》撰写的序言。袁同礼：《袁同礼著书目汇编》第 4 册，国家图书馆出版社 2010 年版，第 6 页。

的书目提要予以删减[1]。最后，《国会图书馆藏中国善本书录》在美国出版时仍然没有解决好排印中文铅字的问题，其内容页应以油印的方式予以处理，整洁程度不及《中国善本书提要》，但书后附"著者索引"和"书名索引"。

2. 监督拍摄平馆运美善本古籍

1938年初，袁同礼开始考虑将存放在上海的平馆善本精椠运往他处。如本书第三章所揭示，昆明和香港曾相继作为预计目的地，但限于种种客观因素未能实现。1940年3月30日，汪伪政府在南京成立，渐有收回各地租界的动议，且远东局势进一步恶化，促使袁同礼决定在南运善本中挑选精品并将其运往美国，暂存国会图书馆。1940年11月15日，袁同礼给胡适发电报，告知善本运美已获国民政府教育部同意，请其就近与美国国务院沟通具体事宜[2]。这是学术界已知胡适最早介入此事的记录。翌年，胡适在日记中有如下相关记录：

> 1月6日："到外部，与 Hornbeck、Hamilton、Adams、Dr. MacLeish、子文，同商上海古书事。"
>
> 1月18日："去看国会图书馆馆长 Archibald MacLeish，久谈。与 A. W. Hummel 谈。与王重民、吴子明两人谈。"
>
> 1月29日："今天上午去外部与 S. K. H. 商量上海存书的事。"

---

[1] 袁同礼：《袁同礼著书目汇编》第4册，国家图书馆出版社2010年版，第6页。笔者比对了这两种书，发现确如 Edwin B. Beal 序言中所说 "Dr. Yuan brought the style of the notices into greater uniformity, eliminated from them some quotations Mr. Wang had made from published sources"，以《周易本义》（四卷首一卷）为例，该书提要尾部引用了明代洪常所作的大段序言，而此节在《国会图书馆藏中国善本书录》中被删减。

[2]《袁同礼致胡适电》（1940年11月15日），台北胡适纪念馆藏，HS-JDSHSE-0401-089。

2月1日："到国会图书馆，与 Archibald MacLeish & A. W. Hummel，商量上海存书的事，决定由我派人去作一次实地勘察。王重民兄来谈，决定他去上海。"

2月2日："为重民事写信几封。"

2月3日："今天重民出发。"[1]

前往上海办理善本书运美的经过，王重民在归途中撰写一报告[2]，结合5月19日他写给胡适的信[3]，今人可以大致了解其中的波折。此次回国，王重民虽未能如胡适期待将平馆南运善本中的精品运往美国，但也得以返美，而非此前所预计替换袁同礼在国内主持馆务[4]。

1941年10月30日，袁同礼致信胡适，告知平馆遴选百箱[5]善本已经顺利运出上海，原文如下：

适之大使尊鉴：

平馆善本书籍壹百箱已分数批运美。因海关不肯负责，不得不特别慎重，收件之人必须时常更换，以免引人注意，故内中廿五箱寄国会图书馆，七十五箱寄加省大学。又因抢运性质，故只要能谋到船上舱位若干即寄若干，幸均安然出

---

〔1〕胡适著，曹伯言整理：《胡适日记全集》第6册，台北联经出版事业股份有限公司2009年版，第89、92、95、97页。Archibald MacLeish 即国会图书馆第九任馆长麦克利什，S. K. H. 即 Stanley K. Hornbeck，通译为亨培克，时任美国国务卿科德尔·赫尔（Cordell Hull）的特别顾问，胡适的好友。

〔2〕该份报告应在5月8日离沪之后撰写，但由于未注明时间，故只能推测是在5月份所作，参见北京大学信息管理系、台北胡适纪念馆编：《胡适王重民先生往来书信集》，国家图书馆出版社、安徽教育出版社2009年版，第9—10页。

〔3〕北京大学信息管理系、台北胡适纪念馆编：《胡适王重民先生往来书信集》，国家图书馆出版社、安徽教育出版社2009年版，第7页。

〔4〕沈津：《顾廷龙年谱》，上海古籍出版社2004年版，第171页。

〔5〕实际寄送的箱数为一百零二箱，其中有两箱为本拟与美国国会图书馆合作展出善本百种样书，特此说明。

口，如释重负。今则美轮已停驶沪上，以后再运必更困难矣。箱件到美以后，分存两地或应集中一处，敢请费神代为筹划，一切统希钧裁，迳嘱吴、王两君办理可也。装箱目录各寄加大及国会图书馆一份。[1]

至此，王重民在撰写国会图书馆善本书提要外，与吴光清一同负责该批善本书和运美木简的典守工作。

1942 年 2 月，在胡适的授权下，国会图书馆开始对平馆运美善本书进行缩微胶卷拍摄[2]。就其工作流程和进度情况，可由 1942 年 6 月 9 日吴光清、王重民致胡适的信中了解大致情形。原文如下：

> 善本书自开始摄影，已四阅月，谨将进行情形，撮要呈览如次：摄影所用胶片，每卷长百尺。因书本大小不同，每卷所摄叶数有异，大约大本每卷可摄一千二百余叶，小本可一千五百余叶。截至今日，已摄百十二卷，共一万一千二百尺长，约为书十五万六千八百余叶矣。然所摄不过第一批二十五箱内之十六箱而已，百箱摄完，必为数甚巨，恐非二年不能办！
>
> ……摄影时，须将书面放置玻璃板下，间或有一二叶稍受伤害，为不可免；其有纸质腐朽，不耐玻璃版压者，则只抄不照。又如《四部丛刊》或他处已有影印本者，亦不再照。凡所照之书，皆另纸记明行款校刻，以及图章题识等，遇有应加说明之处，亦稍参考他书，作为短记，其最要目的，厥在记明阙卷阙叶，俾阅者得知非影片有误。将来所记稍多，再呈阅祈诲教。
>
> ……每卷胶片制讫后，再持原书校对，有误再改，改正后

〔1〕耿云志主编：《胡适遗稿及秘藏书信》第 31 册，黄山书社 1994 年版，第 635—636 页。
〔2〕台北胡适纪念馆编：《论学谈诗二十年：胡适杨联升往来书札》，台北联经出版事业股份有限公司 1998 年版，第 148—149 页。

方可作为定片。依此定片，为我方共加印三份。

……美国各华文图书馆，因有款而不能到中国买书，纷纷来函请求加印此善本书相片。[1]

以此观之，王重民的监督拍摄工作略显机械。譬如，1943 年 4 月 18 日给胡适的信中，就曾表示："重民在此工作，因校对 film，每天要用去二三小时作机械工作，仅对左角或右角上一两个字，以验有无遗脱之叶，有时感到无聊。"[2]该项拍摄工作至 1946 年春才得以结束，其中平馆运美善本书共计 2954 种，制成胶卷的为 2720 种[3]，这无疑耗费了王重民大量的时间和精力。

但即便如此，王重民并非被动地机械工作，而是以相当大的主观能动性积极地投入到此项事业中。首先，他负责甄别善本古籍是否拍成胶卷，其标准大约有两种，一是书籍的保存状态是否适宜拍摄，即该项操作不会对古籍产生严重的损伤。二是平馆运美善本中有部分"《四部丛刊》或他处已有影印本者"则避免重复作业，但并非所有"影"本都可忽略，在其看来"影刻本"模仿某一刻本书重新雕刻的新本子，并非绝对存真。

故此次于选择北平图书馆善本书制 film 时，凡有影印本者方不再制 film；其有影刻本者一律制 film，因知影刻不足据也。[4]

其次，在此期间王重民以极强的责任感为拍摄各书撰写了提要，而具体数量，以现有的史料尚不能确定。根据杨殿珣为《中国善本书提要》序

---

〔1〕耿云志主编：《胡适遗稿及秘藏书信》第 24 册，黄山书社 1994 年版，第 171—173 页。

〔2〕耿云志主编：《胡适遗稿及秘藏书信》第 24 册，黄山书社 1994 年版，第 163 页。

〔3〕1946 年 3 月 18 日王重民致信胡适，北京大学信息管理系、台北胡适纪念馆编：《胡适王重民先生往来书信集》，国家图书馆出版社 2009 年版，第 440 页。

〔4〕耿云志主编：《胡适遗稿及秘藏书信》第 24 册，黄山书社 1994 年版，第 161 页。

言可知，该书共收王重民为平馆馆藏善本所写提要 2100 余种，但这一数字包括 1947 年回国后所作。

3. 拍摄美国各图书馆所藏罕见古籍

1943 年 9 月 27 日，王重民、刘修业致信胡适，末尾写道："这次在哥大图书馆看到四五种书，为北平、国会所无，恒先生允借来照在 film 里面。"[1] 以往学术界仅知国会图书馆拍摄平馆运美善本古籍，从未有学者关注过 CBM 胶卷中有拍摄非平馆馆藏之古籍，而这种尝试并非仅为王重民或刘修业个人的想法。

1944 年初袁同礼致信王重民，请后者向美国学术界代为提交一份备忘录——拟将美国各图书馆所藏中文稀见善本古籍拍摄成微缩胶卷，以期与平馆暂存国会图书馆之善本书所摄胶卷互补，不仅可以开展美国本土的中文古籍调查，更能藉此在中美两国、美国各图书馆间以微缩胶卷形式实现中文善本古籍资源共享[2]。这一计划以国会图书馆、哈佛燕京汉和图书馆、芝加哥大学、普林斯顿大学高等研究院（the Institute for Advanced Study, Princeton University）葛思德东方藏书库等为主要对象。

1944 年 3 月 9 日，王重民为此事给胡适写一长信，力陈该项计划重要性和可行性，胡适因全力撰写《全校〈水经注〉辨伪》，3 月 22 日才复信王重民，对此设想给予几点意见，随后二人又在往复信函中讨论此事[3]。纵观二人的主张，大约可以得到以下要点：

胡适：因此项目非"战时工作"且所费不多，无需向美方申请资助；实操层面则以编目调查为第一要务。

王重民：此事在自己和胡适都在美国时启动，最有成功的把握；倘

---

〔1〕耿云志主编：《胡适遗稿及秘藏书信》第 24 册，黄山书社 1994 年版，第 177 页。

〔2〕耿云志主编：《胡适遗稿及秘藏书信》第 24 册，黄山书社 1994 年版，第 215—216 页。

〔3〕耿云志主编：《胡适遗稿及秘藏书信》第 18 册，黄山书社 1994 年版，第 327—335 页；《胡适遗稿及秘藏书信》第 24 册，第 220—221 页。

若开始拍摄，须待 1945 年夏后方有时间。

由此可见，作为平馆委员会委员和中基会重要董事成员的胡适并不反对此项计划，但建议以访查各主要图书馆馆藏为先决条件。

该项计划后续进展如何？所存史料、档案罕有涉及，只《中华图书馆协会会报》曾表示："近该馆又将美国所藏中文罕见书作一系统调查，并商得各藏家之同意，一律影制复本，美国学术团体理事会对于此举赞助甚力，并补助美金一千元，促其早日实现云。"[1] 然而，笔者数次翻阅美国学术团体理事会档案目录，毫无与此相关的线索，申请扫描无异于大海捞针，故难以廓清该项计划的中期过程。现能够确定拍摄成缩微胶卷，而原书又非平馆运美善本书者仅为一种。《中华图书馆协会会报》提及："另有美国国会图书馆所藏之明代地方志，亦加入摄影。"[2] 此中所言"明代地方志"即《新修成都府志》，由明代冯任、张世雍等纂修，明天启元年刊本，是目前所能见到的最早的成都府志。1936 年夏秋，美国学术团体理事会寄送平馆的缩微胶卷样例应即该书首卷前五十页。

如胡适所建议的步骤，王重民赴美国各主要图书馆访书亦是此计划的另外一层结果，其中又以其赴普林斯顿大学访查、协助整理葛思德专藏为最重要的成绩。1945 年 1 月 8 日，美国汉学家孙念礼（Nancy L. Swann）致信时在美国访问的袁同礼，表示葛思德东方藏书库馆藏中文书籍已超过十万卷，希望后者能够在 2 月份来普林斯顿大学作短暂停留，该校高等研究院主任 Frank Aydelotte 等人皆希望面谈，商讨葛思德东方藏书库与平馆之

孙念礼

---

〔1〕《北平圜影照美国所藏中文罕见书》，《中华图书馆协会会报》第 18 卷第 5—6 期，1944 年 12 月，第 6 页。

〔2〕《北平图书馆存美善本书籍即将运回》，《中华图书馆协会会报》第 20 卷第 1—3 期，1946 年 6 月，第 9 页。

间的合作。1 月 12 日，袁同礼复信孙念礼，告知将在 2 月中旬抵达纽约，届时可以面商一切。事实上，袁同礼在 2 月初即抵达纽约，并在此盘桓许久，由 4 月 2 日他写给孙念礼的信可知，后者在 2 月份赴纽约拜会袁同礼。十分可惜，二人商讨的细节在普林斯顿大学所藏有关平馆档案中并未有明确的记录，只能知悉 4 月 5 日袁同礼应邀前往普林斯顿大学。7 月 8 日，即将离美转赴英伦的袁同礼寄一卡片与孙念礼，感谢赠送期刊并预祝王重民受邀前往该所翻检（look over）藏书顺利。随后，自 1945 年 7 月至 1947 年 1 月中旬，王重民利用在国会图书馆工作的闲暇先后五次前往普林斯顿大学协助整理葛思德专藏，依次对其经、集、史、子部分予以整理、编目〔1〕。

---

〔1〕雷强：《普林斯顿大学图书馆藏王重民、孙念礼往来书札》，《精一文献》（微信公众号），2020 年 10 月 27 日。

第三节　钱存训访美

一、缘起

　　钱存训，江苏泰县人，私立金陵大学文学士，历任金陵女子大学图书馆主任及编目、上海交通大学图书馆编目[1]。1937 年 7 月，应袁同礼的延聘，任平馆派出机构——南京工程参考图书馆主任[2]。1938 年 2 月，钱存训转往平馆上海办事处任职[3]，其最初工作为编纂索引，该年 5 月起

1935 年，钱存训与许文锦女士订婚

以全部精力协助中国科学社编写明复图书馆西文藏书目录[4]，翌年初该目录编竣付印[5]。自此，深受袁同礼的信任，不仅与中基会孙洪芬一同负责财务支取，还肩负在沪购买书刊和办公耗材并寄送北平、香港、昆明等地，更主管《图书季刊》英文本的出版。1941 年初，其月薪已超

---

〔1〕交通大学编：《国立交通大学上海同学录》，交通大学 1932 年版，第 8 页。

〔2〕钱存训著，潘铭燊主编：《钱存训世纪文选：回顾集》，广西师范大学出版社 2012 年版，第 11 页。此前主任为岳良木，于 1937 年 7 月 1 日辞职，转任国立中央图书馆。参见《会员消息》，《中华图书馆协会会报》第 12 卷第 6 期，1937 年 6 月，第 22 页。

〔3〕北京图书馆业务委员会编：《北京图书馆馆史资料汇编（1909—1949）》，书目文献出版社 1992 年版，第 541 页。

〔4〕北京图书馆业务委员会编：《北京图书馆馆史资料汇编（1909—1949）》，书目文献出版社 1992 年版，第 596 页。

〔5〕《国内消息》，《中华图书馆协会会报》第 14 卷第 2、3 期合刊，1939 年 11 月，第 15 页。

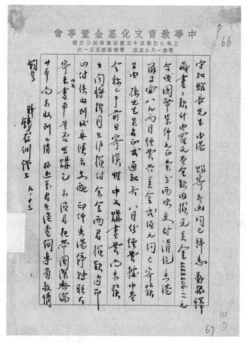

1939年9月13日，钱存训致袁同礼信

越平馆驻沪办事处主任李耀南[1]，足见袁同礼对他的信任和依赖。此后，平馆善本书运美事更是透过其私人关系得以顺利完成，无论是袁同礼还是王重民都对他的人品和才干称赞有加[2]。

抗战胜利后，袁同礼曾有意推荐钱存训出任重庆罗斯福图书馆（Roosevelt Library）馆长[3]。1946年5月11日，在美访问的袁同礼致信洛克菲勒基金会人文部主管史蒂文斯，请考虑资助钱存训为期一年的奖学金，用以前往哥伦比亚大学学习图书馆学并在该校及纽约公共图书

---

〔1〕北京图书馆业务委员会编：《北京图书馆馆史资料汇编（1909—1949）》，书目文献出版社1992年版，第730—731页。

〔2〕参见1944年3月26日王重民致胡适信，耿云志编：《胡适遗稿及秘藏书信》第24册，黄山书社1994年版，第223页。

〔3〕《袁同礼致顾子刚信》（1946年1月27日），国家图书馆藏，1945-※057-综合5-023059。

馆接受缩微胶片技术的训练[1]。5月17日，袁同礼前往该基金会在纽约的总部与史蒂文斯面谈，其中一项议题即资助钱存训留美[2]。然而该提议作为平馆申请资助恢复缩微胶片实验室项目中的组成部分，并未得到洛克菲勒基金会的积极回应，随之久拖未决[3]。

1947年夏，平馆与美国芝加哥大学达成协议，拟派钱存训于7月间前往该校图书馆主持中文编目事宜[4]。实际上，钱存训赴美时间应略晚于本年9月中旬[5]。此次留学，国民政府教育部及平馆本欲待钱存训学业结束后委任其护送暂存在国会图书馆的中文善本书归国，故给予其政府官员护照，然而这种选择却给钱存训本人造成了极大的困难。一方面，美国移民局因该种护照性质，认定钱存训不属于芝加哥大学的教职员，导致该校无法正常给予他报酬[6]；另一方面，1948年2月国民政府教育部电令平馆核减经费，此前发放钱存训留美的补助难以为继[7]。在两方

[1] Rockefeller, Foundation. "Rockefeller Foundation Records, Projects, Rg 1.1." Series 601: China; Subseries 601.R: China-Humanities and Arts. Vol. Box 47. Folder 393, pp. 17-18.

[2] Rockefeller, Foundation. "Rockefeller Foundation Records, Projects, Rg 1.1." Series 601: China; Subseries 601.R: China-Humanities and Arts. Vol. Box 47. Folder 393, p. 29.

[3] 1946年5月21日袁同礼致Balfour信，Rockefeller, Foundation. "Rockefeller Foundation Records, Projects, Rg 1.1." Series 601: China; Subseries 601.R: China-Humanities and Arts. Vol. Box 47. Folder 393, p. 25；1947年1月15日袁同礼致Fahs信，Rockefeller, Foundation. "Rockefeller Foundation Records, Projects, Rg 1.1." Series 601: China; Subseries 601.R: China-Humanities and Arts. Vol. Box 47. Folder 393, p. 57；1947年2月12日袁同礼致Fahs信，Rockefeller, Foundation. "Rockefeller Foundation Records, Projects, Rg 1.1." Series 601: China; Subseries 601.R: China-Humanities and Arts. Vol. Box 47. Folder 393, p. 60.

[4]《袁同礼致陈梦家信》（1947年5月17日），方继孝先生藏。信文中尤其提到将此消息告知顾立雅（Creel）。

[5]《爨汝僖致袁同礼信》（1947年9月12日），国家图书馆藏，1945-※057-综合5-024003。

[6] 钱存训：《留美杂忆：六十年来美国生活的回顾》，台北传记文学出版社2007年版，第23页。

[7] 雷强：《袁同礼年谱长编》，中华书局2024年版，第1734页。

面的压力下，全赖顾立雅以私人经费予以支持[1]，并敦促校方出面与移民局反复沟通，终于在1948年夏较为妥善地解决了该问题[2]。

二、在芝加哥大学的工作与学习

1947年10月初，钱存训抵达芝加哥大学，旋即开始了全工半读的留美生活[3]。在此之前，该校只有一位员工兼任图书馆远东书籍接收和登记的工作，其本职为顾立雅教授的助理[4]。虽然芝加哥大学在1936年就设立了远东图书馆，至20世纪40年代已跻身于美国各类图书馆中文馆藏的前列，胡适就曾经惊叹于"其种类册数之多，可称此邦第四（或四、五之间？）"[5]。作为该校首位有专业背景的中文馆员，钱存训的到任具有开创性地位和深远影响，但其初期工作以最基础的编目为主，并耗时多年。他本人这样回忆道：

> 我的最初任务是整理已入藏古籍的目录，当时采用哈佛燕京图书馆的"汉和图书分类法"和部分印制的卡片，其他需要手写复印。从一九四七年开始的十年中，我以每年编制一千种

[1] 钱存训：《留美杂忆：六十年来美国生活的回顾》，台北传记文学出版社2007年版，第23页。

[2] 钱存训：《留美杂忆：六十年来美国生活的回顾》，台北传记文学出版社2007年版，第23—24页。事实上，袁同礼也想尽办法协助解决该问题，例如1948年7月3日，袁同礼致信美国图书馆协会国际关系委员会，请考虑给予钱存训奖学金。

[3] 钱存训：《留美杂忆：六十年来美国生活的回顾》，台北传记文学出版社2007年版，第33页。

[4] 钱存训：《留美杂忆：六十年来美国生活的回顾》，台北传记文学出版社2007年版，第54页。

[5] 1944年4月8日胡适致王重民信，参见北京大学信息管理系、台北胡适纪念馆编：《胡适王重民先生往来书信集》，国家图书馆出版社、安徽教育出版社2009年版，第277页。

或一万册（线装书平均每种十册）的速度完成了这一项繁杂的任务。[1]

不仅如此，钱存训必须独自肩负"从查考每书内容、分类编目、写印卡片、粘贴书标、搬书上架、答复问题"方方面面的工作，这种经历着实与其在平馆任职时颇为不同。

在此繁重工作之余，钱存训根据芝加哥大学学制，每季选读一门功课，并撰写论文，最终在 1952 年秋季取得硕士学位，论文题目为："Western Impact on China Through Translation"（《西方通过翻译对中国的影响》）。此后，又在 1957 年获得博士学位，论文题目为："The Pre-Printing Records of China: a study of the development of early Chinese inscriptions and books"（《印刷发明前的中国书和文字记录》）。在攻读学位的同时，自 1949 年起钱存训受聘为该校东方语言系的教授衔讲师，并兼任远东图书馆馆长。

---

[1] 此处所述"已入藏古籍"约有七万册，其中两万册为该校 1945 年从 Newberry Library 所购劳佛旧藏，余下的五万册除了少部分为顾立雅在 20 世纪 30 年代购买，绝大部分皆从大同书店购得。钱存训：《留美杂忆：六十年来美国生活的回顾》，台北传记文学出版社 2007 年版，第 46、54 页。

小　结

　　"在 1930 年代前后，美国有中文图书馆约 20 所，其中最重要的除哈佛燕京外，如国会、哥大、芝大等馆的图书采访都得到北图之助，由袁先生指定专人代为采购，因此得以建立各馆的坚实基础。"[1] 确如钱存训所言，美国各汉学研究中心的中文馆藏均或多或少得到过平馆的支持，然而如何将这些文献资源系统地整理、高效地使用，则成为随之而来的棘手难题。因此，平馆馆员访美固然有培养人才以利自身发展的主观愿望，另一方面则是美国学术界主动、积极的客观需求，无论从本章所讨论的恒慕义倚仗王重民编善本书目还是顾立雅尽其所能挽留钱存训都能够窥见一斑。综上所述，本书认为平馆馆员访美的意义和影响有以下三个方面：

　　首先，为美国各主要东亚馆确立了中美两方合作编目的传统。沈津作为长期留美、遍访各馆的文献目录学家，曾明确表示——"从历史上看，几十年来在美国完成的几部书志及专目，都是借助大陆、台湾、香港地区图书馆的专业人员，利用他们的专业经验去撰写、编辑并出版的。"[2]直至今日，美国各主要汉学研究的高校仍然需要利用中国国家图书馆、上海图书馆等处的专业人员协助编目、整理其馆藏中文资源，而这一传统是平馆[3]和国会图书馆、哥伦比亚大学图书馆、芝加哥大学图书馆在 20 世纪 30、40 年代确立的。在袁同礼的筹划下，在数位平馆馆员的

---

[1] 钱存训：《袁同礼馆长与国际文化交流》，《钱存训文集》第 3 卷，国家图书馆出版社 2012 年，第 271 页。

[2] 沈津：《美国主要东亚图书馆所藏中国古籍文献及其展望》，《"国家图书馆"馆刊》2001 年第 1 期，第 111 页。

[3] 哈佛燕京图书馆在裘开明职掌时期主要与武昌文华图书专科、私立燕京大学合作，也是这一传统的渊源，本书在此并不过多涉及。总体而言，平馆（国家图书馆）在这一传统中具有巨大且更广泛的影响。

不懈努力下，这几家美国藏中文文献最多的大学图书馆不仅仅拥有了相对完备的中文馆藏，并使之较为顺畅地为美国学术界利用，而这种合作关系更是在新世纪以来仍在传承[1]，这无疑彰显出该传统对美国汉学研究发展的现实意义。

其次，所编书目成为汉学研究重要的工具书。王重民所编《国会图书馆藏中国善本书录》最初辑录善本书1622种，后又经袁同礼补充155种，出版时共计1777种。作为世界范围馆藏中文古籍数量位列第三[2]的国会图书馆，其善本目录问世的意义自然非同凡响，这无疑对美国汉学界乃至整个国际学术界贡献良多。除此之外，王重民在胡适的介绍下，前往葛思德图书馆访书，并撰写了善本书录四册，虽然并未得以出版，后又经台湾地区目录学家屈万里完善，终得闻诸于世[3]。

最后，培养的图书馆专业人才持续为美国各高校图书馆服务。1949年后，钱存训不仅本人在相当长的时间从事中国古代书籍史、版本目录学的研究，取得了非常丰厚的研究成果，如《书于竹帛》（*Written on Bamboo and Silk*）等一系列的著述，更通过芝加哥大学"远东图书馆学研究中心"培养了数十位图书馆员，其中尤以郑炯文、马泰来二人最为知名。从某种意义上说，他们均可算作平馆的再传弟子，至今仍活跃在美国各知名高校图书馆。

---

〔1〕以国家图书馆为例，先后派遣李坚、刘波、刘明、李文洁、樊长远等馆员前往哈佛大学、芝加哥大学等校协助编写古籍目录。

〔2〕王重民在欧美各国访书后，就各馆中文善本古籍数量，认为平馆第一、江苏省立国学图书馆第二、国会图书馆第三。

〔3〕屈万里：《普林斯顿大学葛思德东方图书馆中文善本书志》，台北联经出版事业股份有限公司1984年版，童世纲序文部分第2页。

第五章

全面抗战期间国立北平图书馆恢复中美
知识界互动的努力

第一节　全面抗战爆发后平馆的应对举措

一、南下与入滇

1937 年 7 月 7 日卢沟桥事变爆发，29 日北平即告沦陷。8 月 8 日，袁同礼离平[1]，13 日由秦皇岛登船前往上海，但因淞沪会战爆发滞留在吴淞口外无法登陆，只好随船南下香港，后由陆路辗转抵达湖南，8 月底方才抵达长沙[2]。9 月初，时任湖南省教育厅厅长的朱经农及从南京撤至此处的教育界人士如汪敬熙、梁思永等人，皆"以临时大学亟须从速设立，而图书设备方面需人主持"为由，坚留袁同礼与南下馆员协助办理，遂于 9 月 6 日商定临大图书馆初步办法——"拟由临时大学及北平图书馆各任万元作开办费，同时并将平馆所订购之西文专门杂志二千余种改寄长沙，即在圣经学校内设立办事处"[3]。就此计划，袁同礼先后撰写信函请示教育部长王世杰、平馆委员会诸位委员，但在其看来"此仅为一时权宜之计"，虽未明确表示心迹，从相关史料中可以推断袁同礼本拟前往南京[4]，极有可能暂以平馆派出机构——南京工程参考图书馆为临时办事处，静观战事发展再做进一步打算。

9 月 14 日，袁同礼再次致信教育部长王世杰，就临时大学与平馆合办图书馆计划做进一步说明，并"奉上该办法草案七条"，其中要点如下：

---

〔1〕吴宓著，吴学昭整理：《吴宓日记》第 6 册，三联书店，1998 年版，第 190、194 页。

〔2〕《袁同礼致傅斯年信》（1937 年 9 月 14 日），"中央研究院"历史语言研究所藏，杂 5-8-2。

〔3〕《袁同礼致王世杰信》（1937 年 9 月 6 日），中国第二历史档案馆藏，《教育部关于筹设长沙临时大学并与国立北平图书馆合组图书馆的文件》，全卷宗五·案卷号 2212，第 104—106 页。

〔4〕在致王世杰、傅斯年的信中，袁同礼都表示有前往南京的打算。

第二条：开办费暂定两万元，甲乙两方各任半数，除内中以百分之五购置家具及设备外，其余之款作为第一次购书费，以后增加之购书费另由委员会决定之；

第三条：办公费由甲方担任（临时大学），职员薪水由原机关分别担任；

第四条：甲乙两方所购书籍分别登录各立财产簿；

第五条：甲侧重教学应用之参考书及教科书；
　　　　乙侧重一般参考书及专门期刊。[1]

不难看出，临时大学（甲方）、平馆南下一部（乙方）最为关注的是经费问题，依照此前的对等原则，双方各任"万元作开办费"，办公费、职员薪水则由两方分别承担，至于采访书籍各有偏重避免重复。就此，教育部高等教育司于 10 月 12 日发出"函知长沙临时大学国立北平图书馆合组图书馆办法已予核定由"[2]，而此时距袁同礼的条陈已相隔近一月。究其原因，固然有战时通信滞后、行政效率低下等客观因素制约。但据民国教育部档案可知，高等教育司先是单方面函询长沙临时大学筹备委员会对合组图书馆办法有无其他意见，在得到 9 月 29 日否认答复后，教育部内部呈文中则提出一最为切实的问题"惟查北平图书馆经费，已奉行政院令自九月份起停发，而该办法第二条之开办费，第三条之职员薪水，第五条之图书购置费，均与该馆经费攸关，究应如何办理"？对此疑虑，王世杰的批示为——"原办法即

〔1〕《袁同礼致王世杰信》（1937 年 9 月 14 日），中国第二历史档案馆藏，"教育部关于筹设长沙临时大学并与国立北平图书馆合组图书馆的文件"，全卷宗五·案卷号 2212，第 99—100 页。

〔2〕《袁同礼致王世杰信》（1937 年 9 月 14 日），中国第二历史档案馆藏，"教育部关于筹设长沙临时大学并与国立北平图书馆合组图书馆的文件"，全卷宗五·案卷号 2212，第 83—85 页。

予核定，关于经费在文件中不必提及。"〔1〕至此，平馆和长沙临时大学合组成立图书馆事最终获得教育部的批准并立案。而由以上教育部档案也可以窥见，平馆经费虽然源自中基会，但实际拨付流程则须国民政府的审批〔2〕。

1937 年 11 月 1 日，长沙临时大学正式成立，平馆南下馆员与该校合组图书馆亦同时组建，隶属于临时大学常委会，馆长由袁同礼兼任。然而，中基会执委会代表司徒雷登则认为袁同礼和平馆馆员离平南下是私自的盲目行动，应停止与临时大学合作，结束在南方的各项事务，所有馆员须尽快返回北平。1938 年 1 月，他的这一主张在中基会执委会第 122 次会议、特别委员会上集中体现，并得到了与会人员尤其是贝诺德、贝克等外国人士的支持〔3〕。客观而言，司徒雷登的观点有其合理性。首先，平馆作为中基会重要事业之一，自成立以来每年用款巨大，决不能轻易终止，"此时如有法维持，自应委曲求全"〔4〕——这并非是司徒雷登一人想法，平馆委员孙洪芬、任鸿隽都曾以此为由希望袁同礼返平维持馆务；其次，1937 年冬季平馆照常开放，并未被日伪组织接收，而"平市现当局表示平馆经费等等系'超然'性质，不作官厅看待"〔5〕，

---

〔1〕《袁同礼致王世杰信》（1937 年 9 月 14 日），中国第二历史档案馆藏，"教育部关于筹设长沙临时大学并与国立北平图书馆合组图书馆的文件"，全卷宗五·案卷号 2212，第 86 页。

〔2〕不仅如此，中基会年会虽然由董事、会计等专门人士参与，但依照该会会章第八条，均须邀请国民政府教育部、外交部人员列席旁听，后者将会议记录和决议各要点提交所在政府部门备案，换言之，国民政府对中基会有相当的监督权力。

〔3〕1938 年 1 月 18 日中基会在上海召开第 122 次执委会、21 日举行特别委员会，商讨平馆馆务。其决议参见北京图书馆业务研究委员会编：《北京图书馆馆史资料汇编（1909—1949）》，书目文献出版社 1992 年版，第 480—483 页。

〔4〕1938 年 2 月 13 日，任鸿隽致袁同礼信。参见北京图书馆业务研究委员会编：《北京图书馆馆史资料汇编（1909—1949）》，书目文献出版社 1992 年版，第 531—533 页。

〔5〕1937 年 11 月 18 日，孙洪芬致袁同礼信。参见北京图书馆业务研究委员会编：《北京图书馆馆史资料汇编（1909—1949）》，书目文献出版社 1992 年版，第 455—456 页。

该现状在司徒雷登等人看来可以维持平馆的独立自主[1]。袁同礼则认为"惟平馆既为国立机关，国家之立场不能不顾，自与燕大、协和情形不同"[2]，自己"为教育部任命之人，对于国家立场不能不坚守。倘届时临时政府加以委任或迫令悬五色旗应付环境，实感不易"[3]。不仅如此，自己既然奉令[4]南下，此时临大图书馆已然初具规模，再贸然北返，不啻于将国家法令视作儿戏。

　　1938 年 1 月，长沙临时大学常委会公布迁校的决定[5]。然而，中基会第 122 次执委会会议的决定不仅与袁同礼南下的方针直接冲突，更与其即将随临大迁往云南的计划完全对立[6]。就此分歧，中基会与袁同礼为代表的南下馆员之间往复争执[7]。1 月 25 日，蒋梦麟、傅斯年两位平馆委员联名致信孙洪芬，希望平馆南下馆员与临大一同迁滇，并指出："微觉司徒先生之见解虽爱惜机关，尤征其对维护故都文化之苦心，然于我国人法理的、事实的、情感的立点容仍有未尽注意之处。"[8]

---

[1] 然而，任鸿隽曾坦言："弟于洪芬北上时曾缄渠，如能利用经济条件力图保全，宜属可为，不知能办到几分否。"换言之，以经济"超然"为由为维持平馆独立在其看来并无绝对把握。《任鸿隽致袁同礼信》（1937 年 10 月 9 日），国家图书馆藏，1938-※007-年录 3-002001。

[2] 1938 年 1 月 30 日，袁同礼致蔡元培信。参见北京图书馆业务研究委员会编：《北京图书馆馆史资料汇编（1909—1949）》，书目文献出版社 1992 年版，第 467 页。

[3] 1938 年 2 月 8 日，袁同礼致徐新六等三董事信。参见北京图书馆业务研究委员会编：《北京图书馆馆史资料汇编（1909—1949）》，书目文献出版社 1992 年版，第 525—526 页。

[4] 《国立北平圕最近消息》，《中华图书馆协会会报》13 卷 1 期，1938 年 7 月，第 19 页。

[5] 《长沙临时大学常委会关于迁校的决议》（1938 年 1 月），王学珍等主编：《国立西南联合大学史料》第 1 册，云南教育出版社 1998 年版，第 62 页。

[6] 事实上，"南下"主张绝非袁同礼一己主张，可参见 1938 年 1 月 5 日、1 月 30 日邓衍林致袁同礼信，1938 年 1 月 27 日徐森玉致袁同礼信。北京图书馆业务研究委员会编：《北京图书馆馆史资料汇编（1909—1949）》，书目文献出版社 1992 年版，第 470—471、496—497、498—503 页。

[7] 张光润：《袁同礼与国立北平图书馆》，硕士学位论文，上海社会科学院，2012 年。

[8] 北京图书馆业务研究委员会编：《北京图书馆馆史资料汇编（1909—1949）》，书目文献出版社 1992 年版，第 489 页。其中"容"为照录，特此说明。

袁同礼致信王访渔、张允亮、顾子刚等，请三
人竭力维护北平馆务

2月9日，临时大学三位常委蒋梦麟、张伯苓、梅贻琦联名致电中基会：
"前允平馆同人在湘服务，全校师生同深感荷。兹敝校迁滇，务请继续
协助。事关学术合作，即乞惠允电覆。"翌日，中基会即覆电一封："蒋
张梅校长同鉴：佳电悉。平馆同人移滇事正予以同情考虑，详情俟商定
续闻。中基会，灰。"[1]

　　1938年3月31日，平馆委员会在香港九龙柯思甸道蔡元培寓所召
开会议，商讨馆务，与会人员有蔡元培、任鸿隽、傅斯年、袁同礼等。
此时，北平、南京、上海等地均已沦陷，本次会议对平馆今后的业务发
展实具有决定性影响。议决如下：

　　　　北平图书馆之保守及维持日常阅览事项案：本委员会认为

──────────
〔1〕北京图书馆业务研究委员会编：《北京图书馆馆史资料汇编（1909—1949）》，
　　 书目文献出版社1992年版，第527页。

北平馆址中之保守及维持日常阅览事项暂有维持之必要，应由教育部及中基会妥商办法，但因事务缩小，经常费应减至最小限度。

北平图书馆与临时大学合作办法案：本委员会认为，北平图书馆与临时大学合作办法乃继续北平图书馆原有工作之一部，此事又与西南各省图书馆事业发展大有关系，不应于此时国家困难期中半途改换，应照原定办法，自下学年起再延长一年。

存置北平以外书籍之典守案：1. 存置北平以外之书籍应以存置原处为原则，但本委员会如认为必要，得移至更安全地点；2. 续订之西文科学期刊（除生物部分外）照原定办法继续存置临时大学；3. 下年度购置期刊费不加减少，均寄至临时大学，由本馆在彼职员整理典守；4. 所有北大、清华订购之期刊，均同样交由本馆在临时大学之职员整理典守。

为办事便利起见，在香港设立临时通讯处。[1]

事实上，本次会议的各项议案涵盖了平馆馆务的主要方面，并在1941 年太平洋战争爆发前一直发挥着指引作用。首先，北平馆务并未完全停顿，而是保持最低限度的阅览、编目服务；其次，袁同礼和南下馆员全力与临时大学（即后来的西南联合大学）开展合作，尤其是将续订的重要西文科学期刊寄存临时大学，保证其教学、科研需求，与此同时发展西南各省图书馆事业；再次，香港因为各种有利因素，遂在此成立通讯处，成为平馆联系各方的重要枢纽；最后，平馆在沪上所存的善本书籍，在必要时须移至安全地点。至此，袁同礼及南下馆员的"入滇之举"终于无碍。

---

[1] 北京图书馆业务研究委员会编：《北京图书馆馆史资料汇编（1909—1949）》，书目文献出版社 1992 年版，第 550—551 页。

二、恢复对外联络和申请援助

全国抗战爆发后，袁同礼即以平馆副馆长、中华图书馆协会理事长身份致函各国图书馆界，申请援助。其最早者，可追溯到 1937 年 11 月 19 日分别致信美国图书馆协会、国会图书馆馆长，此后又陆续与英国、

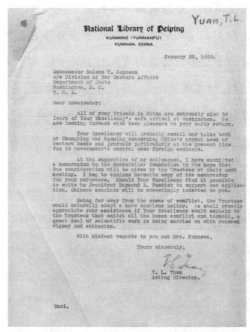

1939 年 1 月 20 日，袁同礼致信美国驻华大使詹森，
请协助平馆向洛克菲勒基金会提交申请备忘录

德国、法国、新西兰等国图书馆协会联系[1]。总体而言，各国的反应均较为积极，尤以美国和英国的援华活动最为突出也最为知名。前者应袁同礼的呼吁，在全国发起"Books for China"运动；而后者则以牛津大学石博鼎（H. N. Spalding）捐款购书而闻名。就此，学术界已有较为

---

[1]《各国覆函》，《中华图书馆协会会报》第 13 卷第 1 期，第 15—17 页；《各国覆函》，
《中华图书馆协会会报》第 13 卷第 2 期，第 17—18 页。

详尽的论述，不再赘述[1]。然而，美、英两国的援助均为道义上的支持，即单方面给予。

与之略有不同，平馆通过旅法馆员王重民与法国国家图书馆达成了一份交换协议。1939年7月中旬，王重民与回到巴黎的法国国家图书馆员杜乃扬女士商妥了初步办法：

> 生因与伊商议，中法两国，可特别交换一万法郎书，即是他们所缺，如三部《四部丛刊》及新出字典辞书之类，由伊开一清单，请北平图书馆将其旧有或特别补买送来，而吾馆开一单要法国何书，伊当速买送去。际此外汇不能办理，用此法买书，于我似甚方便，于彼亦有利不少，似可实行。况我北平如有重份，送到法使馆即可，不必另外花钱也。[2]

由该信可知，事实上法国国家图书馆不仅有扩充中文馆藏的客观需要，也同时有不能直接向外国购买图书的客观限制[3]；而平馆又无充裕外汇用于采购外文书籍，如双方通过交换方式，各取所需极有可能获得双赢。收到该信后，袁同礼旋即复信，表示："与法国交换书籍如大致能按照七七事变前之汇率，则吾人甚为合算，否则太昂，故不如先从小规模作起。"[4]该月底，王重民再次致信袁同礼，信中提到：

> 与法再交换10000元书事，想必蒙赞同。一请书价按政
> 府外汇合计，二请《四部丛刊》第一集应索国币千五百元至

---

[1]　就美英两国的援助活动，可参考潘梅：《抗战时期袁同礼先生的文化请援活动》，《袁同礼纪念文集》，国家图书馆出版社2012年版，第213—218页。

[2]　《王重民致袁同礼信》（1939年7月17日），国家图书馆档藏，1940-※044-外事3-002029。

[3]　同上，该信写道："法国法律，国立图书馆不能直接向外国买书，必须托书铺办理；然一经书铺之手，则所费不仅一倍。"

[4]　《袁同礼致王重民信》（1939年7月27日），袁书菲女士藏。

二千元，生巳与杜乃扬说明，第一集久绝版，普通卖两千元，
而新印报纸的，则仅三百余元。[1]

虽然在已公开的史料中，并未见及平馆与法国国家图书馆签署交换协议的正式文件，但两馆确实将此计划落实[2]，只是交换规模极有可能小于一万法郎[3]。

1939 年 8 月 23 日，王重民携家眷离开法国前往纽约，随后欧战即告爆发，平馆与法国国家图书馆之间的图书交换业务被迫中断，虽然该项计划的规模有限且开展时间极为短暂，但却给平馆在战争期间获取外文书刊、开展对外联络开辟了新的渠道。该种方式相对于单纯的获取援助有以下优势：

1. 双方处于更为平等的地位，因此一旦交换的具体方式、渠道确定，可以长久、不间断地开展，而单方面捐助有其必然的阶段性局限；

2. 双方均可各取所需，获取的书籍、报刊皆能发挥最大功用；而被动获取的捐助多为英美图书馆所存之复本，对于平馆（昆明）和联大图书馆馆藏建设并无系统性帮助；

3. 欧美各国可以借交换了解中国学术研究、文化出版的动态，事实上有利于其更加同情中国抗战的立场和决心，可以借此获得更多、更长远的援助。

袁同礼作为亲历者，对申请援助和彼此交换均有较为清醒的认识，虽然前者在短期内获得了巨大的成功，但随着长期抗战的不断深入，这种方式难以为继。1941 年，他对中国学术界、文化界获取美国援助的经

[1] 《王重民致袁同礼信》（1939 年 7 月 30 日），国家图书馆藏，1940-※044-外事 3-002031。

[2] 《王重民致袁同礼信》（1939 年 8 月 10 日），袁书菲女士藏。该信提到"《四部丛刊》第一集当在沪购买，送交法国领事馆"。

[3] 《王重民致袁同礼信》（1939 年 7 月 27 日），袁书菲女士藏。该信提到"法方如需要何书亦可开单，本馆仅有二千元可作此用"。

验教训做出过较为客观的概括：

> 又念十载以来，日本在美国各大学中所用文化宣传之费为数不赀。而我国仅知向人索书请款，始终一毫不拔。此次孔院长虽拨给国币一万元，嘱购书籍分赠各大学，但数目甚微，深感不敷分配。查本馆年来受赠之书，其价值已逾美金数万元。亟应仿效日人之办法，赠送书籍以资交换，尤应高瞻远瞩，俾将来更可得大量之援助。[1]

三、袁同礼访美计划的由来及其早期尝试

1939 年，美国世界博览会在旧金山、纽约两处分别召开。应美国政府正式照会，国民政府特组织成立筹备委员会，其目的非常明确，即"值此抗战期间，尤应利用机缘，积极参加，以发扬吾国自力更生之精神，唤起世界之同情，并予友邦人士对于我国之新认识"[2]。1938 年9 月 15 日，国民政府行政院命令组建中华民国美国世界博览会筹备委员会[3]。而送美展品，拟分为古物和其他工商品两部分[4]，遂又设立美国世界博览会筹备委员会艺术专门委员会，以张道藩为主任，聘王世杰、陈树人、傅斯年、李济、杨振声、马衡、陈礼江、袁同礼任委员。但抗战时局日益紧张，尤其是十月份广州、武汉相继陷落，客观上各方面因

---

[1] 1941 年 1 月 23 日，袁同礼致胡适信。参见王汎森、潘光哲、吴政上主编：《傅斯年遗札》第 2 卷，台北"中央研究院"历史语言研究所 2011 年版，第 1155 页。此信本为英文信函，《胡适秘藏信札》第 31 册存此信的中文本，应为油印件。

[2] 《中华民国参加美国世界博览会筹备委员会规章汇编》，第 2 页。

[3] 《中华民国参加美国世界博览会筹备委员会规章汇编》，第 34 页。

[4] 《国际商会暨参加美国世界博览会筹委会规程》，台北"国史馆"藏，001-110020-00008-005。

一 文化交通之介：国立北平图书馆与美国学术界的互动（1929—1949）一

200

素已经不具备按时[1]参展的可能性，而古物运输及陈列安全均无法获得美方的保证[2]。鉴于客观因素的制约，并参考驻美大使胡适及相关人员的意见后，行政院第 388 次会议通过"取消中国参加一九三九年纽约世界博览会之决议案"，决定表示"我国政府停止参加，但商人仍可自动参加，照章进行"[3]。至此，国民政府主动中止了筹备参与世界博览会的计划和行动。

遴选馆藏并赴外参加大型艺术展览会，对袁同礼和平馆而言绝非陌生事务。1935 年 12 月至 1936 年 3 月，"中国艺术国际展览会"在伦敦盛大举办，其中书籍类展品皆属平馆馆藏，共计五十种[4]。事实上，美国世界博览会筹备委员会艺术专门委员会的人员构成即以伦敦中国艺术国际展览会筹备组织为蓝本的考虑，换言之"古物"展品极有可能仍以故宫博物院、中央研究院历史语言研究所、平馆的馆藏为主。虽然，国民政府赴美参加世界博览会的尝试浅尝辄止，但袁同礼并未彻底放弃赴美展览计划。

以往学术界研究多关注于平馆善本书运美事，极少有人注意到袁同礼曾选出古籍善本赴美展览，仅有的一篇学术文章认为"此次展览的整体规划，是在 1941 年 3 月至 5 月间确定的"[5]。事实上，该事的整体策划应在 1940 年底就已经基本完成。1941 年 1 月 21 日，袁同礼致信洛克菲勒基金会人文部主管史蒂文斯，表示：

---

〔1〕 美方原则性要求所有赴纽约参展展品须在 1939 年 1 月 1 日前送到。《筹备一九三九年纽约世界博览会参展案》（二），台北"国史馆"藏，014-070300-0130，第 4 页。

〔2〕《国际商会暨参加美国世界博览会筹委会规程》，台北"国史馆"藏，001-110020-00008-005。

〔3〕《国际商会暨参加美国世界博览会筹委会规程》，台北"国史馆"藏，001-110020-00008-005。

〔4〕《珍本古书目录》，《参加伦敦中国艺术国际展览会出品目录》，1935 年，具体页码标识不明。实际展出数量则仅为 23 册（件），特此说明。

〔5〕 林世田、刘波：《关于国立北平图书馆运美迁台善本古籍的几个问题》，《文献》2013 年第 4 期，第 84 页。

我将携带 100 种中文古籍赴美，它们将勾勒出自九世纪到十九世纪中国印刷术的发展历程；此外，我还会遴选出战争爆发以来中国出版的科学著作。我希望这两类不同的展品可以向美国公众展示中国人民如何面对日寇侵略的暴行。与此同时，我极愿调查美国各研究机构获取中文文献的情况，所以我希望能够拜访所有的中国研究中心。[1]

1940 年 11 月 16 日，袁同礼致信王重民，表示"如存货能运美照一份 Microfilm，则亦拟来美一行"[2]。这是现存最早明确表述他将赴美一行的史料。虽然，袁同礼获得了时任"中央宣传部"部长王世杰的初步支持[3]、国民政府教育部的同意，拟以善本书运美为契机前往美国筹款，但傅斯年、任鸿隽、周诒春等平馆委员会委员则坚决反对[4]。胡适作为该会委员之一，因远在美国未能直接参与该案的讨论，其对袁同礼试图赴美的态度极为关键，然而以现有的史料，尚无法得出明确的结论。但有一点可以肯定——胡适积极支持平馆善本书运美暂存，否则

———————————

〔1〕Rockefeller, Foundation. "Rockefeller Foundation Records, Projects, Rg 1.1." Series 601: China; Subseries 601.R: China-Humanities and Arts. Vol. Box 47. Folder 390, pp. 18-19. 就 100 种中文古籍赴美展览一事，学界并未有更深入的探讨。事实上，此事并非不了了之，这 100 种古籍每种均选取了一册，共占据 2 个木箱的体积，随另外 100 箱平馆运美善本书一同运往美国。普林斯大学二百周年校庆系列活动中有一特别项目，即这批善本书的展览，在 1947 年 4 月初举办。本次展览由袁同礼授权，王重民、吴光清、王际真等人负责具体筹备、落实。参见 Princeton University, Far Eastern Culture and Society: Princeton University Bicentennial Conferences, 1946, pp. 3, 33.

〔2〕中国书店（海淀中关村）待售书札，其中"存货"即指平馆存放在上海的善本古籍。

〔3〕1940 年 12 月 18 日，王世杰在其日记里记下"中央社拟于美国设分社……予意欲添派袁同礼以充实之"。王世杰著，林美莉校订：《王世杰日记》，台北"中央研究院"近代史研究所 2012 年版，第 315 页。

〔4〕王汎森、潘光哲、吴政上主编：《傅斯年遗札》第 2 卷，台北"中央研究院"历史语言研究所 2011 年版，第 1153—1157 页。

不会在美各处联络并"个人供给资斧，派重民返国一行"[1]，这与任鸿隽等人的怀疑态度[2]截然不同。本书认为，胡适虽然没有明确表示支持袁同礼赴美，但也没有公开反对，他极有可能持两可的态度。然而，袁同礼与傅斯年、任鸿隽、周诒春、孙洪芬等人对赴美一事的争执，最终在该年 12 月初爆发，其直接结果即所谓的"精神病大发"[3]。

1941 年 1 月 20 日，袁同礼撰写了一份"中美文化交流"备忘录（A Tentative Memorandum The Sino-American Cultural Exchange）[4]。他认为由于缺乏完备的管理、充足的资金，虽然中美两国文化界、学术界均有密切往来的愿望，但却远未取得希望的成绩，而在抗战期间客观困难重重，中美文化交流的现状更是令人沮丧。一方面，美国的图书馆、博物馆无法获取中文书籍，尤其是现代中文出版物的匮乏，不仅制约汉学研究更使得普通公众对中国的认知极为有限；一方面，囿于国民政府对外汇的严格管控，中国的大学和研究机构很难获取外文书籍和科学器材，几乎无法维系正常的学术研究。如果双方不采取必要的行动，彼此将要面临的困境会进一步加深，所以必须在两国建立专门的、集中性机构，作为一种有效、专业的渠道为各科学组织、大学、图书馆、博物馆服务。本备忘录题名以"Tentative"限定，表明袁同礼对该计划并无太多把握，实为在艰难时局下的一种尝试。而这一文件具体寄送给何人，现在可以查实的只有远在美国的胡适[5]，其初衷不仅考虑到胡适作为平馆委员的身份，更是希望他能够以驻美大使身份宣传以平馆为核心的"中美文

─────────────

〔1〕北京大学信息管理系、台北胡适纪念馆编：《胡适王重民先生往来书信集》，国家图书馆出版社、安徽教育出版社 2009 年版，第 9 页。

〔2〕中国社会科学院近代史研究所中华民国史研究室编：《胡适来往书信选》中册，社会科学文献出版社 2013 年版，第 763 页。

〔3〕胡适著，曹伯言整理：《胡适日记全集》第 8 册，台北联经出版事业股份有限公司 2004 年版，第 88 页。

〔4〕《关于中美文化交流的暂时备忘录》，台北胡适纪念馆藏，HS-JDSHSE-0486-013。

〔5〕本书认为该份备忘录也寄送给洛克菲勒基金会，因在 1 月 21 日，袁同礼致史蒂文斯的信中提到了："I shall prepare a short memorandum which I hope to submit to you very shortly."

化交流"计划，以期扩大该设想落实的可能性。

1月23日，袁同礼分别致信胡适等平馆委员，概述了自己赴美进行文化交流的计划和方法。其中相关内容如下：

> 兹拟请假一年，赴美接洽用，特将拟进行各事分列如左：
>
> 一、代青年学者觅得出国研究之旅费及奖学金
>
> 二、代教育部募集图书仪器及收音机等
>
> 以上系教育部委托之件
>
> 三、代本馆筹募经费尤注意出版费及西文购书费
>
> 四、组织中美文化交换协助国内各大学 附英文节略
>
> ……
>
> 一选美国各大学赠本馆书籍最多者每处赠予价值国币三千元之新书作为第一次之交换，并注意地域之分配，如东部为 Columbia, Harvard, Yale, Princeton, 中部为 Chicago, Michigan, 西部为 California, Hawaii 俾能普及而受效（本馆西文购书费按国币拨付则在中国市场购买新书籍以换取西文书报，似为极合理之办法）。
>
> 二同礼到美考察后，如发现有新中心点愿与本馆大量交换书籍者，拟即通知会计拨款购书用作交换，但每处以不超过国币三千元，而总额又不超过本馆预算为限。[1]

不难看出，该信中的后两点即为以平馆为其中核心的中美出版物交换计划，这也是他在抗战中前期平馆最为艰难状态下所做出的一种努力。虽然赴美计划未能成行，但却也为此后中美两国知识界的互动提供了一个蓝本。

---

[1] 胡适著，耿云志主编：《胡适遗稿及秘藏书信》第31册，黄山书社1994年版，第625—626页。

第二节 《中美文化关系备忘录》

一、缘起

1942年夏，袁同礼偕家人从香港逃出，辗转抵达桂林[1]，后又前往重庆述职。9月中旬，费正清和乔·海登（Joe Hayden）由美国途经南美、非洲、印度，最终辗转抵达昆明。在此徘徊期间，他们首先拜访了西南联大校长梅贻琦，后者对于这次来访有简略的记述：

费正清

19日，上午十时 Dr. John K. Fairbank 及 Dr. Hayden（Mich, Univ.）到校访晤，二君新自美来，为推进中美文化合作事业者。

20日，晚饭 F.、H. 二君便饭，并约温德、杜乐文、张奚若、

---

[1] 1942年7月23日，陈寅恪致沈仲章信，参见沈亚明：《千里书来慰眼愁：陈寅恪致沈仲章函》，《上海书评》，2017年12月30日。

钱端升、金龙荪、陈岱孙、潘光旦、雷伯伦、陈福田，谈叙颇畅。[1]

相对于此，《费正清中国回忆录》（*Chinabound: a fifty-year memoir*）中的文字可谓十分生动、鲜活。在昆明徘徊期间，费正清和海登考察了本地知识分子生存和高等教育的现状，在其看来以清华大学教授为代表的中国现代知识分子，"他们的思想、表达和教学的方式和我们一样，他们代表了美国在中国的切实利益"，而反观美国现有的对华政策，则是基于一种错误理论，即：

> 中国最重要的事情就是与日本作战，因而所谓的文化关系并不重要……向中国提供的物质援助仅仅是战争中的一个方面，除非中国人拥有使用这些东西的正确思想，否则结果只能是坏而非好……然而这项对华传播思想的计划由于华盛顿主事者缺乏想象力而被延迟，遭到了挫折。事实上这种想象力的缺乏主要由于缺乏与中国现实生活的接触和了解。[2]

虽然费正清以美国国务院文化关系司对华关系处文官的身份来华，其主要任务之一即"为国会图书馆收集中国出版物"[3]，并为美国情报部门服务，但他也试图在一定程度上改善中美文化交流的现状，而非

---

[1] 梅贻琦著，黄延复、王小宁整理：《梅贻琦日记》，清华大学出版社 2001 年版，第 107 页。

[2] 1942 年 9 月 23 日，费正清致阿尔格·希斯（Alger Hiss）信，他表示："向中国提供的物质援助仅仅是战争中的一个方面，除非中国人拥有使用这些东西的正确思想，否则结果只能是坏而非好。"译文参考费正清著，闫亚婷等译：《费正清中国回忆录》，中信出版社 2013 年版，第 198 页。而这一观点与《中美文化关系备忘录》中的表述十分近似，后者写道：it is worth remembering that the last generation in the West was highly gratified at the "westernization" of Japan, although to us it is now clear that this "westernization" was but a means serving Japanese ends.

[3] 费正清著，闫亚婷等译：《费正清中国回忆录》，中信出版社 2013 年版，第 203 页。

此前"平民街"式的自我推销[1]。恰在此时，袁同礼回到重庆，不仅恢复对平馆的执掌，在教育部下成立中国国际文化服务社，向美方提供中文出版物，更协助费正清在美国大使馆下筹建美国学术资料服务处（American Publications Service），用于配合向西南各高校、研究机构分发美国学术期刊的缩微胶卷[2]。

二、内容

1942 年 12 月初[3]，袁同礼以平馆馆长、中国国际文化服务社执行秘书（Executive Secretary, International Cultural Service of China）身份与国会图书馆远东代表（Far Eastern Representative, Library of Congress）、外国出版物采购部间委员会中国区主任（China Director, Interdepartmental Committee for the Acquisition of Foreign Publications）费正清共同撰写了《中美文化关系备忘录》（"Sino-American Intellectual Relations"）。

[1] 费正清著，闫亚婷等译：《费正清中国回忆录》，中信出版社 2013 年版，第 234 页。
[2] 1942 年 12 月 2 日，袁同礼致信陈光甫，其中提及："前在港时，鉴于我国学术界需要新资料之迫切，曾向美订购 Microfilm 设备五套，不意两套运到后，香港即告沦陷。近美国国务院派 Dr. John K. Fairbank 来渝，源源供给此项资料，教育部特组织一委员会，共策进行。"参见朱纪华主编：《上海市档案馆藏中国近现代名人墨迹》，上海书画出版社 2014 年版，第 515—516 页。该书将此信错系为 1943 年，特此说明。
[3] 虽然美国图书馆协会相关档案中保存的版本为 1942 年 12 月 31 日撰写，但由于备忘录寄送给许多机构、个人，因此不同单位、私人档案保存版本的落款日期略有不同，譬如，发送给叶理绥（哈佛燕京学社）版本的落款时间应该是 12 月 16 日，而据费正清回忆录可知，12 月 4 日他致信柯里（Lauchlin Currie），附上了该份备忘录。参见费正清著，闫亚婷等译：《费正清中国回忆录》，中信出版社 2013 年版，第 233 页。

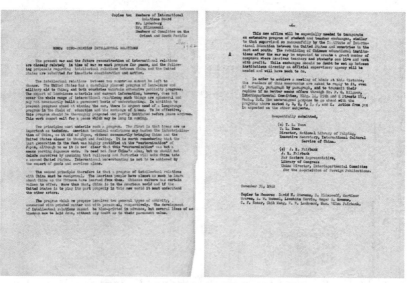

《中美文化关系备忘录》首页及末页（抄件）

　　这份备忘录[1]一共六页，分为两个部分，先概述后枚举具体措施。概述部分首先强调战争期间中美两国必须尽快制定计划、并开展相关行动，为重建战后国际关系、区域和平奠定基础；其次，概述了美国对中国援助的现状，指出虽然美国制定了较为详尽的"租借法案"（lend-lease），但这一援助仅仅为赢得战争，并没有涉及文化领域，而后者则须尽快制定长期计划并着手落实；再次，明确了备忘录的两个基本原则，一是思想与技术并重（ideas are as important as technics），二是两国间文化关系必须是互惠的（reciprocal）；最后，备忘录将涉及两大类，分别针对印刷品和个人。

　　无论是学术界已有的研究成果还是《费正清中国回忆录》中的追述，

---

〔1〕　本书所依据的版本为美国图书馆协会档案保存的版本，因为相关卷宗中留存了该协会及美国各高校图书馆长就此的讨论、反馈，从这些意见中可以窥见基于此份备忘录，美国知识界对中美文化关系的认识，及其对后来各相关高校汉学研究的影响。特此说明。American Library Association Archive, China Projects File, 1938-1948, Box1. Correspondence About China 1942-1943.

对《中美文化关系备忘录》或并未指明或有较大的偏颇[1]。有鉴于此，本书对该件各节要点给予翻译、讨论。

1. 图书馆

虽然平馆制定了本馆的购买、编辑出版计划，但必须为国统区范围为数众多的公共图书馆制定购买（或补充）西文书籍、期刊的计划。对此，美国图书馆协会援助战区图书馆委员会须给予立刻的关注。

美国已经有相当数量的公共图书馆、高校图书馆建立了中文馆藏，可以预见战后对中文出版物（书籍、报纸、期刊）的需求会急剧增加，建议国会图书馆作为中枢，立刻与平馆开展以下具体工作：（1）对重庆地区重要报纸进行缩微胶卷化回溯，特别是《大公报》《新华日报》《中央日报》《扫荡报》；（2）购买或索取政府、机构出版物，并暂时储存于美国大使馆等待合适机会运美；（3）购买并储存其他经过挑选的期刊和书籍，因为西南地区的纸张和印刷困境，所有出版物在付印后都会立刻绝版。

虽然国会图书馆与平馆已经在以上各方面展开合作，但由于币值的问题，购买费用不断攀升，亟需美方提供更多的资金支持。

2. 出版物

对已出版的书刊，则需要书目类指南。《图书季刊》英文本已于1943年在重庆再次复刊，因其对西方汉学家的重要帮助，建议由美国学术团体理事会在美国复刻出版该刊。此外，考虑在美出版其他中国刊物，如《南开社会经济季刊》（*Nankai Social and Economic Quarterly*）《天下》（*T'ien Hsia*）等。《远东季刊》（*Far Eastern Quarterly*）应酌情考虑刊登《南开季刊》（*Nankai Quarterly*）的文章，以示两国学术界的团结互助。

---

[1] 王成志：《袁同礼、费正清与抗战时期中美学术文化交流》，《安徽大学学报（哲学社会科学版）》第 43 卷第 2 期，2019 年 4 月。

　　美国国务院文化关系项目正在将美国学术界出版的期刊缩微化并运输到中国，为了最大效力地发挥其作用，应编辑一份油印版的缩微文摘，包括内容页和刊物重要部分的介绍。

　　出版品目录，对跨国研究有很好的辅助性作用，而人名录同样有用，平馆正在编辑《留美回国人员名录》。

3. 培训人员

　　美国已经拥有为数不少的中文馆藏文献数量超过十万卷的图书馆，但每天接待专业读者的数量却少得可怜，亟需培养专业人员协助读者、研究人员利用中文馆藏资源。政府和私人基金会均应该在此投入人力、财力，后者如哈佛燕京学社和洛克菲勒基金会尤其应该自 1943 年秋提供中国研究的研究生奖学金，而政府机构如"战略情报局研究分析处"（Research and Analysis Branch of the Office of Strategic Services）不仅可以提供赴美交通、手续的便利，更可以利用这些研究生开展相关的分析工作。

　　国务院文化关系司已经向中国派遣了大量的科学技术工作者，但在人文社科领域却是一片空白，英国派遣皇家古希腊讲座教授（Regius Professor Greek）〔1〕来华考察是值得学习的，美国应考虑委派学术界代表来华访问。

　　国务院文化关系司和中国国家资源委员会已经选派了大量学生前往美国学习科学技术。洛克菲勒基金会人文部和哈佛燕京学社应在 1943 年度提供临时奖学金，并委托在华委员会挑选十到二十个年轻学生前往美国。

　　对无须前往美国的研究者，洛克菲勒基金会和哈佛燕京学社应给予资助，确保他们可以完成自己的研究。而由国务院文化关系司选派到美

---

〔1〕 备忘录中并未注明姓名，但应指 Eric R. Dodds（1893—1979），1936 年当选牛津大学皇家古希腊讲座教授。1942 年至 1943 年他前往中国，遍访各大学、研究机构。

国的学者，也能获得私人基金会的补助金。

　　总之，私人基金和国家行为应该是相辅相成的。美国应帮助中国训练图书馆、博物馆馆员，并让他们在美国各机构实习。如果美国各政府机构不会将此作为战时考虑对象，那么私人基金会应该优先考虑这些项目。

4. 筹建在华的美国机构

　　为了指导并鼓励各层面的中美文化交流，应在华成立类似于华美协进会（China Institute）的机构，它既有官方的属性又能独立于大使馆和其他外交渠道。可以在重庆设立该机构的办公室，处理国会图书馆、国务院文化关系司、外国出版物采购部间委员会等美国政府机构的在华业务，并能够在重庆本地开展中美文化机构交流的活动。该办公室的设立，对于以上各机构在华互有重叠的业务而言，无疑是一种较为经济的举措。

　　此外，该机构尤其应开设学生、教师的交流项目，类似于美国国际教育协会（Institute of International Education）已经取得的成就。因为，战后中国教育机构的重建需要大量来华交流的教师和学生。

5. 补充备忘录

　　1943年3月3日，袁同礼和费正清署名了一份补充备忘录，题为"援助中国学者"（Preservation of Chinese Scholarly Personnel）。该件指出，自抗日战争爆发以来，中国学者不得不与疾病、通货膨胀斗争，有些人被迫放弃学术研究，而一些优秀的年轻学人如张荫麟则由于无法得到恰当的医治不幸去世，这对中国学术研究乃至世界范围而言都是极大的损失。因此，在抗战进行的紧要关头，有必要对中国学者伸出援手，如同洛克菲勒基金会援助从德国流亡的犹太学者一样。然而由于政府项目不可避免的迟缓，建议由私人委员会负责遴选受资助者，拟由傅斯年、陈寅恪、袁同礼三人成立资助管理委员会，并请费正清担任顾问。而覆盖范围则以汉学研究为主要对象，包括历史、语文学、考古、科学史、社

会学和哲学。该计划以两年为期，每年资助额为 20000 美金，每人 1000
美金，用以确保受资助者的研究能够继续并出版相关成果，

该份备忘录附上了八位候选人的介绍和他们各自研究计划的概述，
分别是董作宾、郭宝钧、丁山、陈梦家、贺昌群、陈述、张申府、陈
寅恪[1]。

三、反馈与落实

《中美文化关系备忘录》撰写完成后，于 12 月陆续提交给洛克菲勒
基金会人文部主任史蒂文斯、哈佛燕京学社社长叶理绥、美国学术团体
理事会秘书格雷夫斯、国会图书馆东方部主任恒慕义、柯里（Lauchlin
Currie）、中基会董事顾临、雷麦（Charles Remer）、华美协进社社长孟治、
洛克伍德（William Lockwood）、美国国务院文化关系司对华关系处费
慰梅[2]。这意味着，该份备忘录发送给美国政界、私人基金会、学术团体、
图书馆界，而这些受寄方均作出了相当程度的回应，现分述如下。

1. 美国政府

柯里将这份备忘录辗转交给了亨培克，后者是美国国务院远东政策
的顾问和专家，曾对 20 世纪 30 至 40 年代美国对华政策产生过重要影

---

[1] Library of Congress Archives, The Central File Series, Box 674 Asia-3.

[2] 其中，柯里（Lauchlin Currie），时任罗斯福总统的经济顾问，曾参与调停国共
摩擦皖南事变；雷麦（Charles Frederick Remer），美国著名的经济学家，曾执教于
上海圣约翰大学，著有《外人在华投资论》（*Foreign Investments in China*），时任
战略情报局远东处（Chief of the Far Eastern Division of the Office of Strategic Services）
主任；孟治，华美协进社社长，袁同礼的挚友；William Wirt Lockwood，时任太平
洋国际学会（Institute of Pacific Relations）秘书；费慰梅，时任美国国务院文化关系
司对华关系处文官。其他人物在本书中多有涉及，不再赘述。

响[1]。1943 年 1 月 5 日，他就备忘录撰写了较为负面的评论，他认为：

> 为了获得战争的胜利，凡能促使战争胜利的事我们必须竭尽全力。而目前最迫切的莫过于向中国输送那些能够并且将有助于取得战争胜利的物资、仪器和人员。相对而言，现在由我们派人前往，向中国介绍"美国戏剧"的情况不合时宜（参见费博士备忘录末段）。[2]

而这种观点并非是其一己之见，在当时的美国政界这种实用主义——一切为了赢得战争胜利，几乎是一种共识。譬如，远东司司长汉密尔顿（Max Hamilton）、文化关系司司长佩克（Willys Peck）对备忘录均持消极态度[3]。然而，费正清并没有就此放弃努力，而是继续写信阐明自己的观点和主张[4]。最终，美国国务院决定邀请中国学者赴美考察，该举措自 1943 年起至 1946 年止共开展了四次，共有 26 位中国知识界人士受邀前往，其中人文社科类学者、作家共计 14 位，他们分别是：费孝通、金岳霖、刘迺诚、萧作梁，陈序经、汪敬熙、杨振声，林同济、陶孟和、梅贻宝、袁敦礼，老舍、曹禺、叶浅予（戴爱莲）[5]。

2. 私人基金会

洛克菲勒基金会收到备忘录后，在 1943 年度资助中并无任何相

---

〔1〕余伟伟：《斯坦利·亨培克与美国对华政策（1931—1941）研究》，硕士学位论文，浙江师范大学人文学院，2017 年。

〔2〕费正清著，闫亚婷等译：《费正清中国回忆录》，中信出版社 2013 年版，第 236 页。

〔3〕费正清著，闫亚婷等译：《费正清中国回忆录》，中信出版社 2013 年版，第 236 页。

〔4〕譬如，1943 年 10 月 6 日费正清撰写新的备忘录，名为 Education beyond Technology，强调对中国的文化援助。Library of Congress Archives, The Central File Series, Box 674 Asia-1.

〔5〕孙洋：《太平洋战争时期美国对华文化援助研究》，博士学位论文，吉林大学东北亚研究院，2012 年，第 103—174 页。该论文作者就访问学者的学科、类别统计有误，参见其论文 172 页，他认为人文社科类学者有 17 位，这是不准确的。

关举措，这极有可能是因为申请时间过晚。1944 年度报告则显示，该基金会在传统资助中国的医疗项目、人文项目外，批准了一项特别资助（Special Grant-in-Aid Fund for Chinese Scholars），给予 60000 美金用以补助赴美中国学者，鼓励各大学、研究机构邀请他们前往考察、演讲、授课，并认为该举措必然会极大促进美国远东人文学科的相关研究[1]。1945 年度，该基金会批准了另外一项资助，给予美国图书馆协会 50000 美金，用以为战争波及的各盟国购买美国出版的期刊[2]，而该项补助实为 1941 年批准同样目的追加部分，而这前后两笔[3]资助均有针对援助中国图书馆重建的相应部分。

3. 学术团体和组织

　　12 月 16 日，备忘录随信寄给哈佛燕京学社社长叶理绥，翌年 3 月 6 日，袁同礼再次致信叶理绥，并附上一份他和费正清就《中美文化关系备忘录》的补充提议（further proposal）——"援助中国学者"。4 月 12 日下午 4 时半，哈佛燕京学社假该校商学院教工俱乐部召开董事会议。其间，有两项议案与《中美文化关系备忘录》及补充备忘录直接相关，一是（T-782）董事会批准在 1943 年至 1944 年经费中拨付 1500 美金，请平馆购买新出版的中文书籍和期刊；二是（T-787）董事会批准在 1943 年至 1944 年经费中给予 10000 美金，援助十位中国人文学者，并请傅斯年、陈寅恪、袁同礼成立该笔资金的管理委员会，由费正清作为顾问，共同遴选资助对象[4]。

---

[1] Rockefeller Foundation, *The Rockefeller Foundation Annual Report*, New York, 1944, p. 248.

[2] Rockefeller Foundation, *The Rockefeller Foundation Annual Report*, New York, 1945, pp. 257-258.

[3] Rockefeller Foundation, *The Rockefeller Foundation Annual Report*, New York, 1945, pp. 257-258. 另，该基金会 1941 年度的此项资助为 320,000 美金。

[4] Meeting of the Board of Trustees, HYIBMM. Spring. 1943. 费正清著，闫亚婷等译：《费正清中国回忆录》，中信出版社 2013 年版，第 231 页。

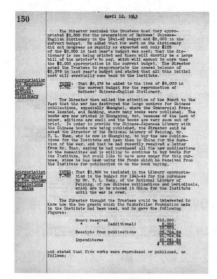

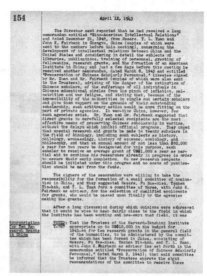

董事会批准在 1943 年至 1944 年经费中拨付 1,500 美金，请平馆购买新出版的中文书籍和期刊

董事会批准在 1943 年至 1944 年经费中给予 10,000 美金，援助中国人文学者，并请傅斯年、陈寅恪、袁同礼成立该笔资金的管理委员会

　　其中第二项援助，并非一次性行为。1944 年 6 月，哈佛燕京学社批准了袁同礼继续补助中国学者的申请，给予中央研究院历史语言研究所、营造学社各 5000 美金[1]。在傅斯年、袁同礼等人的反复斟酌后，这份补助款"除李庄外，其他中心点之汉学家似应顾到"。换言之，援助对象除覆盖史语所，还覆盖了中国文史研究界的学者，如向达、贺昌群、姚从吾、唐兰、徐中舒等人[2]。

　　1944 年 6 月 13 日，袁同礼致信傅斯年，提及"敝馆编印英文本《图书季刊》，刻由美国翻印，在华京重版"[3]。该语绝非虚言，而其恰

〔1〕《袁同礼致傅斯年信》（1944 年 6 月），"中央研究院"历史语言研究所藏，李 69-3-2。该信提到"顷接哈佛燕京社来电，对于吾请求继续补助研究费一案已获通过，并补助贵所美金五千元，营造学社美金五千元。"

〔2〕1944 年 7 月 6 日，傅斯年致袁同礼信。参见王汎森、潘光哲、吴政上主编：《傅斯年遗札》第 2 卷，台北"中央研究院"历史语言研究所 2011 年版，第 1500—1502 页。

〔3〕《袁同礼致傅斯年信》（1944 年 6 月 13 日），"中央研究院"历史语言研究所藏，李 22-37。

恰针对的是备忘录中"建议由美国学术团体理事会在美国复刻出版该刊"。事实上《图书季刊》英文本，确由美国学术团体理事会远东研究委员会（Committees on Far Eastern Studies of the American Council of Learned Societies）在海外复刻并发行，其复刻的范围不仅仅限于 1943 年重庆复刊以后者，更追溯了更早的卷期[1]。

4.《远东季刊》

1941 年 11 月《远东季刊》（*The Far Eastern Quarterly*）创刊，由美国远东学会（The Far Eastern Association）出版发行，首任主编为哥伦比亚大学著名学者毕格（Cyrus H. Peake），另有编辑二人，分别为博东（Hugh Borton）、普里查德（Earl H. Prichard）[2]。至 1943 年 8 月，无论论文还是书评，鲜有中国（华裔）学者在此发表文章[3]。

1943 年 11 月至 1944 年 8 月，该刊分四期[4]连载了郭沫若早年自传《北伐途次》的译文。译者为贝内特（Josiah W. Bennett），是费正清

---

[1] 笔者藏有一册，即新 2 卷第 1、2 期合刊，本为 1941 年 6 月出版，封面处贴有一标记，全文如下："This number of the *Quarterly Bulletin of Chinese Bibliography* is reprinted by permission for distribution outside of China by the Committees on Far eastern Studies of the American Council of Learned Societies and the Committee on Intellectual Cooperation with China, 1219 Sixteenth Street, N. W., Washington 6, D. C."

[2] 毕格，汉学家，研究中国法律史；博东是历史学家，专门研究日本历史；普里查德，汉学家，也是亚洲研究协会（Association for Asian Studies）的创始人之一，并担任该协会的主席。

[3] 1943 年 8 月该刊第 2 卷第 4 期，刊登了 Yao Shan-Yu 和邓嗣禹的两篇文章，前者为论文，作者在加州大学担任教职，后者则撰写了一篇书评文章，严格意义上讲这两篇文章均不是在国内的中国学者所撰写。

[4] Mo-Jo, Kuo, and Josiah W. Bennett. "A Poet with the Northern Expedition." *The Far Eastern Quarterly*, vol. 3, no. 1, 1943, pp. 5-36; Mo-Jo, Kuo, and Josiah W. Bennett. "A Poet with the Northern Expedition." *The Far Eastern Quarterly*, vol. 3, no. 2, 1944, pp. 144-171; Mo-Jo, Kuo, and Josiah W. Bennett. "A Poet with the Northern Expedition." *The Far Eastern Quarterly*, vol. 3, no. 3, 1944, pp. 237-259; Mo-Jo, Kuo, and Josiah W. Bennett. "A Poet with the Northern Expedition." *The Far Eastern Quarterly*, vol. 3, no. 4, 1944, pp. 362-380.

在重庆时美国驻华大使馆的同事。1944 年 4 月 21 日，郭沫若致信费正清，表示"Bennett 先生的译文极精确，如有机会，请代为转达鄙意，作为《武昌城下》的作者，我感受着很大的光荣"，并明确表示已经接到寄赠的样刊[1]。此后，《远东季刊》接连刊登了浙江大学张其昀（Chang Chi-Yun）[2]、云南大学许烺光（Francis L. K. Hsu）[3]和平馆馆员顾子刚（Koo, T. K）[4]的英文论文。而这些中国学人的文章能够在美国汉学（中国学）研究的专门学术刊物问世，无疑与袁同礼、费正清《中美文化关系备忘录》有直接且密切的关系。

此外，该刊本计划在美发行《南开社会经济季刊》，但因为后者的稿件不仅需由国民政府审查制度筛查，也很难将其寄送出中国，只得作罢[5]。

5. 美国图书馆协会及其下属各图书馆

美国图书馆协会与中华图书馆协会自后者成立后即有经常性的联系，在全面抗战爆发后，袁同礼以中华图书馆协会执行部主席的身份不断呼吁美国图书馆界给予支援，并分别在 1939 年、1941 年向美方

---

[1] 黄淳浩编：《郭沫若书信集》上，中国社会科学院出版社 1992 年版，第 580、578 页。《北伐途次》初名为"武昌城下"，特此说明。

[2] Chi-Yun, Chang. "The Centenary Celebration of Sino-American Intellectual Friendship." *The Far Eastern Quarterly*, vol. 3, no. 3, 1944, pp. 205-210.

[3] Francis L. K. Hsu. "Some Problems of Chinese Law in Operation Today." *The Far Eastern Quarterly*, vol. 3, no. 3, 1944, pp. 211-221. 许烺光另外两篇文章刊登时，已分别注明为哥伦比亚大学、康奈尔大学，Francis L. K. Hsu. "Influence of South-Seas Emigration on Certain Chinese Provinces." *The Far Eastern Quarterly*, vol. 5, no. 1, 1945, pp. 47-59; Francis L. K. Hsu. "A Closer View of China's Problems." *The Far Eastern Quarterly*, vol. 6, no. 1, 1946, pp. 50-64.

[4] Koo, T. K. "Some Economic Documents Relating to the Genesis of the Japanese-Sponsored Regime in North China." *The Far Eastern Quarterly*, vol. 6, no. 1, 1946, pp. 65-77.

[5] American Library Association Archives, China Projects File, 1938-1948, Box 1, Correspondence about China, January to August, 1943-1944.

正式表示感谢[1]。与此前"Books for China"自愿、松散的援助活动不同，美国图书馆协会收到《中美文化关系备忘录》后，进行了大量的前期准备工作。

首先，1943年3月初由执行秘书米兰（Carl H. Milam）致信下属的国际关系委员会（International Relations Board）委员和其他的一些图书馆馆长，请求对备忘录进行评估并提出反馈意见。随后在3、4月间收到了相当数量的反馈意见，几乎所有的受访者都认为该备忘录非常重要，其中涉及的各方面都需要美方（图书馆）做出积极回应，而不应等待战后再付诸实施[2]。

其次，6月18日，美国图书馆协会及相关领域人士在华盛顿召开了一次特别会议，出席人员有费慰梅、佩克、特纳（Ralph H. Turner）、米勒夫人（Mrs. Miller）、恒慕义、米兰、布朗（Charles H. Brown）、莱登伯格（Harry M. Lydenberg）、米尔泽夫斯基（Marion A.

---

[1] 1939年，袁同礼代表中华图书馆协会向美国图书馆协会赠送礼物，表示感谢美国图书馆界对中国图书馆的援助，该件礼物于本年12月27日至30日美国图书馆协会芝加哥会议上展示。参见 "A.L.A. NEWS." *ALA Bulletin*, vol. 33, no. 7, 1939, p. 513；1941年夏，袁同礼委托王重民将"爱心杯"带回美国并赠与美国图书馆协会，该件礼物象征着中国图书馆界对美国图书馆界无私援助的感激之情，本拟由裘开明携至美国图书馆协会波士顿会议，因故推迟，最终于7月10日送达美国图书馆协会总部。参见 "A.L.A. NEWS." *ALA Bulletin*, vol. 35, no. 9, 1941, p. 524.

[2] 撰写书面意见的馆长有曼荷莲文理学院图书馆馆长拉丁顿（Mount Holyoke College, Flora B. Ludington）、爱荷华大学图书馆馆长布朗（Iowa State College, Charles H. Brown）、伊利诺伊大学图书馆馆长怀特（University of Illinois, Carl M. White）、密歇根大学图书馆馆长毕寿普（University of Michigan, William W. Bishop）、弗吉尼亚大学图书馆馆长克莱蒙斯（University of Virginia, Harry Clemons）、得克萨斯大学图书馆馆长科尼（University of Texas, Donald Coney），而以上仅其中的一部分，因为寄送名单要远远超过以上的这些人，极有可能是该份档案并未收录全部回馈。参见 American Library Association Archives, China Projects File, 1938-1948, Box 1, Correspondence about China, January to August, 1943.

Milczewski）、萧采瑜、格雷夫斯、泰勒（George Taylor）[1]。会议主旨即讨论《中美文化关系备忘录》中各项建议，而为美国图书馆获取中文出版物被列为首项议题，涉及对此感兴趣的美国图书馆统计、协作形式、购买步骤、监管与分发四个方面。

再次，6月18日至28日该协会国际关系委员会委员布朗分别采访了阿恩特（C. O. Arndt）、洛克海德（Archie Lochhead）、李谟炽、孟治、古迪孔茨（Bess Goodykoontz）、胡适、晏阳初、赛珍珠、吴贻芳、寿景伟[2]和中华民国在美的一些文化机构，如中华新闻服务社（Chinese News Service）等，并撰写了一系列的内部报告，为该协会制订最终方案做参考。

最后，由该协会国际关系委员会委员、远东及西南太平地区分委会主席布朗主笔撰写文章——《我们在华的利益》（"Our Stake in China"），刊登于《美国图书馆协会会报》（*ALA Bulletin*）[3]。他认为在战争结束后，中国将成为继美、英、苏联后的第四大国，而一个拥有四亿五千万人口的工业化中国，无疑会对世界的永久和平发挥巨大

〔1〕 Harry M. Lydengberg，美国著名图书馆学家，曾担任纽约公共图书馆馆长，时任美国图书馆协会国际关系委员会主任；Marion A. Milczewski（1912—1981），美国图书馆学家，后曾担任华盛顿大学图书馆馆长；萧采瑜，中国昆虫学家，时在华盛顿从事研究工作。American Library Association Archives, China Projects File, 1938-1948, Box 1, Correspondence about China, January to August, 1943.

〔2〕 其中，阿恩特和古迪孔茨均在美国教育部任职；洛克海德任美国外汇稳定基金主任、财政部长亨利·摩根索（Jenry Morgenthau, Jr.）的技术助理；李谟炽，湖南浏阳人，清华大学毕业，工程学家，时应在美访问；孟治，长期担任华美协进社（China Institute in America）社长；晏阳初（1893—1990），先后毕业于耶鲁大学、普林斯顿大学，平民教育家和乡村建设家；吴贻芳（1893—1985），1928年获密歇根大学生物学博士学位，后担任金陵女子大学校长；寿景伟（1891—1959），1926年获哥伦比亚大学经济学博士学位，1937年任经济部商业司司长兼中国茶叶公司总经理，时在美出席会议。American Library Association Archives, China Projects File, 1938-1948, Box 1, Brown Charles and Milam Carl 1943.

〔3〕 Brown, Charles Harvey. "Our Stake in China." *ALA Bulletin*, vol. 37, no. 12, 1943, pp. 447-451.

Our Stake in China，抽印本首页

作用。在过去的几年间，美国展开了一系列促进对拉丁美洲国家的认识和理解活动，图书馆和学校在其中发挥了重大作用，这种经验和措施应该复制到对中国的理解，美国有必要对中国重建学校、实验室、图书馆、平民教育等方面施以援手，无论是通过政府层面、知识界、教育机构还是个人，而两国间的文化关系至关重要。该篇文章无疑表明了美国图书馆协会对《中美文化关系备忘录》态度，即必须尽快、积极介入中美文化关系互动中，不仅限于单方面援助，而更应该竭尽所能促进美国对中国文化、现状的理解。

随后，美国图书馆协会采取一系列相关措施，如继续收集复本捐助中国图书馆、捐赠美国出版物、协助中国图书馆重建、派遣美国图书馆学者访问中国、协助申请美国各高校图书馆学奖学金、在中国筹设一家美国图书馆（即后来的国立罗斯福图书馆），而组织美国十余家图书

馆购买中国战时出版物无疑对美国汉学研究的发展有重要的影响。1943年 11 月 29 日，美国图书馆协会远东及西南太平地区委员会致信所有下属各研究型图书馆，询问是否愿意加入该项计划[1]。最终，1944 年夏该项目开始启动，一共有 13 家美国图书馆参与其中，它们分别是哥伦比亚大学、哈佛大学、纽约公共图书馆、西北大学、加州大学、芝加哥大学、夏威夷大学、密歇根大学、明尼苏达大学、密苏里大学、宾夕法尼亚大学、华盛顿大学、耶鲁大学[2]。这项计划由各馆共同出资，并委托袁同礼和平馆驻渝办事处具体操作。至 1945 年 5 月，共寄送了 6 批，累计购买 150 种书刊[3]。主要涉及四类：一、汉学类著作（sinology），二、战时中国的经济和统计出版物（economic and statistical materials on wartime China），三、有关中国的原始材料和一般中文出版物（source materials on

1944 年 10 月，平馆为美方 13 家图书馆购书清单（抄件）

〔1〕American Library Association Archives, China Projects File, 1938-1948, Box1, Purchasing Pool, 1943-1945.

〔2〕American Library Association Archives, China Projects File, 1938-1948, Box1, Purchasing Pool, 1943-1945.

〔3〕学界已有的研究成果认为涉及古籍（经史子集），这是不正确的，参见王成志：《为什么哥大会有这些中文资料》，《中华读书报》，2013 年 3 月 13 日，第 5 版。其中第 2 至 6 批书单，分别于 1944 年 8 月、9 月、10 月、11 月、1945 年 5 月寄送，均只用英文标注书名，虽然回译中文有相当的难度，但可以肯定不涉及中文古籍。American Library Association Archives, China Projects File, 1938-1948, Box1, Purchasing Pool, 1943-1945; China Publications For American Libraries, 1945.

China and things Chinese），四、科学技术出版物（scientific and technical publications）[1]，而这些文献无疑极大地丰富了美国各图书馆尤其是高校图书馆已有的中文文献资源，特别是考虑到这些书刊在很短时间内就会绝版。

---

[1] 参见1943年9月8日袁同礼致美国图书馆协会执行秘书Carl H. Milam 信，American Library Association Archives, China Projects File, 1938-1948, Box1, Purchasing Pool, 1943-1945.

小　结

　　1940 年 3 月 9 日，重庆国民政府外交部即接到美国大使馆正式来函，告知美国国会图书馆已数月未接到教育部国际印刷品交换处的信函和包裹[1]。3 月 23 日，外交部以代电知会教育部，并在文件中直接道明教育部国际印刷品交换处"系指国立中央图书馆筹备处"，请该处查明情况尽快禀明[2]。5 月 24 日，教育部代电函复，核心内容如下：

> 　　据国立中央图书馆筹备处呈复节称："查本处兼办之教育部出版品国际交换处，关于我国政府公报及各院部会公报均经按月邮寄 International Exchanges Service, Smithsonian Institution, Washington, D. C., U. S. A. 转交 Library of Congress 收，从无间断，或因运输拥挤，印刷邮件，递寄迟缓，致有累月未能达到者。"[3]

　　外交部旋即以此答复美国驻华大使馆，但该问题并未得到实质性解决。7 月 12 日，后者再次正式函告国民政府，表示前函所言的政府出版物仍未寄到国会图书馆，请外交部"转令中央图书馆或其他主管寄送机关在未再接通知以前，将印刷品送由美大使馆转寄美国国会图书馆"[4]。换言之，美方获得中国官方出版物的渠道已经失效，在此远东局势日益紧张之际，这无疑是亟待解决的困境。

　　1942 年 8 月，费正清赴华公干的身份之一即"国会图书馆馆长麦克利什（Archibald MarLeish）派到中国的代表"，并得到国会图书馆东方

〔1〕《中美互换刊物》，台北"国史馆"藏，020-070500-0001，第 28—31 页。
〔2〕《中美互换刊物》，台北"国史馆"藏，020-070500-0001，第 32 页。
〔3〕《中美互换刊物》，台北"国史馆"藏，020-070500-0001，第 33 页。
〔4〕《中美互换刊物》，台北"国史馆"藏，020-070500-0001，第 36—37 页。

部主任恒慕义的支持[1]。因此，他此行的主要任务之一是大规模收集中文出版物。此时，国际印刷品交换处仍由中央图书馆管辖，实际负责人员为岳良木[2]。费正清回避中央图书馆，而选择袁同礼（平馆）作为合作对象，并非仅仅是因为二人旧有情谊[3]。首先，费正清对时任教育部部长的陈立夫无任何好感，认为他是蒋介石将教育政治化的执行人[4]。此前，美国联合援华会（United China Relief）资助中国高等院校教员的提议，即被蒋介石和教育部断然否决，这无疑进一步加剧了中国知识分子的生存窘况[5]。其次，费正清认为中央图书馆（筹备处）及蒋复璁虽然被教育部定为名义上的国家最高图书馆机构和负责人，但在现实层面则相距甚远，蒋复璁个人活动与国民党过于密切（works closely with the Kuomintang），其馆务方针并非传播知识，而是热衷于政治生活，因此中央图书馆主要的功用是作为一个展览厅（His library in Chungking has functioned chiefly as an exhibition hall）[6]。最后，相对蒋复璁的政治倾向性，费正清盛赞袁同礼是"学术事业头等的开创者"（an academic entrepreneur of the first magnitude）[7]，他能调动的资源不仅

---

[1]　费正清著，闫亚婷等译：《费正清中国回忆录》，中信出版社 2013 年版，第 205 页。

[2]　1943 年 10 月 29 日，费正清为驻华大使撰写的备忘录，题为 "Cultural Relations, development of libraries in China"，参见 Library of Congress Archives, The Central File Series, Box 674 Asia-1.

[3]　1932 年春，费正清为完成博士论文前往北平，他先是找到胡适、陶孟和等人，后在他们的介绍下结识袁同礼，后者给他的第一印象是充满活力（dynamic）、亲切（cordial）、高效（efficient），此外，他还特别提到此时袁同礼委派顾子刚专门负责协助外国学者利用平馆的中文馆藏资源。参见 Fairbank, John K. "Tung-li Yuan as I Knew Him"，《思忆录：袁守和先生纪念册》，台北商务印书馆 1968 年版，英文部分 p. 18.

[4]　费正清著，闫亚婷等译：《费正清中国回忆录》，中信出版社 2013 年版，第 200、250 页。

[5]　费正清著，闫亚婷等译：《费正清中国回忆录》，中信出版社 2013 年版，第 230、250 页。

[6]　1943 年 10 月 29 日，费正清给驻华大使撰写的备忘录，题为 "Cultural Relations, development of libraries in China"，参见 Library of Congress Archives, The Central File Series, Box 674 Asia-1.

[7]　Fairbank, John K. *Chinabound: A Fifty-Year Memoir*. New York: Harper & Row, 1982. p. 200.

仅限于平馆驻渝、驻昆办事处[1]，更能以中华图书馆协会执行部主席的身份利用除央图外绝大部分的资源。

另一方面，袁同礼及平馆介入《中美文化关系备忘录》也绝非偶然。首先，随着抗战的进行，平馆经费虽然由中基会支付，但此时国民政府已经统制外汇，中基会拨付的购书款项不仅严重缩水，更改为以法币支付，随着贬值的日益加剧平馆不仅正常的业务难以为继，馆员的生存状态较费正清所熟识的大学教授们更是凄凉。其次，面对诸多困境，平馆此前的几次努力，如申请将经费列入国家预算[2]、1941年初袁同礼赴美请求援助计划均告失败[3]，另外馆长蔡元培的逝世无疑是雪上加霜的打击，以上种种遭遇无疑将平馆逼入"绝境"。因此，袁同礼在给胡适的信中写道：

> 近教育部以八十余万美金分配国内各学术机关，西南联大及中央研究院均各得三万五千美金，中央图书馆亦得一万美金，平馆则分文未得。而中基会拨付之西文购书费近又由国币五万元减为二万五千元，中文购书费则仍为国币六千元，重要西文杂志均无法订购，普通书籍则更无法购买。凡此种种，事业上深受严重之打击，昆明馆址被炸三次，而生活日昂，同人中十余日不知肉味者比比皆是，不得不希望美国方面能予若干之援助。今日之援华团体虽侧重于救济，但建设事业之实际需要似

---

[1] 1941年1月，平馆在重庆沙坪坝南开大学经济研究所内设立办事处。参见李致忠主编：《中国国家图书馆百年纪事》，国家图书馆出版社2009年版，第31页。

[2] 《国立北平图书馆请拨员工学术研究补助费经常费有关文书》，中国第二历史档案馆藏，全卷宗5，案卷号11616。

[3] 该次努力未获成功，其主要阻力在于以孙洪芬为代表的中基会董事、傅斯年为代表的平馆委员会委员明确反对，以及教育部突然将已拨付的旅费（美金）收回，导致袁同礼不断推迟赴美行期，最终无果并使之陷于香港。参见雷强：《此信寄自巴黎？——从王重民致胡适的一封信说起》，《上海书评》，2019年12月24日。

亦包括在内。如吾人迟迟不进，则又为教会大学捷足先登。[1]

在此情形下，袁同礼屡次试图赴美申请援助是一种必然选择。最后，平馆因中基会及以往学术活动与美国学术界建立起的联系和亲近感，使袁同礼有信心可以通过自己的不懈努力可以获取美国学术界的同情和援助，他在1941年初撰写的《中美文化交流暂定备忘录》，即与费正清联署《中美文化关系备忘录》的一个底稿。

本书认为该份备忘录有理想化的倾向，甚至是感情因素。这些强烈的主观因素可从费正清在此期间撰写的报告、私人书信中得以体现，作为一个曾经与中国精英知识阶层有过广泛接触的年轻汉学家，他不可能遍访在中国西南地区困顿无助的"老朋友"[2]后无动于衷。此外，备忘录的结构、逻辑并不十分清晰，譬如"图书馆""出版物"部分有相当重叠。但它的提出对美国汉学（中国研究）的发展有着至关重要的影响。

首先，在二次世界大战这一特殊的历史背景下，美国对于远东地区的关注日益增强，但为了赢得对日作战的胜利，美国不断加大对华援助，以军事、政治、经济为核心，并未在文化交流上投入过多精力。直至《中美文化关系备忘录》的提出，费正清和袁同礼对中美文化交流提出了新的、更高层面的建议，尤其是费正清认为必须将中美文化交流置于美国对华长期利益的层面，并给予慎重的考虑，

> 为了我们在此的长期利益考虑，我们必须鼓励那些具有领导能力且按照我们想要的方向发展的中国人。所有人都认为没有必要与留美归国学生保持联系，然而事实上，他们是学术领

---

[1]《袁同礼致胡适信》（1941年5月20日），台北胡适纪念馆藏，HS-JDSHSC-1636-003。

[2] 如梁思成、林徽因、金岳霖、陶孟和、陈岱孙等人。参见顾钧：《"二战"中的美国汉学家》，《读书》2015年第5期，第15页。

域的领袖人物，是我们对华主要的人才投资，同时也是连接中美的桥梁。如果没有他们，我们就会陷入不幸的处境。就如同与苏联的关系一样。

因此我们需要采取以下措施：1. 将文化关系项目提升到更高层次，而不仅局限于技术援助层面。2. 直接从文化关系司派遣人员来执行文化关系项目规划。3. 对中国的教育进行科学的研究（"文化"领域）。[1]

这一出发点和其得到的各方回馈，无疑为美国汉学研究提供了一个巨大的场域。以往研究只是学术社团、各高校、各学者的单独行为，而《中美文化关系备忘录》则希望在国家利益层面、调动一切可能的资源，积极开展中美两国的文化交流和合作，在宏观领域推动了美国汉学研究的全面展开。

其次，《中美文化关系备忘录》的提出极大地激发了美国文化界、学术界等相关领域对近现代中国的关注。在此之前，20 世纪美国汉学研究无论从学者、研究方法、研究对象等诸多方面均深受法国汉学为代表的欧洲学者的影响，即在叶理绥、夏德、劳费尔等欧洲旅美学者执鞭下，美国汉学研究的对象和范畴仍以古代中国为界限，对晚清之后的中国兴趣有限，几乎不会涉猎现代中国的政治、经济、文化领域研究，但美国汉学研究对欧洲汉学的传统的秉持在 1941 年太平洋战争爆发之后势必要做出调整。通过《中美文化关系备忘录》，无论是受美国政府邀请、私人基金会支援的中国学者，或在美国的考察、演讲、教学，或留在国内苦心研究的学人，他们或亲自或通过自己的学术成果与美国汉学家、相关领域人士建立了广泛的联系，并赢得了后者的认可和称赞，这不仅在相当程度上扩大了美国汉学研究的范畴，更让后者与中国学术界建立起直接的对话传统，而这些渠道在 1949 年后，在美国与中国台湾

〔1〕 费正清著，闫亚婷等译：《费正清中国回忆录》，中信出版社 2013 年版，第 238 页。

地区继续保持。

最后，《中美文化关系备忘录》在具体落实阶段，袁同礼及平馆为美国哈佛大学、哥伦比亚大学、芝加哥大学图书馆等 13 家图书馆遴选并购买了抗战中后期出版的中文出版物，虽然数量并不巨大，但这些书刊极大地扩宽了美国汉学的研究领域，钱存训就曾对此有过明确表述——芝加哥大学的中文馆藏在二战期间有了新的发展趋势：

> 芝大远东馆的最初藏书原以古籍为主，不仅没有毛泽东的著作，孙中山的《三民主义》也未收藏。因顾先生专治古代史，他认为现代的文艺作品和社会科学一类著作，大都是垃圾，没有收藏的价值。但自二次大战来，尤其新中国成立以后，美国大学的中文教学和对中国的研究范围已从传统的语文、历史、哲学扩充到现代的政治、经济、社会、法律等社会科学以及其他部门。[1]

而促成这种转变的固然有政治、战争等客观原因，但其滥觞和早期实现方式则可追溯到袁同礼(平馆)与费正清签署并竭尽所能落实的《中美文化关系备忘录》。

---

[1] 钱存训：《留美杂忆：六十年来美国生活的回顾》，台北传记文学出版社股份有限公司 2007 年版，第 51—52 页。其中"顾先生"即顾立雅。

结 论

无论是针对中国现代学术史的讨论，还是对美国汉学发展轨迹的梳理，已有的研究成果鲜有论述图书馆尤其是平馆的地位和作用，更无人涉及平馆与美国汉学界的互动。本书认为最根本的原因是，图书馆通常被视作对公众服务的文化场所，而非独立的研究机构，所以在学术史上难有其地位。例如，1936年9月30日，蔡元培撰写《二十五年来中国研究机关之类别与其成立次第》一文，略述中华民国建立以来的学术机构发展历程，虽然此时平馆已经成立数年且其兼领馆长一职，但他并未将平馆列作研究机关[1]。1945年5月4日，中基会在华董事翁文灏给远在美国的胡适写了一封长信，谈对战后中基会在华事业的恢复和发展的想法，信中虽然对平馆的地位、作用有极高的评价——"北平图书馆是一个有价值的基础"，但也未将其视为独立的学术研究机构[2]。

　　1943年，美国图书馆协会出版的专业术语辞典中，将研究图书馆（Research Library）定义为：拥有大量专业馆藏，并可以在某一特定领域提供穷尽式参考咨询服务的图书馆[3]。1983年，美国著名图书馆学家Heartsill Young在其主编的《美国图书馆协会图书情报学术语汇编》（*The ALA Glossary of Library and Information Science*）中对研究图书馆的界定是：在一个或多个主题分类下拥有大量一手文献、深度馆藏[4]。若仅从这两本图书馆学指南的定义考察，平馆的研究属性毋庸置疑。

---

[1] 蔡元培：《二十五年来中国研究机关之类别与其成立次第》，高平叔编《蔡元培全集》第7卷，中华书局1989年版，第121—122页。

[2] 中国社会科学院近代史研究所中华民国史研究室编：《胡适来往书信选》下册，社会科学文献出版社2013年版，第830页。

[3] Thompson, Elizabeth H. *ALA Glossary of Library Terms*. Chicago: American Library Association, 1943, p. 116.

[4] Young, Heartsill. *The ALA Glossary of Library and Information Science*. Chicago: American Library Association, 1983, p. 188.

袁同礼

1931 年 6 月 25 日，平馆举办文津街馆舍落成典礼。副馆长袁同礼特撰《国立北平图书馆之使命》一文，强调平馆"而于所谓东方学书籍之探求，尤为不遗余力，以为言边防、治国闻、留心学术者之览观焉"。袁同礼有留学欧美的经历，对于国际学术研究的源流、现状有深刻、清醒的认识，对未来的发展趋势和平馆如何在此中发挥作用和影响更有预判和筹划，这反映其广阔的视野、积极合作的态度，更显示出他对该馆使命的期许。因此，他在该文中明确表示：

> 其志在成为中国文化之宝库，做中外学术之重镇，使受学之士，观摩有所，以一洗往日艰閟之风。……吾人深愿以此通中外图书之邮，为文化交通之介。[1]

在袁同礼看来，合组后的平馆已从京师图书馆的桎梏中蜕变，其服务的对象也绝非局限于旧式藏书楼接待的士人学子，而应该敞开大门，积极、主动地面向中外各界，其使命是"中国文化之宝库""中外学术之重镇"。换言之，平馆不仅是当时中国唯一一所国立图书馆，其志向是成为中国第一所现代意义上的且面向中外的研究图书馆，积极参与学术研究并推动中外学术发展是最重要的己任[2]。这种观点

---

[1] 袁同礼：《国立北平图书馆之使命》，《中华图书馆协会会报》第 6 卷第 6 期，1931 年 6 月，第 3 页。

[2] 1949 年 5 月 19 日，洛克菲勒基金会人文部副主管法斯到华盛顿拜访袁同礼，后者表示"平馆将被转变为一所公共、大众图书馆而非此前的研究机构"（its development as a public, popular library rather than as a research institution.）。

绝非袁同礼个人的奢望，作为平馆馆员的向达也曾有类似的表述：

> 平馆为国家图书馆，其职能在典藏研究，与普通之公共
> 图书馆殊科。徒以国内圕事业尚在萌芽，遂致以国家图书馆
> 而兼公共图书馆之任务。[1]

若以研究图书馆、学术机构作为考察维度，则平馆在袁同礼的
执掌下开展的一系列学术活动：如编印中文书籍卡片目录、古籍善
本书本式目录，编辑出版中英文学术、参考期刊，协助欧美各国图
书馆构建系统且有特色的中文馆藏，选派馆员前往欧美学习、研究，
积极介入筹划中美文化合作框架，以及尚未展开讨论的影印善本古
籍、出版学术专著、编辑各种研究索引、联合中研院史语所开展考
古挖掘等事业[2]，便都在中国现代学术史上占有一席之地，具备
深入讨论的必要和意义。然而，在严文郁《中国图书馆发展史：自
清末至抗战胜利》（1983）、中国图书馆学会编著《中国图书馆学
科史》（2014）等已有的中国图书馆通史研究中，平馆作为研究型
图书馆的本质属性均被忽视[3]，这种学科史内部的认识局限无疑

---

〔1〕《向达致袁同礼信》（1937年2月21日），国家图书馆藏，1937-※044-外事3-002001
　　至1937-※044-外事3-002007。
〔2〕平馆影印善本古籍、出版学术专著两项事业为世人熟知，本书不再一一赘述；
　　编辑研究索引，可参见严文郁：《中国图书馆发展史：自清末至抗战胜利》，台北
　　枫城出版社1983年版，第56—57页；考古事业，可参见王汎森、潘光哲、吴政上主编：
　　《傅斯年遗札》第2卷，"中央研究院"历史语言研究所2011年版，第743—744页。
〔3〕这种漠视，本书认为主要有两方面的原因，一是平馆作为民国时期重要的文化、
　　学术机构，其史料留存之多、保存之分散超乎想象，仅以国家图书馆（档案室）为例，
　　仍有相当数量的重要档案尚未公布，这无疑给学术界全面认识平馆的地位和影响造
　　成了相当困难；二是1949年后北京图书馆（国家图书馆）转变为一所大型公共图书馆，
　　其民国时期建立的学术传统已荡然无存，而平馆作为中基会（美庚款退款）最为重
　　要的合办事业，此前牵涉中美文化交往至深，出于政治考量更不愿标榜以往的辉煌。

对现代学术史领域的讨论预设了障碍。

历史学家陈寅恪在《敦煌劫余录》序言中写道：

> 一时代之学术，必有其新材料与新问题。取用此材料以研求问题，则为此时代学术之新潮流。治学之士，得预于此潮流者，谓之预流。其未得预者，谓之未入流。此古今学术史之通义。非彼闭门造车之徒，所能同喻者也。[1]

这一论述虽然是针对敦煌学研究，但也适用于中外人文社科各领域。美国汉学研究作为 20 世纪美国学术领域中的新发展，它面对的主要挑战同样是如何获取新材料和怎样提出新的问题。

20 世纪 30 年代，美国学术团体理事会筹设促进中国学研究委员会并以此积极开展各项基础性工作，以洛克菲勒基金会为代表的私人基金会投入大量资金支持美国各高校、图书馆、艺术馆增加东亚馆藏并通过编制目录以提高利用效果，都是为美国的汉学（中国学）研究积累新材料提供便利和条件。然而此种"预流"之路，绝非"闭门造车"就能够自主实现。新材料的大规模、系统性获取和有效利用，仅仅凭借美国学术界自身的努力是无法在短时期内达成的。如何使各大学、研究机构确立汉学研究的基础并进入快速发展阶段，利用中国的学术资源、与中国学术机构合作是美国学术界的一条必经之路。

钱存训在其回忆文章中曾明确指出，"北图的藏书丰富、设备周全，是来华的汉学家和研究生必到之地，因得袁先生殷情相助而建立了深厚的友谊"[2]。这种评价不仅限于华裔学者，美国学术团体理

---

〔1〕陈寅恪：《〈敦煌劫余录〉序》，陈垣《敦煌劫余录》，国立中央研究院历史语言研究所 1931 年版，第 1 页。

〔2〕钱存训：《袁同礼馆长与国际文化交流》，《钱存训文集》第 3 卷，国家图书馆出版社 2012 年，第 269 页。其中，"北图"即本书所指国立北平图书馆，特此说明。

事会秘书、中国和日本研究委员会重要成员格雷夫斯也曾表示：美国中国学研究在经历了近四十年发展后，已经取得了长足的进步，"不仅老一辈的美国学者贡献了热情和努力，年轻一代的美国学者也看到了新领域的机遇和挑战，而欧洲、中国、日本的学者也助益良多。在这一探索中，袁同礼无疑是参与其中的最闪耀的中国学人"[1]。

平馆与美国学术界积极合作的关系固然有私人情谊的因素[2]，但更多的是由本书所探讨的诸多举措，如中文书籍标准化编目、协助美国各图书馆建立并丰富中文馆藏资源、发行英文期刊传递中国学术界动态和成果、馆员访美以及《中美文化关系备忘录》等特殊事项得以确立并巩固。这一系列举措不仅实现了平馆现代化的内在要求、践行了袁同礼所倡导的学术使命，同时也主动、及

以国立北平图书馆为主题的藏书票

〔1〕Graves, Mortimer. "T. L. Yuan-A Friend"，《思忆录：袁守和先生纪念册》，台北商务印书馆1968年版，英文部分 p. 30.

〔2〕可参见《思忆录：袁守和先生纪念册》，台北商务印书馆1968年版，英文部分。该节多由欧美学者撰写，如费正清、顾立雅、富路德、恒慕义、戴德华、西门华德等等。

时回应了美国汉学发展的诸多诉求，二者之间形成了良性互动的交流，更通过以上各项措施将两国人文、社科领域的学术交往紧密联系在一起，强化了学者之间的接触和往来，极大地激发了美国各大学、研究机构对中国历史、文化的关注和研究兴趣。如美国社会学家默顿（Robert K. Merton）在其早期著作《十七世纪英格兰的科学、技术与社会》（*Science, Technology and Society in Seventeenth Century England*）中，分析皇家学会（Royal Society）为代表的学术团体作为科学制度的集中体现者如何推动科学研究，并以此强调学术研究中的社会关系（即所谓的科学共同体 Scientific Community）的重要性，而平馆作为"中外图书之邮""文化交通之介"，对 20 世纪 30 年代后美国汉学研究展开有重要的枢纽作用，有时甚至是某一研究兴趣产生的最初原点。

余英时教授在回顾美国汉学发展的历程时曾表示：

> 六十年来北美"汉学"或"中国研究"的突飞猛进，我恰好是一个见证者。我可以很负责地报告，"汉学"或"中国研究"之所以能取得今天的成就，主持各大图书馆东亚部门的华裔学人是最大的功臣。正由于他们建立了完善的支援系统，北美的研究队伍才能迅速地成长起来。这一支援系统并不限于图书的收集、分类、整理等等，而且包括华裔主持人所提供的关于目录学、版本学以及一般文史方面的知识。这种知识上的点拨往往能对青年研究者发生催化作用，使他们提前进入掌握中心论题的状态……裘先生是第一代，钱先生是第二代，而后者通过教学又培养出好几代的人才。[1]

---

[1] 余英时：《史学研究经验谈》，上海文艺出版社 2010 年版，第 204—205 页。

其中"裘先生"为裘开明、"钱先生"即钱存训，虽然余英时教授的评价并未直接提及平馆，但也可以借此窥见历史的潜流。1962年1月10日房兆楹致信袁同礼，告知澳大利亚国立图书馆有意延聘他来此主持筹划该馆馆藏东方文献的营建事宜。并提到"近有Yale 研究生 Spence 来跟我读满洲史料。现有的书不少可惜重要的都没有。可否请您大约估计一下以下清书 microfilm 费用"[1]？信中的 Spence 即今日美国汉学家史景迁（Jonathan D. Spence）。虽然房兆楹并非平馆馆员出身，但他一旦遇到获取文献材料的难题也需要向袁同礼这样饱学的图书馆人求教。由此可见，即使在1949 年之后，袁同礼、严文郁、钱存训、吴光清以及并不知名的徐家璧等平馆先贤仍对美国汉学研究有着持久的贡献，这些理应被后人所铭记。

最后，费正清作为美国中国学的代表性人物，他以清末中外交通为基石培植中国学研究的大量学生，固然有其早期的研究对象——"清代海关"的影响；但美国学术界善于利用"集团协作和组织管理"[2]来推动汉学研究，是因为费正清和其他美国本土学者敏锐地意识到巴黎学派的辉煌难以持续，更无法为刚刚进入专业汉学领域研究的美国学者所模仿，这种策略上的调整"与其说是将汉学研究推进一步，不如说是如何使少数天才的事业变成多数凡人的职业"[3]。正是在这一"预流"的强烈观照下，美国学术界转向近代中国并使用各种社会科学方法开展汉学研究，而这种变化恰恰是以美国各图书馆中文馆藏的大量增长和采访方针调

〔1〕 Yuan, T'ung-li (Yuan, Tongli). Papers, Special Collections Research Center, University of Chicago Library.

〔2〕 桑兵：《国学与汉学：近代中外学界交往录》，浙江人民出版社 1999 年版，第 20 页。

〔3〕 桑兵：《国学与汉学：近代中外学界交往录》，浙江人民出版社 1999 年版，第 17 页。

整为基础，即转向"社会科学和现当代中国"出版物，而平馆无疑是这一调整最为重要的指引者[1]。

---

[1] Nunn, G. Raymond, and Tsien, Tsuen-Hsuin. "Far Eastern Resources in American Libraries", *The Library Quarterly: Information, Community, Policy*, vol. 29, no. 1, 1959, p. 29. 本书认为平馆发行的 1935 年后中文出版物卡片目录、《图书季刊》英文本所报道的中国学术动态、期刊文章索引、馆员访美协助编目、《中美文化关系备忘录》下的联合购买计划，都为美国各主要图书馆获取"社会科学和现当代中国"出版物贡献良多。譬如，哈佛大学作为美国汉学研究的重镇，因早期即与私立燕京大学确立合作关系，故与平馆的合作最少，且在某种意义上讲有竞争意识。但哈佛燕京汉和图书馆的中文现代出版物的采访方针，几乎是以《图书季刊》英文本中所登载的书目、期刊为底本来选取的。参见洛克菲勒基金会人文部副主管 John Marshall 日记，1936 年 6 月 5 日，贾德纳向其明确表示，哈佛燕京汉和图书馆采访方针是在仔细分析《图书季刊》英文本内容的基础上，将该刊所介绍的图书、期刊分为四类，一是必须立刻购买，二是在资金允许的情况下尽快购买，三是有兴趣，四是不建议购买（如西文小说译本）。

附　录

国立北平图书馆善本书赴英国、美国展览经过

晚清以降，中国近代意义上的图书馆、博物馆纯属舶来之物，虽经维新之士提倡，但危局日艰，主政者无暇亦无力顾及此等文化事业；后经民国时期数代文化界、学术界人士奋发图强，逐渐蔚为大观。

国立北平图书馆作为民国时期最早成立的国立图书馆，其主要职责固然在于搜采、编目、典藏、阅览、研究、出版等方面，但作为中国近代最为重要的文化机构之一，举办图籍类展览亦是其开发民智、启迪新知的重要手段，同时更是其开展中外文化活动的主要途径。在平馆历年主办、参与的各类型展览中有两次尤为特殊，皆选择馆藏古籍精华远赴异国，前后经过因牵涉中外各方因素影响异常复杂，今人多不知其详且常有讹传，值得详加考察。

一、参与伦敦中国艺术国际展览会

（一）缘起

1935 年 11 月 28 日至 1936 年 3 月 7 日伦敦中国艺术国际展览会（International Exhibition of Chinese Art，以下简称"伦敦艺展"）在英国百灵敦堂（Burlington House）成功举办，该展是 20 世纪上半叶全球范围内以中国古代艺术为主题的最大规模国际性展览，展品数量之多、种类之繁、级别之高，至今仍难以再现，其中又涉及英、中等国政界、文化界人士的相互协作，意义和影响极为深远。中外学术界对该展颇为关注，自其开幕时起至今日仍常有专门研究问世，但这些论文和专著大多集中讨论前期筹备、国内舆论的支持与反对、上海预展和伦敦展览观众之反响，并以故宫博物院南迁文物中选取之精华为对象焦点，对微观环节则关注不多，且常有错误[1]。在所有中方送展展品中，平馆共拣选善本古籍50种，其数量位列故宫博物院（735种）、中央研究院（113种）之后，为中方公藏机构第三位，这也是该馆首次将古籍善本送往国外参展，着实不应被学术界忽略。

以学术界已知之档案史料，平馆介入该展策划的时间相对较晚。1934年4月4日，故宫博物院理事会召开会议，讨论该院参加伦敦艺展的前提条件[2]。平馆副馆长并兼任故宫博物馆图书馆副馆长袁同礼此时正在美国考察，6月下旬转往欧洲，并在法、英等国盘桓甚久，无论是法国吉美博物馆（Musée Guimet）伯希和档案所保存信札，还是中国国家图书馆、故宫博物院档案中的公函、电文中均未见任何史料与之相关。但以袁同礼与伯希和、叶慈（Walter P. Yetts，1878—1957）、大维德爵士（Sir Percival V. David，1892—1964）等英方委员和外方顾问之密切往来，且时间、空间上之便利，他极有可能受故宫博物院委托就近在伦敦等地与外方人士接洽[3]。同年10月9日，南京国民政府行政院令，任命行政院秘书长褚民谊、内政部次长甘乃光、外交部次长徐谟、财政部次长邹琳、教育部次长段锡朋、故宫博物院院长马衡、侨务委员会委员长陈树人、交通部次长张道藩、铁道部次长曾仲鸣、平馆副馆长袁同礼十人为伦敦中国艺术国际展览会筹备委员，

---

[1] 如2023年出版的专著《文物光华：1935年—1936年伦敦中国艺术国际展览会研究》，不仅没有正确指明伦敦中国艺术国际展览会筹备委员的组成，更误以为平馆仅选送了30种古籍，最为蹊跷的是著者误将民间对拣选展品的观点列为庄尚严之意见，参见陈文平、陈诞：《文物光华：1935年—1936年伦敦中国艺术国际展览会研究》，上海书画出版社2023年版，第44—46、62、162页。

[2] 徐婉玲：《在展览叙事与文化建构之间：伦敦中国艺术国际展览会》，《紫禁城》2021年第10期，第15—16页。

[3] 如1934年10月25日蔡元培致信袁同礼，该函先寄送故宫博物院院长马衡，再由其转交。参见王世儒编：《蔡元培日记》，北京大学出版社2010年版，第394页。

王世杰为主任委员[1]。10月24日下午四时，筹备委员会假教育部召开第一次会议[2]。虽然，此时袁同礼赴马德里参加国际博物馆会议（International Museography Congress），未能出席筹备会，但平馆参与伦敦艺展已成定议。

12月3日，袁同礼从国外归来，抵达上海，12月6日即赴南京参加伦敦中国艺术国际展览会筹备委员会第二次会议，王世杰、马衡、褚民谊、徐谟、段锡朋、张道藩、邹琳、陈树人均出席，杨振声列席，唐惜分记录。首由会议主席王世杰报告筹备工作进展，继由专门委员杨振声报告各次专门委员会会议各案，拟订铜器、瓷器、书画展品选取标准及故宫博物院、古物陈列所初选目录。随后讨论六项议案，其中有一项尤其值得今人注意，即"由本会专门委员会负初选之责，由英方来华选择委员负决选之责"[1]。该项决议似未曾被中国学术界所明悉，导致常有学人引用此时民间较为极端的观点：

> 选择权必须操之于我。听说英国方面要求我方允其派代表到我中国来任意选择最精美的古物运往英国陈列。这我们认为最不妥当。世界上岂有自己的国宝而任人家来挑选的道理？国际亲善亲到任何密切的地步，恐怕也不会有这样大方的举动吧？[4]

此种观点有民粹之嫌，误以为中国古物为伦敦艺展仅有之展品来源，

---

[1]《行政院院长汪兆铭呈国民政府主席林森为经院议决派教育部长王世杰为伦敦中国艺术国际展览会筹备委员会主任委员》，台北"国史馆"，典藏号001-032315-00001-001，第2—4页；国民政府文官处印铸局：《国民政府公报》，1934年第1562号，第10页。

[2]《伦敦中国艺展筹委会昨成立》，《申报》，1934年10月25日，第3版。

[1]《伦敦中国艺术国际展览会筹备委员会第二次会议纪录》（1934年12月6日），故宫博物院档案。

[4]《筹备中的伦敦中国艺展》，《民间》（北平），1935年1月第1卷第17期，第25页。

全然不知现代国际展览筹备之跨国合作原则，且与伦敦中国艺术国际展览会筹备委员会第二次会议之决议彼此矛盾。实际上，筹备委员会第二次会议对于"初选之责""决选之责"的界定，不仅在中方确定送往英国的 1022 件展品的过程中发挥了重要作用，更影响了展品运抵伦敦后的拣选和最终实际展出的情况。

（二）选目

1934 年 12 月 19 日，伦敦中国艺术国际展览会筹备委员会致平馆公函，请于翌年 1 月 15 日前填具展品清单，并将参展展品备齐以便于 3 月送往上海预展陈列[1]。收到该函后，平馆的反应似较为消极，直到 1935 年 3 月初才选定古籍 30 种，并于 3 月 5 日将参展书目（表 1）清单呈送伦敦中国艺术国际展览会筹备委员会[2]。此项展品清单中宋元刻本屈指可数，大部皆为明清刻本，后十种因皆有雕版画得以选入。此外，平馆善本部主任徐森玉在选目清单底本上标注"估价五千元"，该细节颇值得今人给予注意。

---

[1]《伦敦中国艺术国际展览会筹备委员会公函》（第四号），国家图书馆档案，档号 1934-※043- 外事 2-007004 至 1934-※043- 外事 2-007006。

[2]《函伦敦中国艺展会送展品察收给据》，国家图书馆档案，档号 1934-※043- 外事 2-007007 至 1934-※043- 外事 2-007010。

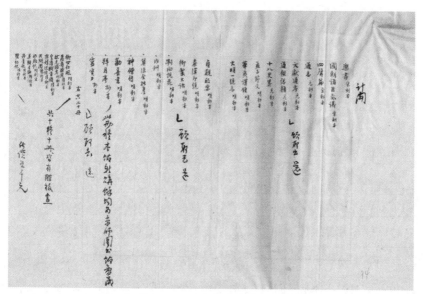

1935年，平馆最初选取参加伦敦艺展之展品底单

表1　平馆最初选定送往伦敦艺展的 30 种善本古籍

编号书字	题名	版本	是否展出[1]	英伦艺展编号	卷（册）
01	乐书	南宋刻本	是	3044	卷第八十三
02	国朝诸臣奏议	南宋刻本	是	3050	卷第一
03	改并五音类聚四声篇	金刻本	是	3046	第十二
04	通志	元刻本	是	3047	列传第七（通志第九十四，战国）
05	文献通考	元刻本	否		卷三十六
06	通鉴总类	元刻本	否		卷十一
07	历代十八史略	元刻本	否		卷七
08	孟子节文	明洪武官刻本	否		首册
09	华夷译语	明洪武官刻本	是	3069	首册
10	大明一统志	明天顺官刻本	是	3052	卷二十九

---

[1]　"是否展出"及"伦敦艺展编号"皆依据英国皇家艺术学院（Royal Academy of Arts）编辑出版的展览图录 *Catalogue of the International Exhibition of Chinese Art, 1935-1936* 核查，表2、表3中的相关信息亦从该英文图录中核对、摘录，特此说明。

编号书字	题名	版本	是否展出	英伦艺展编号	卷（册）
11	贞观政要	明成化官刻本	否		首册
12	秦汉印统	明万历刻本	是	3049	首册
13	御制大诰	明洪武官刻本	否		首册
14	刘向说苑	明初官刻本	否		首册
15	大明仁孝皇后内训	明永乐官刻本	是	3064	首册
16	算法全能集	明初刻本	是	3042	首册
17	神僧传	明永乐官刻本	否		卷六
18	劝善书	明永乐官刊小字本	否		卷十三
19	拜月亭传奇	精钞本	否		
20	灵宝刀传奇	精钞本	是	3070	首册
21	御世仁风	明万历刻本	是	3068	卷三
22	状元图考	明万历刻本	否		
23	西厢记	明刻本	是	3067	首册
24	吴骚合编	明崇祯刻本	否		卷一
25	丹青记	明万历刻本	否		
26	双红记	明万历刻本	是	3063	首册
27	万寿盛典	清康熙刻本	是	3061	卷四十一
28	皇清职贡图	清乾隆刻本	否		卷四
29	楚辞述注	清顺治刻本	否		首册
30	天问图	清初刻本	是	3062	首册

1933 年春夏，教育部（王世杰）曾密呈行政院，请藉故宫博物院古物南迁之际，以政府行政命令攫取文渊阁《四库全书》并交国立中央图书馆（筹备处）庋藏。教育部呈文（抄件）如下：

查《四库全书》北平藏有二部。其一部在北平图书馆，

其一部藏在文渊阁。首都为文化政治中心，四方观瞻所集，

公私藏弆，转无此书，实为缺然。现在首都中央图书馆业由
本部派员筹备，中外一切图籍均在设法搜求。此项《四库全
书》，自在最先征求之列，理合呈请钧院鉴核转呈国民政府
令行北京故宫博物院，即将原储文渊阁之《四库全书》一部，
刻日运京，交由本部点收，转发中央图书馆储藏。国家文化
前途实为幸甚。[1]

恕笔者孤陋寡闻，此呈文未曾在南京中国第二历史档案馆、台北"国
史馆"等处所存档案中见及，仅以抄件形式附于袁同礼致叶恭绰之私人
信函之中，其可信程度自可供学界商榷、讨论。笔者认为虽然叶恭绰时
仅任闲职，但以其在文物、收藏界的领袖地位，且人脉、耳目极为广博，
此档所谈之情形绝不可能凭空妄言，否则袁同礼不仅无法揭示中央图书
馆(筹备处)所谓影印文渊阁四库的初衷，更会顿失前辈信任，自毁长城。
时袁同礼兼任故宫博物院图书馆副馆长，肩负典守职责。1933年故宫博
物院古物南迁自有其绝对的合理性，但倘若藉此时机开他所攫取文物之
法门，则实在难平众人非议。而教育部作为政府机关的威信势必不能被
公开诋毁，否则无异于"犯上作乱"，因此以平馆为代表的北方学人极
力呼吁以善本代库本，极有可能是一种不得已之策略，其目的之一在于
消解中央图书馆（筹备处）影印《四库全书》的合理性，藉此保全故宫
博物院文渊阁《四库全书》的所有权和完整性。

考虑到平馆选取展品迟缓、宋元善本初选比例不高及1933年"四
库风波"前后与教育部之间的微妙关系[2]，笔者并不认为"估价五千元"

〔1〕 舒晨：《叶恭绰友朋尺牍》（三），《历史文献》（上海），2001年8月第5辑，
　　　第223页。
〔2〕 1933年1月12日，因热河局势恶化，平馆委员会即考虑馆藏善本装箱并存放
　　　安全地点。5月2日教育部致电蔡元培、袁同礼请将平馆善本中最善者南迁，其中
　　　特别强调"明代《实录》及明人集仍系本来面目，远非《四库全书》删改者可比"，
　　　该语尤为刺眼，翌日平馆委员会即由胡适出面致信教育部次长段锡朋、钱昌照，以
　　　南方潮湿不利善本保存且已觅得安全地点为由婉拒教育部南迁善本电令。

的标记仅为投保计价，而是平馆在最初选择展品时已给予慎重考虑——若某方故伎重施，展品无法送还，损失的范围须控制在合理的范围内。这一考虑无非有两方面的因素，一为价值多少，二为是否有复本或者可购藏同版本者补藏。于是在最初的展品清单中，虽有宋元刻本，但大体以明清版本为主。

3月8日，袁同礼由平汉线南下，先赴武昌文华图书馆学专科学校，后于15日左右转往南京，向教育部报告馆务。3月27日，伦敦中国艺术国际展览会筹备委员会在上海四马路梅园酒家设宴款待外方委员伯希和、赫伯森（Robert L. Hobson, 1872—1941）、欧默福普洛斯（George A. Eumorfopoulos, 1863—1939）三人，中方与席者有杨振声、袁同礼、郭葆昌、张煜全、叶恭绰、吴湖帆、唐惜分等十余人[1]。在京、沪两地盘桓期间，平馆参展书目正酝酿一次大增补，其最终结果即《参加伦敦中国艺术国际展览会出品目录》中的"续到展品目录：珍本古书类（北平图书馆续送古书）"。

表 2　平馆续送的 20 种古书

编号 书字	题名	版本	是否 展出	英伦艺展 编号	卷（册）
31	大方广佛华严经	六朝写本	否		
32	大般涅槃经	六朝写本	否		
33	陀罗尼经	五代刻本	是	2989	
34	文选	北宋刊本	是	3043	卷第三
35	册府元龟	北宋刊本	是	3051	卷第六百一十二
36	国朝二百家 名贤文粹	南宋刊本	是	3053	卷第十九
37	宣和博古图	元刻本	是	3048	卷二十五
38	艺文类聚	明正德活字 印本	是	3054	卷九十一
39	颜鲁公集	明嘉靖活字 印本	是	3045	首册

---

[1]《艺展预展：古物陈列竣事》，《申报》，1935年3月28日，第9版。

编号 书字	题名	版本	是否 展出	英伦艺展 编号	卷（册）
40	太平御览	明隆庆活字 印本	否		卷第四百七十一
41	孟浩然诗集	明刻朱墨 印本	否		首册
42	王摩诘诗集	明刻朱墨 印本	否		卷五
43	十竹斋画谱	明崇祯刻 五色套印本	是	3066	
44	劝善金科	清康熙刻 五色套印本	否		第二本卷上
45	钦定词谱	清康熙朱墨 套印本	否		卷七
46	古文渊鉴	清康熙刻 五色套印本	否		首册
47	耕织图	清康熙刻本	否		
48	西夏文金光明 最胜王经	西夏刻本	否		
49	西夏文经律异相	元刻本	否		
50	西夏文大方 广佛华严经	元刻本	否		

　　《参加伦敦中国艺术国际展览会出品目录》[1]之续到展品类型包括书画类、家具类、文具类、珍本古书类，其中珍本古书增补二十种。此次增补，究竟因为何方意见，尚无学术文章予以讨论。在已公开的相关史料档案中，只有《北京图书馆馆史资料汇编（1909—1949）》记录一则相关信息：1935年4月4日，平馆委员会召开第十八次会议，傅斯年、周诒春、胡适、任鸿隽、孙洪芬、蒋梦麟、陈垣、袁同礼出席，胡适作为会议主席，讨论议案之第三项即——本馆善本书籍送伦敦中国艺术展览案，议决照单通过[2]。本次会议的内容仅以纪要形式留存，现已无从

---

〔1〕 必须指出，该份《目录》在1935年春夏前后刊印了三个版本，即最早无续到展品者、明确标识有续到部分者、未标识续到部分仅显示汇总后的总目录。

〔2〕 北京图书馆业务研究委员会编：《北京图书馆馆史资料汇编（1909—1949）》，北京：书目文献出版社1992年版，第350页。

查悉更为具体的信息。除此之外，中国国家图书馆馆藏档案中保存了两份相关电文。4月8日，教育部部长、伦敦中国艺术国际展览会筹备委员会主任王世杰致电袁同礼，请平馆增补参加伦敦艺展古书展品[1]。

> 文津街国立北平图书馆袁守和先生：
>
> 　　参加伦敦艺展之古书，杰及筹委会同人均盼兄能将北宋版活字版及宋元版本增选送展，至盼电复京。
>
> 　　　　　　　　　　　　　　士杰，庚。印。

1935年4月8日，王世杰致电袁同礼请平馆增补伦敦艺展古籍类展品

翌日，袁同礼覆电王世杰，告已增选善本[2]。

---

〔1〕《王世杰致电袁同礼》（1935年4月8日），国家图书馆档案，档号1934-※043-外事2-007013。

〔2〕《袁同礼致电王世杰》（1935年4月9日），国家图书馆档案，档号1934-※043-外事2-007012。

南京教育部王部长鉴：

　　庚电敬悉，已选北宋元明及活字本古书、六朝写经、西夏文经，径寄沪。

　　　　　　　　　　　　　　　　同△复，青。

　　结合本年 3 月中、下旬袁同礼在南京上海等地的经历，4 月 4 日平馆委员会之会议和 4 月 9 日覆电之迅速，笔者认为王世杰和袁同礼的两电皆属官面文章，即公函流程。换言之，平馆补选送展古籍应在 3、4 月间即已切实商定。此次增补之举可能受两方面的推动，一是伦敦中国艺术国际展览会筹备委员会之外方委员，二是国民政府教育部。

　　所幸此事尚可从外方档案中找到确切原因，法国吉美博物馆伯希和档案中存有 1935 年 4 月 6 日袁同礼致伯希和信，告知已经为伦敦艺展挑选了古籍善本，尤其选择了早期印本以满足其愿望。

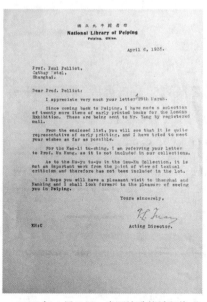

1935 年 4 月 6 日，袁同礼致伯希和信

　　由该信不难得出以下结论：袁同礼由上海北返后，应伯希和的

请求，从平馆馆藏中补选了 20 种善本古籍，用以代表中国早期印刷术的成就，并告这些展品将挂号寄送给杨振声。另外，《高丽图经》（*Kao-li tu-ching*）非平馆馆藏，已转询故宫博物院院长马衡之意见；而《古玉图谱》（*Ku-yu tu-pu*）并非要籍，故未选列。平馆增补珍本古书的这一过程，恰好印证了此前"由本会专门委员会负初选之责，由英方来华择委员负决选之责"的方针。而伯希和有如此大的能力，笔者认为是出于三个方面的因素：一为伯希和是伦敦中国艺术国际展览会筹备委员会的外方委员之一，且为少数对中国写本、印刷品有精深研究的专家，尤为留意书籍类展品；二是自 1921 年秋袁同礼就结识伯希和[1]，自此两人私、公往来密切；三是平馆王重民、向达等人赴法、英两国影照敦煌写经、太平天国出版物，无论是此项事业还是个人研究皆须受伯希和的照顾和指导，与之维持良好关系对平馆而言十分重要。

（三）展出

平馆参加伦敦艺展的 50 种古籍共装两箱，1935 年 6 月 6 日随铜器、瓷器、书画、玉器、剔红、景泰蓝、织绣、折扇等各类展品搬运至英国萨福克号巡洋舰（H. M. S. Suffolk）上，翌日离沪前往英伦。7 月 25 日，抵达朴茨茅斯（Portsmouth）。9 月 17 日，中英双方相关人员一同开箱。但所有展品运达英国后，因百灵教堂"会场面积有限，不能尽陈，由选择委员，重加择抉"[2]，国民政府送来之展品只陈列 786 项。平馆选送的古书属于杂项类，均置于"小南室"（Small South Room）内，其

---

[1] 袁同礼：《特载》，《清华周刊》，1921 年 12 月第 228 期，第 22—24 页。
[2] 庄尚严：《赴英参加伦敦中国艺术国际展览会记》，《国立北平故宫博物院年刊》，1936 年，第 124 页。

中27种并未实际展出。故宫博物馆馆员傅振伦作为伦敦艺展的随行人员，对该室内展品有如下描述：

> 此室物品，为吾国中央研究院在殷墟，城子崖之发掘品。法国所藏敦煌石室出土物品，写经，刻版，古书，拓本等品之外，佛教景教等宗教物品亦多。又有元代帝后像及天启砚，中国书法册页。此乃西方普通人士最不感兴趣处也。……
>
> 书刻之中……吾国北平图书馆来品五十种，就其陈列者言之……[1]

而大部未展的原因，庄尚严仅以"考古选例及古书，英方以与艺术关系稍少，遂酌选一部分陈列之"[2]一笔带过，因其亦为本次展览赴英之亲历者，故学术界偶有提及书籍类展品未展的缘由均遵循此说。

但笔者认为此仅为部分原因，甚至绝非决定因素。仅以1937年2月北平故宫博物院编印《伦敦中国艺术国际展览会国外藏品照片展览目录》为例，伦敦艺展中"写经、刻本"实际展出且非平馆送展者即有如下之十余种：

表3 《伦敦中国艺术国际展览会国外藏品照片展览目录》之写经、刻本

编号	题名	伦敦艺展编号	出借方	备注
529	六朝写本金刚般若婆罗蜜多心经	2997	法国国家图书馆	
530	唐写本妙法莲华经	2995	法国国家图书馆	
531—532	唐写本妙法莲华经观世音普门品	2993	法国国家图书馆	

---

〔1〕 傅振伦：《中国艺术国际展览会参观记》，《国立北平故宫博物院年刊》，1936年，第165—166页。

〔2〕 庄尚严：《赴英参加伦敦中国艺术国际展览会记》，《国立北平故宫博物院年刊》，1936年，第124页。

编号	题名	伦敦艺展编号	出借方	备注
533	唐绣本佛说斋法清净经[1]	2994	法国国家图书馆	
534	唐裵	672	法国卢浮宫博物馆	非小南室
535	唐刻本一切如来尊胜佛顶陀罗尼经	3014	法国国家图书馆	
536	唐刻本切韵	2996	法国国家图书馆	
537	唐刻本大悲菩萨像	3059	法国吉美博物馆	
538	唐套版彩印画	673	哈佛大学福格艺术博物馆	非小南室
539	五代刻本毗沙门天王像	2991	法国国家图书馆	
540	宋刻本佛像	637	印度新德里国家博物馆	
541	五代刻本阿弥陀佛像	3055	法国吉美博物馆	
542	五代刻本文殊师利菩萨像	2992	法国国家图书馆	
543	五代刻本陀罗尼咒	3040	法国吉美博物馆	
544-546	五代刻本金刚经（真言）	2990	法国国家图书馆	

而且《伦敦中国艺术国际展览会国外藏品照片展览目录》收录尚不完整，如其序中所言："我方筹备委员会，购得此项国外藏品之照片全份；曾在南京青岛两地，择要展览。嗣后筹备委员会委托本院整理编辑。刻下第一部整理工作，业已竣事，因拣选其中精要物品六百件，在北平公开展览。"[2]该册目录确仅收录 600 种，与伦敦艺展实际展出之展品仍有些许出入。譬如，伦敦艺展实际展出之《耕织图》（伦敦艺展编号 3002），为英方人士 G. H. Wollaston 旧藏，由该人女儿出借[3]，平

---

[1]《伦敦中国艺术国际展览会国外藏品照片展览目录》将此件误记作《唐绣本说斋法清净经》，笔者自行更正，特此说明。

[2] 国立北平故宫博物院编：《伦敦中国艺术国际展览会国外藏品照片展览目录》，1937 年，序言页。

[3] Royal Academy of Arts, *Catalogue of the International Exhibition of Chinese Art, 1935-1936*, London: Royal Academy of Arts, 1936, p. 257.

馆亦选送该件古籍至伦敦，却未能实际展出。

基于以上信息，不难得出以下推论——伦敦艺展虽以中国古物（艺术品）为核心，中国政府选送展品的数量、质量亦极为可观，但并非实际策展方，在布展环节更无决定权，艺展之执行委员会（Executive Committee）为了平衡参展的奥地利、比利时、英国（及其属地）、中国、丹麦、法国、德国、希腊、荷兰、日本、苏联、西班牙、瑞典、瑞士、美国 15 国的利益，同类展品凡无公认之精品时，常以外方机构、人员的藏品优先展出。此一原则极有可能作为主因，并叠加小南室空间局促，导致平馆送展的 50 种古籍多半未能展出。

虽然实际展出古籍数量仅为 23 种且展出效果亦有限，但平馆参与伦敦艺展的意义仍属非凡，即为国立图书馆选送重要古籍赴境外之首次展览。不仅如此，平馆选送展品尤其是增补环节，体现出以袁同礼、伯希和为代表的中外学人彼此信任，竭尽所能向欧美政治、文化、学术界人士乃至普通观众展示中国古籍所承载的书写、刊刻艺术成就，在一个层面上践行了平馆"为文化交通之介的使命"[1]。

二、100 种善本书运美展览

（一）缘起

1939 年 1 月，庚款停付，中华教育文化基金董事会以应收未收庚款作抵，按年向银行借款，以维持各项办理多年成效久著之事业[2]。平

---

〔1〕 袁同礼：《国立北平图书馆之使命》，《中华图书馆协会会报》，1931 年 6 月第 6 卷第 6 期，第 3 页。

〔2〕 中华教育文化基金董事会编：《中华教育文化基金董事会三年来进行概况》，1944 年，第 1 页。

馆作为该会最为重要的合办事业（与教育部），其购书费和经常费均由中华教育文化基金董事会拨付，虽然抗战前就曾试图将购书费等列入政府预算，但一直未获批准。抗战之中，中华教育文化基金董事会拨付款项，一以维持最低限度之需要为原则[1]。不仅如此，拨款大部以法币支付，平馆所获美金款项仅能维持最低限度的外文期刊续订。此外，抗战军兴后，外汇统制，机关和个人若以官价换取外汇皆须通过主管部门向财政部门提交正式申请，其手续和时间极为繁复。

此种情况下，袁同礼作为平馆代理馆长，已萌生了赴美申请援助的想法。1940 年 10 月初，袁同礼联系美国驻华大使詹森（Nelson T. Johnson, 1887—1954），拟将平馆存沪善本书运美，初步洽谈可能性和方式。10 月 16 日，詹森致电美国国务卿，请其联系相关部门以评估此事的可能性[2]。1940 年 12 月 10 日，袁同礼拜访经济部长翁文灏，表示自己的疟疾已近痊愈，欲以政府代表名义赴美募集捐款[3]。22 日，袁同礼再访翁文灏，仍谈赴美计划，并告拟偕徐森玉、李瑞年等人一同前往[4]。

（二）筹备

以往学术界研究多关注于平馆 100 箱善本书运美事，极少有学者注意到袁同礼曾选出 100 种古籍善本赴美展览，仅有的一篇学术文章

〔1〕中华教育文化基金董事会编：《中华教育文化基金董事会三年来进行概况》，1944 年，第 2 页。

〔2〕National Archives, RG 59 General Records of the Department of State, Decimal File, Box 5865, 1940-1944, Washington, D. C.

〔3〕翁文灏著，李学通、刘萍、翁心钧整理：《翁文灏日记》，中华书局 2014 年版，第 594 页；中国社会科学院近代史研究所中华民国研究室编：《胡适来往书信选》，社会科学文献出版社 2013 年版，第 758 页。

〔4〕翁文灏著，李学通、刘萍、翁心钧整理：《翁文灏日记》，中华书局 2014 年版，第 598 页。

认为"此次展览的整体规划，是在 1941 年 3 月至 5 月间确定的"[1]。然而，这种观点与实际情况存在较大出入。1941 年 2 月 3 日，袁同礼致信王重民，谈及其赴美及王重民归国后代行馆务等事。其中曾明确表示："此外，曾选善本书样本 100 种，由美领馆代寄华京，以备展览之用。"这 100 种善本书（表 4）离沪运美时间应为 1941 年 2 月 7 日，此时袁同礼身在香港[2]，具体操办人员应为平馆驻沪办事处的李耀南和钱存训，实际寄出方即美国驻沪总领事罗赫德（Frank P. Lockhart，1881—1949）。以上信息虽未能在中国国家图书馆保存的史料档案中找到线索，但却可在美国国家档案馆（National Archives of the United States）所存国务院档案（General Records of the Department of State）中找到明确记录。1941 年 2 月 17 日，罗赫德致信国务卿，告知受袁同礼委托，已于 2 月 7 日将平馆的两箱古籍送门罗总统号邮轮（S. S. President Monroe）运往美国，并强调该箱件送至美国国会图书馆所需的费用均已付讫，随件并附书单（抄件）四纸，各书均由中英文标注题名[3]。此外，该份抄件仍有四项信息值得注意：一是首页左上部分标注有中华教育文化基金董事会董事、平馆委员会委员孙洪芬的英文名（Clarence L. Senn）和其在沪上的联系地址（即中华教育文化基金董事会办事处），似可证明该项展览计划并非仅出自袁同礼一人之设想，而应获得了部分中华教育文化基金董事会董事、平馆委员会委员的赞成；二是古籍题名先由威妥玛拼音标注并打印，其后由平馆馆员亲笔填注其中文名称，似为钱存训手笔，但版本信息未能详细标注；三是该件末尾标注"100 titles in 100 volumes packed in 2

〔1〕 林世田、刘波：《关于国立北平图书馆运美迁台善本古籍的几个问题》，《文献》2013 年第 4 期，第 84 页。
〔2〕 颜惠庆著，上海市档案馆译：《颜惠庆日记》（第 3 卷），中国档案出版社 1996 年版，第 315 页。
〔3〕 National Archives, RG 59 General Records of the Department of State, Decimal File, Box 5865, 1940-1944, Washington, D.C.

wooden boxes"，换言之明确 100 种古籍各 1 册；最后，装箱者为"李照亭"即李耀南。

（一）　　　　　　　　　（二）

（三）　　　　　　　　　（四）

1941 年 2 月 7 日，运美展览一百种古籍清单

表4　平馆运美作展览用之古籍100种

编号	题名	备注	编号	题名	备注
1	李善注文选	卷三	26	古今纪要	卷十九
2	周礼	有木盒	27	朱子成书	首册
3	增修互注礼部韵略	卷二	28	妙法莲华经玄义	卷九
4	东坡先生奏议		29	大学衍义	卷三
5	国朝诸臣奏议	卷一	30	西夏文华严经	大字本
6	通鉴纪事本末	卷十四	31	西夏文华严经	小字本
7	前汉六帖		32	西夏文金光明经	大字本
8	致堂读书管见	卷四	33	西夏文金光明经	小字本
9	外台秘要方	首册	34	崇古文诀	首册
10	说苑	卷九至十二	35	注唐诗古吹	
11	册府元龟	卷三百七	36	国朝文类	卷四七至四八
12	大唐西域记	卷九	37	华夷译语	
13	翻译名义集		38	西儒耳目资	首册
14	四分律行事钞资持记	有木盒	39	御制大诰	
15	皇朝文鉴	卷三十二	40	历代臣鉴	卷二十至二十三
16	五音集韵	首册	41	大明一统志	卷十一至十三
17	证类备用本草	卷四	42	太岳太和山志	卷一至二
18	礼仪旁通图		43	东西洋考	首册
19	六书故	卷六	44	五伦书	卷三十二
20	宋史岳飞传		45	大明仁孝皇后内训	
21	通志	汉记卷五下	46	劝善书	首册
22	大元一统志		47	明仁宗诗集	卷上
23	重修宣和博古图	卷二十五	48	算法全能集	
24	诸儒议论通典	有函套	49	忠经	
25	通鉴总类	卷二	50	大明万历十九年历	

编号	题名	备注	编号	题名	备注
51	浑盖通宪图说	卷下	76	大明会典	首册
52	救荒本草	首册	77	金箓玉典文集	有函套
53	王西楼野菜谱		78	金箓大斋章表	有函套
54	太音大全集	卷上	79	明解增和千家诗注	有函套
55	臞仙神奇秘谱	卷上	80	御世仁风	
56	泰西水法		81	少林棍法阐宗	卷上
57	青莲舫琴雅	首册	82	闺范	首册
58	异鱼图赞		83	新编对相四言	
59	东篱品汇录	卷上	84	鼎锲全相西游传	
60	射书	首册	85	官版大字西游记	卷二
61	三国志演义	首册	86	云合奇踪	
62	碎金		87	盛明杂剧	
63	古玉考图		88	李卓吾批幽闺记	
64	茶具图赞		89	李卓吾批浣纱记	
65	古局象棋图		90	琵琶记	朱墨本
66	打马图		91	琵琶记	小本
67	太平御览	首册	92	西厢记	朱墨本
68	辨惑篇	首册	93	李卓吾批西厢记真本	
69	文苑英华纂要	首册	94	张深之正北西厢秘本	
70	古文渊鉴		95	南柯记	朱墨本
71	劝善金科	首册	96	五闹蕉帕记	
72	钦定词谱		97	修文记	有木盒
73	徐仙翰藻	末册	98	大成麒麟记	
74	承天大志	卷三十六	99	天问图	
75	明太祖御制文集	卷二	100	万寿盛典	首册

笔者认为该份清单（抄件）具有极高的史料价值，它作为美方信函的附件实际寄出，即为这两箱古籍的最初记录，不仅真实性无庸置疑，且相对于《关于国立北平图书馆运美迁台善本古籍的几个问题》转录的《北平图书馆最初寄来展览书单》更为准确，后者仅抄录 1947 年由吴光清、B. A. Claytor、Mabel M. Lee 三人根据当时现状核对后得知的 41 种[1]。经过仔细比对，此 100 册中《李善注文选》《重修宣和博古图》《御制大诰》《大明仁孝皇后内训》《国朝诸臣奏议》《华夷译语》应为 1935 年送往伦敦艺展之展品。另有《算法全能集》《御世仁风》《西厢记》等可能为伦敦艺展的同种同册。

　　1941 年 2 月 6 日，门罗总统号邮轮抵达上海，翌日离沪。该船并非在中美之间直航，而是途经菲律宾（马尼拉）[2]，实际抵达美国东海岸的时间应为 4 月 5 日，其靠岸港口为纽约近旁之泽西市（Jersey City）[3]。1941 年 5 月 14 日，袁同礼致信王重民，落款后之补语部分提及"运美展览书箱两件，如已收到，请国会图来函证明，注明暂代收存"。实际情况恰如袁同礼信中预计，这两箱共 100 册善本书运抵国会图书馆的时间为 5 月 26 日[4]。

　　考虑到本次赴美之议的核心目的是为平馆募集美金捐款，笔者认为其展览是重要手段和场所，即通过善本书展吸引学术界、文化界及各界人士关注，并以此为契机展开募捐活动，以期获得良好效果。基于以上推断，笔者认为这两箱古籍虽然寄送华盛顿，但展览举办地恐不限于国会图书馆，似应以此为基地，并在哥伦比亚、哈佛、耶鲁、普林斯顿、

---

〔1〕林世田、刘波：《关于国立北平图书馆运美迁台善本古籍的几个问题》，《文献》2013 年第 4 期，第 82—83 页。

〔2〕"Personal Notes", *The North-China Herald and Supreme Court & Consular Gazette*, Feb. 12, 1941, p. 252.

〔3〕"Ile de France to be Used as Sea Raider", *Los Angeles Times*, Apr. 6, 1941, p. 5.

〔4〕Library of Congress, *Information Bulletin* (1965), Vol. 24 No. 49, p. 649.

芝加哥、加州大学伯克利分校等处[1]举办规模不等的巡展，以便最大限度地达成目的。事实上，平馆善本书运美和袁同礼拟赴美申请援助、王重民拟回国效力互为表里，而100种善本书送美展览恰恰是袁同礼赴美申请援助的重要组成部分。

（三）实施

虽然，袁同礼获得了时任中央宣传部部长王世杰的支持[2]、教育部的同意[3]，拟藉善本书运美为契机前往美国募集捐款。但平馆委员会孙洪芬、傅斯年等人对先生个人赴美并由王重民回国主持馆务之议极力反对，导致此计划未能在1941年初成行。此外，随着2月28日王重民抵达香港，袁同礼遂将全部精力投入到存沪善本书的拣选和运美事宜，后又因为美方政府的犹豫不决、国民政府迟迟未能电令江海关放行、江海关负责人的审慎回绝，致使5月中旬，袁同礼几乎放弃善本运美计划。时王重民亦离沪回美，展览用书虽已寄出，但赴美募集之议的操作时间进一步被压缩；而王重民个人之语言能力、与美方学界之熟络程度均无法落实展览计划。随着太平洋战争的爆发，袁同礼和家人失陷于香港，平馆善本赴美展览并藉此募集美方捐款之议已无实操性。

1941年9月至10月，平馆先后由上海运出100箱善本古籍，并分寄至华盛顿国会图书馆和加州大学伯克利分校，其中前者为27箱，后

---

[1] 1941年1月23日，袁同礼致信平馆委员会委员，其中不仅提及募集经费之议，更谋划与美国各大学展开图书交换，尤其提及到"东部为Columbia, Harvard, Yale, Princeton，中部为Chicago, Michigan，西部为California, Hawaii俾能普及而受效"（胡适著，耿云志主编：《胡适遗稿及秘藏书信》（第31册），黄山书社1944年版，第626页）。此中相当院校为美国汉学研究的重镇。

[2] 王世杰著，林美莉编校：《王世杰日记》，"中央研究院"近代史研究所2012年版，第315页。

[3] 《会员消息》，《中华图书馆协会会报》，1941年2月第15卷第3—4期，第11页。

者为 75 箱。1942 年由驻美大使、中华教育文化基金董事会董事胡适主持，将所有箱件集中在国会图书馆，并授权其拍摄缩微胶卷。此时，在该馆工作的王重民肩负两项任务，一是编写该馆中文善本书目，二是监督平馆运美善本书拍摄胶卷。极有可能是为拍摄便利考虑，他将本作展览用的 100 册古籍与 100 箱古籍比对，前者中有 59 册实为从后者对应各书中拣选，遂归并同类[1]。此种情况下，平馆寄送美国展览用书 100 种丧失整体性，展示的可能进一步降低。

然而，根据已公开的文献可知，在拍摄胶卷的间歇，国会图书馆就平馆运美善本举行了两次小型陈列，皆以宋本《大唐西域记》（卷九）为主体，分别为 1945 年 12 月 1 日至 7 日，地点位于主阅览室入口[2]；1946 年 1 月 26 日至 2 月 1 日，又放置于一层展室[3]。但必须指出，这两次临时陈列仅为国会图书馆常年举办馆藏或暂存文献临时展览（Exhibit-of-the-Week）的一个组成环节，非专为平馆运美善本书而特别开设。此前，1944 年春国会图书馆曾筹备 Printing and Calligraphy in the Orient 主题展览，在预告中明确提及部分展品来自于平馆运美善本书[4]，十分可惜遍查国会图书馆内部发行的《信息公报》（Information Bulletin），未见此项展览开幕之记载。笔者认为，极有可能是为了保证缩微胶卷拍摄的连贯性，该次展览计划并未落实。

虽然 1944 年底袁同礼以平馆馆长身份赴美考察并联系美国图书馆协会、洛克菲勒基金会及各主要大学，肩负争取美援以利平馆、中国图书馆界战后复兴使命，但此时中美两国作为亲密盟友，在道义、责任两个层面上美国均应加大援华力度，筹措款项、募集书刊皆已不必再藉善本书展方式实施。此外，平馆运美善本书拍摄缩微胶卷自 1942 年起至

---

[1] 林世田、刘波：《关于国立北平图书馆运美迁台善本古籍的几个问题》，《文献》2013 年第 4 期，第 82 页。

[2] Library of Congress, *Information Bulletin* (Dec. 1-7), 1945, p. 1.

[3] Library of Congress, *Information Bulletin* (Jan. 26-Feb. 1), 1946, p. 1.

[4] Library of Congress, *Information Bulletin* (Feb.-Mar.), 1944, p. 12.

1946 年 5 月止，共计 250 万页[1]。作为一项工程浩大的拍摄计划，操作阶段中不便频繁将其中的某些书取出，携至美国各图书馆、大学举办巡展。

然而，平馆最初选出的两箱赴美展览古籍，最终得以参与普林斯顿大学二百周年校庆活动，列入"远东文化与社会"（Far Eastern Culture and Society）论坛项下，作为一次特展于 1947 年 4 月初在该校的艺术博物馆（Princeton University Art Museum）举办。对此，平馆主办的《大公报·图书周刊》曾有报道，谓："北平图书馆中文善本，在珍珠港事变前运存国会图书馆，其中版画书为数甚多，平馆研究组主任王重民氏特选出一百种，乘该校召开东方学会议之际，展览七天。"[2]此条消息为笔者在中文文献中找寻到的唯一记录，虽然弥足珍贵，但仍有许多细节有待进一步厘定。

首先，暂存于国会图书馆之平馆善本书如何能参与普林斯顿大学之校庆活动？笔者认为主要是出于三方面因素，一是该校对于"远东文化及社会"论坛主旨内容的界定十分明确，即以艺术史和社会学为讨论核心，尤其强调中国对整个地区文化特质的影响作用[3]。为了配合艺术史方面的讨论，该校共筹备了五个展览，主题分别为铜器、校友明慕理（DuBois S. Morris，1873—1956）收藏中国绘画、石刻雕塑（拓片）、平馆善本书、梁思成拍摄的中国古代建筑照片[4]。而平馆运美的 100 册古籍的确如《大公报·图书周刊》之报道"版画书为数甚多"，不仅能够反映雕版、印刷技艺，也可从侧面展现明清两代艺术和审美情趣，与"艺术史"这一论坛主旨极为契合。二是袁同礼代表平馆与该校达成的合作意

---

[1] Library of Congress, *Annual Report of the Librarian of Congress: for the fiscal year ended June 30, 1946*, United States Government Printing Office, 1947, p. 258.

[2]《学术界消息》，《大公报·图书周刊》，1947 年 4 月 19 日，第 6 版。

[3] Princeton University, *Princeton University Bicentennial Conference on Far Eastern Culture and Society: far eastern culture and society*, N. J.: Princeton, 1946, p. 1.

[4] Princeton University, *Princeton University Bicentennial Conference on Far Eastern Culture and Society: far eastern culture and society*, N. J.: Princeton, 1946, pp. 2-3.

向。1946 年 5 月 15 日，再次赴美访问的袁同礼前往普林斯顿大学拜访美国艺术史学者 George Rowley（1892—1962），并前往葛思德东方藏书库与孙念礼晤谈[1]，虽然该次会晤之细节并未有更详尽的记录，但 George Rowley 恰是"远东文化及社会"论坛负责人[2]，此时两人极有可能讨论了在校庆活动中举办相关展览的可能性。三是，1945 年 7 月至 1947 年 1 月王重民数次前往普林斯顿大学葛思德东方藏书库调查、编目，与孙念礼等人非常熟络，能够贯彻袁同礼与该校商洽合作办展的计划。

其次，实际展出古籍善本是否即 1941 年 2 月由上海运美的 100 种 100 册？ 1946 年 10 月 21 日，袁同礼致信王重民，在落款后之补语部分，尤其提到"关于善本书装箱事，想已筹划，不识应新购之箱已定做否？将来除送 Princeton 展览之百种外，余箱均请于大驾离美前办妥"。11 月 4 日，袁同礼致信王重民，就普林斯顿大学展览事再作交待，"至 Princeton 展览之百种均交子明保管，届时由渠送往陈列可也"。虽然这两处表述与《大公报》的信息一致，但笔者认为实际展出数量应不及 100 册。笔者数年间多次联系普林斯顿大学图书馆，申请二百周年校庆档案（Bicentennial Celebration Records），却被告知并未保存相关书信和展览清单；而论坛手册 *Far Eastern Culture and Society* 只刊印了《西厢记》版画书影一幅，未能提供更多信息。所幸国会图书馆作为此次善本书展的协办方之一，保存了相关记录，该馆内部发行的《信息公报》记录：国会图书馆出借了 54 件馆藏善本、平馆送展了 24 册古籍[3]。笔者认为该条信息较《大公报》、袁同礼信函中的表述更为准确。首先，刊登这一消息的《信息公报》卷期为 1947 年 9 月底发行，换言之它确

〔1〕 Princeton University Library, Peiping, National Library of, 1937-1944, AC123, Mudd Manuscript Library: Box 415, N. J.: Princeton.

〔2〕 Princeton University, *Princeton University Bicentennial Conference on Far Eastern Culture and Society: far eastern culture and society*, N. J.: Princeton, 1946, p. 4.

〔3〕 Library of Congress, *Information Bulletin* (Sep. 23-29), 1947, p. 7.

为平馆善本书展在普林斯顿大学举办后的记录，对实际情况描述可能更为准确。其次，1947 年 3 月 6 日王重民偕夫人刘修业、幼子王黎敦抵达上海，1946 年 5 月缩微胶卷拍摄工作结束至归国之间，王重民已将平馆在美之所有善本古籍重新装箱，此时方便取出并送往普林斯顿大学者应在 41 册以内。

最后，展览是从何时开始至何时结束？具体布展事宜由哪些人担任？《大公报·图书周刊》的报道和论坛手册均未指明展览的期间，但据论坛手册可知， 3 月 31 日普林斯顿大学举办中国艺术为主题的五个展览的预览，而与之相关的学术会议自 4 月 1 日起至 4 月 3 日止[1]，因此笔者较为认同《大公报·图书周刊》的表述——"展览七天"，即 3 月 31 日和 4 月的第 1 周。平馆善本书展览目录应由吴光清、王际真、尤桐、王重民完成[2]，但实际布展人员应为前三人。

三、结语

无论是伦敦艺展中古书的选取还是送美善本书的拣选，平馆皆以是否存有版画为重要去取标准之一。坦言，此实为无奈之举。首先，中文书籍大多以汉字为符号单元，以内容见长的典籍其艺术表现力远远弱于大多数文物类展品，对西方观众而言全无着眼之处。其次，除非展示空间充足，且展品为经折装、写经卷轴能全部铺开，绝大部分古籍仅能展示某一页，置于展柜之中又无法便捷更换页面，而铜器、绘画、玉器、漆器、织绣、文玩杂件等物均可让观众一目了然。最后，西方观众多不

---

[1] Princeton University, *Princeton University Bicentennial Conference on Far Eastern Culture and Society: far eastern culture and society*, N. J.: Princeton, 1946, pp. 30-32.

[2] Princeton University, *Princeton University Bicentennial Conference on Far Eastern Culture and Society: far eastern culture and society*, N. J.: Princeton, 1946, p. 35.

识汉字，更对古籍所承载的中国雕刻、制版、印刷技艺全无认识；大多数西方汉学家对中国传统版本、目录学亦无根基，难以明了展品的罕见程度。此种困境，亦可从伦敦艺展和普林斯顿大学二百周年校庆"远东文化及社会"论坛所举办的相关讲座得以窥见，前者举办了24场讲座[1]，各类古物、艺术品大都有多场专题类讲座，唯无以古书为主题者；后者与平馆选送之善本书直接相关的讲座则为园林设计和图像学（Garden Design and Iconography）[2]。

相对于其他类型的中国古物、艺术品，书籍类展览极少在西方举办，而展品多为中国国立图书馆选送则更无先例。虽然在英国、美国两次展览中，实际展出的平馆善本书数量均有限，但亦可算近现代中外文化交流史上以书籍为媒介的重要时刻，有开先河之地位。其中前后筹备经过，特别是中外人士共同努力，以期更好地向西方学者、观众介绍中国典籍文化，实在值得今人铭记。最后，廓清平馆100种善本书运美展出的前后历程，可以彻底解决该馆善本运美并最终运台这一曲折过程中的部分疑问，而这恰是包遵彭在《"国立中央图书馆"典藏国立北平图书馆善本书目》序言中提到"唯该原清册仅一百箱之目，而实际运出者为一〇二箱，故清册与实际箱内所贮略有歧异"[3]的关键所在。

〔1〕 郑天锡编：《参加伦敦中国艺术国际展览会报告》，1936年，第37—39页。

〔2〕 Princeton University, *Princeton University Bicentennial Conference on Far Eastern Culture and Society: far eastern culture and society*, N. J.: Princeton, 1946, p. 31.

〔3〕 "国立中央图书馆"编印：《"国立中央图书馆"典藏国立北平图书馆善本书目》，1969年，序言第2页。

后 记

2014 年，我有幸在巴黎参加学术会议期间结识北京大学比较文学与比较文化研究所孟华老师。归国后，孟老师数次打来电话并盛情邀往面谈，叮嘱务必要读博深造，晚辈深受感动，便又动了回学校读书的念头。孟老师推荐我跟随顾钧老师攻读博士学位，并竭尽所能提携晚辈接近相关学术圈，鼓励学生多读书、勤动脑、常练笔，这份恩情铭记于心。

2017 年，进入博士研究生学习阶段，顾钧老师常常替晚辈考虑，深知我工作、家务均忙，又有弄瓦之喜，遂让晚辈事事不必勉强，竭力营造较为自由的空间。得益于此种融洽关系，学生较为顺利地完成了必修功课，开始撰写博论。论文草就，顾老师又仔细校阅，无论大小问题均一一指出，学生既惭愧又庆幸。

因机缘巧合，我得以认识陆建德老师。十余年来，每次前往中国社会科学院，陆老师都会挤出时间晤谈，听听学生在做什么、读哪些书，并就最近关注的学术热点给予评述，这让我深受教益。学生决定读博，须两位推荐人，陆老师毫不犹豫具名填写；学生每有拙作问世，陆老师都极愿一读，并将修改意见赐下，晚辈每每想到此处，心怀感恩。

2013 年末，我开始着手搜集袁同礼先生生平史料，撰写《袁同礼年谱长编》。此后陆续与袁同礼先生哲嗣袁清先生、外孙女袁书菲（Sophie Volpp）教授取得联系，逐步建立充分信任。二位前辈将家藏文献的照片陆续相赠，并介绍与台湾汉学研究中心的廖箴女士相识，请后者赐予《袁同礼先生纪念资料汇编》。这无疑为本书的完善提供了众多一手史料。在此，晚辈须特别感谢两位前辈，并致以崇高的敬意。

除此之外，学生还要感谢的前辈有中华书局柴剑虹老师，北京外国语大学张西平老师，国家图书馆出版社王燕来老师，北京外国语大学胡婷婷女士，中国社会科学院中文所郑海娟女士，台北"中央研究院"

李奭学老师、巫仁恕老师，他（她）们在我的学问之路上都给予过十分重要的帮助和提携。

最后，我最感念的是父母与夫人，无论进退，家都给了我最强大的支持，是我最可依赖的后盾，这份温情是我一生的财富。

雷 强

2024 年 5 月 4 日